LA VIDA EN EL REINO

Libros de Tony Evans publicados por Portavoz:

30 días a la victoria a través del perdón

30 días para derribar fortalezas emocionales

30 días para superar los comportamientos adictivos

Alcanza la victoria financiera

¡Basta ya de excusas!

¡Cuidado con esa boca!

Discípulos del reino

Héroes del reino

El matrimonio sí importa

Nunca es demasiado tarde

Oración del reino

Oraciones para la victoria en tu matrimonio

El poder de la cruz

El poder de los nombres de Dios

El poder de los nombres de Dios en la oración

El poder de los nombres de Jesús

Solo para esposas

Solo para esposos

Sexo… una relación diseñada por Dios

Victoria en la guerra spiritual

La vida en el reino

TONY EVANS

LA VIDA EN EL REINO

Acerquémonos a Dios con pasión

EDITORIAL PORTAVOZ

La misión de *Editorial Portavoz* consiste en desarrollar y distribuir productos de calidad —con integridad y excelencia—, desde una perspectiva bíblica y confiable, que animen a las personas a conocer y servir a Jesucristo.

Traducción: Rosa Pugliese
Diseño interior: Kent Jensen

Las cursivas añadidas en los versículos bíblicos son énfasis del autor.

EDITORIAL PORTAVOZ
2450 Oak Industrial Drive NE
Grand Rapids, MI 49505 USA
Visítenos en: www.portavoz.com

ISBN 978-0-8254-5033-4 (rústica)
ISBN 978-0-8254-7099-8 (Kindle)
ISBN 978-0-8254-7105-6 (epub)

1 2 3 4 5 edición / año 32 31 30 29 28 27 26 25 24 23

*Impreso en los Est*ados Unidos de América
Printed in the United States of America

Este libro está dedicado al atento personal
de Oak Cliff Bible Fellowship y The Urban Alternative,
que trabajan diligentemente para garantizar que el ministerio
al que Dios me ha llamado se ejecute de manera eficaz
y productiva para su gloria.

Contenido

Agradecimiento

Quiero expresar una palabra de agradecimiento a mis amigos y editores, Philip Rawley y Heather Hair, por su excelente ayuda en la preparación de este manuscrito original [en inglés] hace dos décadas y luego la actualización más reciente, así como a Greg Thornton, Cheryl Molin, Kevin Mungons y al resto del equipo de Moody Publishers por su aliento y trabajo de calidad en este proyecto.

Introducción

La necesidad de la nueva vida en Cristo

Un día estaba caminando por mi propiedad con un jardinero que iba a talar y quitar algunos árboles muertos. Le mostré un árbol que quería que cortara porque me parecía muerto.

"Señor —dijo rápidamente—. No necesita cortar este árbol. Todavía está vivo". Luego procedió a mostrarme unos pequeños brotes verdes en el árbol, que yo no había notado. Lo que me parecía muerto en realidad era un retraso en su crecimiento. Debido a que el árbol no se había nutrido ni desarrollado de manera adecuada, parecía carecer totalmente de vida.

Infinidad de cristianos hoy día son como ese árbol poco desarrollado de mi propiedad. A primera vista, pueden parecer que carecen totalmente de vida espiritual; pero al observarlos más de cerca, se ve que su problema es un desarrollo gravemente retrasado. Hay demasiados cristianos que no están experimentando la vida abundante que Jesús prometió debido a su falta de crecimiento espiritual.

Este libro trata sobre la vida en el reino. Si verdaderamente has creído que el Señor Jesucristo cargó tus pecados sobre sí mismo, y solo buscas en Él el perdón y la dádiva de la vida

eterna, entonces ya tienes vida inagotable en ti. Lo que ahora necesitas es más crecimiento, no más vida.

Sin embargo, el problema es que muchos cristianos no saben cómo ocurre el crecimiento espiritual o se niegan a permitir que ocurra. Mi objetivo en este libro es motivarte y educarte en los elementos esenciales de la vida en el reino, para que puedas crecer y convertirte en un adulto espiritual maduro, alguien que constantemente alinea su vida bajo el propósito de Dios y su reino.

Verás la palabra *gracia* a lo largo de este libro, porque tu crecimiento espiritual está directamente relacionado con tu comprensión de la gracia de Dios y tu respuesta a ella. La gracia que te salvó es la gracia que te transformará a medida que crezcas.

El crecimiento espiritual está garantizado para todo verdadero creyente. Ningún hijo de Dios tiene que permanecer estancado ni retrasado en su crecimiento espiritual. En las páginas siguientes, descubrirás cómo cooperar con la gracia de Dios para experimentar el máximo crecimiento espiritual.

Es mi esperanza que este libro te motive y entusiasme a buscar la experiencia plena de tu nueva vida en Cristo y descubrir el gozo de ser transformado a la imagen del Hijo de Dios. Entonces conocerás la bendita experiencia de cómo Cristo se forma en ti (Gálatas 4:19). Como resultado, impactarás al mundo para la gloria de Dios y el bien de los demás, al testificar de lo que significa ser un ejemplo de vida en el reino ante todos los que te rodean.

Capítulo 1

La importancia de la vida en el reino

Por más difícil que sea escribir este párrafo inicial, está lleno de alegría. Solo digo que es difícil, porque revela cuánto tiempo he estado en la tierra, ¡más de siete décadas! No obstante, está lleno de alegría porque, como dice la Biblia: "Los hijos son un regalo del Señor; son una recompensa de su parte" (Salmos 127:3, NTV). Dicho esto, mi difunta esposa Lois y yo nos podemos considerar muy recompensados. ¡Hemos recibido la recompensa de cuatro hijos, además hemos sido bendecidos con trece nietos y ahora cuatro bisnietos!

Cada nacimiento trae consigo nuevas esperanzas y nuevas expectativas. ¿Qué experiencias de vida tendrá este niño cuando crezca? ¿Cómo bendecirá y usará el Señor a este bebé recién nacido para su gloria? Estos pensamientos corren por nuestra mente mientras acunamos cada nueva vida. Estoy seguro de que has experimentado los mismos sentimientos y pensamientos o, al menos, similares.

Las familias ven con entusiasmo el futuro de un nuevo hijo porque inherente a cada nacimiento está la esperanza y la expectativa de que ese bebé crezca y se desarrolle. Después de

la concepción de un hijo y de su nacimiento, se espera su crecimiento, porque así es como Dios diseñó el cuerpo humano. Ningún padre que conozco se contenta con decir simplemente: "Bueno, hemos concebido un hijo, eso es todo lo que importa" o "tenemos un bebé sano, no importa si no crece". Los padres que están emocionados por la concepción y el nacimiento de su hijo también están emocionados por verlo crecer.

Una de las razones por las que los padres pueden tolerar alimentarlo a la una de la madrugada es porque saben que esa fase de la infancia no durará para siempre. Lo mismo puede decirse de cada etapa del crecimiento de un niño. ¿No nos alegramos todos de que los años de adolescencia con sus altibajos y grandes crisis cada semana no duren para siempre? Nosotros crecimos y pasamos por todas esas etapas, y también lo harán nuestros hijos, porque el crecimiento es el resultado normal y esperado de un nuevo nacimiento. De hecho, si un niño no crece, queremos saber por qué. Lo llevamos al médico para que le realicen exámenes y traten de identificar la causa de la falta de crecimiento, ya sea físico, emocional o mental.

Ahora bien, si los padres humanos están preocupados por el crecimiento de sus hijos, no debería sorprendernos que Dios, nuestro Padre, también esté preocupado por el crecimiento de sus hijos. Es su deseo que todos crezcamos en madurez hasta el punto en que vivir en el reino sea una forma natural de vida. Si el Espíritu Santo, mediante la Palabra de Dios, trajo convicción de pecado a tu corazón y aceptaste a Jesucristo por la fe como tu Salvador, entonces Dios es tu Padre en virtud de tu nuevo nacimiento. Él quiere asegurarse de que estés creciendo en madurez espiritual.

Vamos a comenzar nuestro estudio de la vida en el reino hablando sobre la naturaleza e importancia del crecimiento espiri-

tual. Sin embargo, antes de colocar la base para una sólida comprensión bíblica del crecimiento espiritual, debemos despejar los escombros del pensamiento confuso. Hay mucha confusión sobre cómo crecen espiritualmente los cristianos. Necesitamos abordar algunos de estos problemas, porque si no pensamos correctamente, en realidad podemos frenar en lugar de reforzar nuestro propio crecimiento espiritual y el de los demás.

> *La madurez espiritual no depende del conocimiento que dan los libros. Depende por completo de tu relación con el Rey.*

Por ejemplo, algunas personas ven el crecimiento espiritual, principalmente, como una cuestión de aprender la información bíblica correcta. Este grupo cree que, si asistes a suficientes seminarios cristianos, lees suficientes libros, perteneces a suficientes grupos pequeños y estudias la Biblia lo suficiente, entonces el crecimiento en Cristo será automático.

Puedo identificarme con este grupo como alguien que pasó años estudiando la Biblia en la universidad y el seminario. Sin embargo, cualquier estudiante de seminario puede decirte que estudiar la Biblia y acumular conocimiento, en realidad, puede conducir a la sequedad espiritual y a la falta de crecimiento, si ese "conocimiento teórico" no está acompañado de una transformación espiritual interna en respuesta a la verdad de Dios. Descubrí que eso fue lo que me sucedió. Después de casi una década de formación académica día tras día, en la que incluso llegué a aprender los idiomas originales de las Escrituras, me sentía

más distante de Dios que cuando había comenzado. La madurez espiritual no depende del conocimiento que dan los libros. Depende por completo de tu relación con el Rey.

Jesús exhortó a las personas de su época: "Escudriñad las Escrituras; porque a vosotros os parece que en ellas tenéis la vida eterna; y ellas son las que dan testimonio de mí; y no queréis venir a mí para que tengáis vida" (Juan 5:39-40). Estas personas estudiaban las Escrituras. Eran los eruditos teológicos de su tiempo. Sin embargo, no conocían a Jesús. Su estudio, incluso de la correcta información bíblica, no los condujo a Aquel que es la fuente de la verdad y la vida.

Otras personas creen que el crecimiento espiritual es el resultado de seguir cierto proceso bien definido. Quieren saber los diez pasos para el crecimiento espiritual o las ocho claves infalibles para lograr la madurez en Cristo. Listas como estas a menudo contienen buenas ideas, pero cuando tienes muchos escalones que subir, después de un tiempo te cansas. Y si te saltas un paso, te tropiezas y todo se desincroniza.

No digo que no haya etapas o pasos claramente definidos en nuestro crecimiento espiritual. El problema surge cuando tratamos de reducir un proceso vivo a una lista mecánica de pasos que todo el mundo tiene que seguir. Las personas no crecen al mismo ritmo, por lo que una estrategia uniforme para el crecimiento espiritual no tendrá el mismo resultado en todos.

Es importante mencionar otro concepto erróneo sobre la naturaleza del crecimiento espiritual, porque tiene una larga historia en la Iglesia. La mayoría de las personas de la cultura occidental moderna son propensos a la acción y quieren saber qué pueden hacer para lograr el resultado deseado. Sin embargo, otro grupo de personas está convencido de que la espiritualidad se alcanza por lo que te abstienes de hacer, más

que por lo que haces. Estas son personas que se esfuerzan por renunciar a ciertas cosas, negarse a ciertos placeres y evitar ciertas actividades.

Este método de crecimiento espiritual se conoce como ascetismo, y es casi tan antiguo como la cristiandad misma. Algunos ascetas viven en monasterios de clausura para escapar del mundo y sus tentaciones. Además, pueden privar su cuerpo sistemáticamente de comida, así como de cualquier otra cosa que se considere un placer mundano. Se abstienen de esas cosas porque no quieren profanar su alma.

Durante ciertos períodos de la historia de la Iglesia, los ascetas hicieron cosas espectaculares e incluso extrañas para tratar de vencer su carne pecaminosa y acercarse a Dios. Algunos se azotaban para castigar su carne, mientras que la historia nos cuenta de un hombre que llegó a sentarse en un poste alto durante años para librarse de la maldad del mundo.

Sin embargo, el ascetismo por sí mismo no logra producir un crecimiento espiritual duradero, porque nuestro problema es que los deseos e impulsos pecaminosos que nos trastornan provienen de adentro, de nuestro corazón, y no solo de afuera. No hay nada de malo en evitar las actividades pecaminosas y los deseos mundanos que inflaman los malos deseos. No obstante, incluso los monjes son propensos a descubrir que aún tenemos que luchar con el pecado, aunque estemos encerrados en la celda vacía de un monasterio.

Si alguna vez has tratado de crecer espiritualmente mediante alguno o todos estos métodos, con la confianza de que darán resultado, probablemente hayas experimentado cierto grado de frustración en tu deseo de crecer en Cristo. Hay algo de verdad en todos los métodos que hemos mencionado, pero la enseñanza bíblica sobre el crecimiento espiritual es más grande

y emocionante que una lista de cosas que se deben y no se deben hacer. Mi objetivo es abordar el tema de una manera que sea bíblicamente sólida y relevante para tu vida.

La necesidad de crecimiento espiritual

Entender el crecimiento espiritual es crucial por, al menos, dos razones. Primero, es un mandato de Dios y, por lo tanto, su voluntad para nosotros. Y segundo, la alternativa al crecimiento es el estancamiento y, con el tiempo, la deformación. Hay una buena razón por la que no encontrarás ninguna iglesia que cante un himno que se llame "Firmes y hacia atrás, huestes de la fe". La falta de crecimiento no es una opción para los creyentes, al menos no si queremos agradar a Dios.

El crecimiento espiritual implica que se manifieste más de Cristo en tu vida y menos de ti.

Creo que sería útil comenzar con una definición de crecimiento espiritual que servirá como base para este libro. El crecimiento espiritual puede definirse como *el proceso de transformación mediante el cual permitimos que Cristo, que mora en nosotros, se manifieste cada vez más en y a través de nosotros, de manera que podamos glorificar más a Dios, ser de bendición para otros y hacer avanzar su reino en tierra.*

El crecimiento espiritual implica que se manifieste más de Cristo en tu vida y menos de ti. Juan el Bautista lo definió mejor. A medida que crecía el ministerio y la popularidad de Jesús, y Juan comenzaba a pasar a un segundo plano, los discípulos de Juan se le acercaron y le dijeron: "Rabí, mira que el que estaba contigo al otro lado del Jordán... bautiza, y todos vienen a él"

(Juan 3:22-26). Juan les respondió: "Es necesario que él [Jesús] crezca, pero que yo mengüe" (v. 30). Crecemos espiritualmente cuando se manifiesta más de Jesús en nosotros y menos de nosotros mismos.

El crecimiento espiritual requiere de alimentación

Muchas veces es de ayuda sumar una ilustración a una definición de lo que estamos hablando. Una forma obvia de ilustrar el crecimiento espiritual es mirar su contrapartida física. Volviendo a nuestro tema sobre los bebés recién nacidos, estoy seguro de que sabes que todo bebé no solo quiere, sino que a menudo exige comida. Todo dentro de ese niño pide a gritos: "Denme algo de comer. ¡Tengo que crecer!".

Si alguna vez has escuchado a un bebé recién nacido llorar de hambre, puedes apreciar las palabras de advertencia del apóstol Pedro a los cristianos: "Desead, como niños recién nacidos, la leche espiritual no adulterada, para que por ella crezcáis para salvación" (1 Pedro 2:2). Esta es una de las descripciones que mejor resume el crecimiento espiritual en la Biblia. Puede que no sepamos exactamente cómo funciona el crecimiento espiritual, pero este versículo nos ayuda a comprenderlo porque lo compara con el crecimiento físico.

Este hecho para un bebé recién nacido tiene que ver con el desarrollo de la vida que se le ha dado. Ahora bien, puede que te parezca tan simple y obvio que te preguntas por qué razón lo menciono. Sin embargo, en mi experiencia como pastor, he visto que este principio clave del crecimiento espiritual a menudo se pasa por alto exactamente por esa razón. Ante todo, el crecimiento espiritual no es un programa o plan de estudios, como señalé anteriormente, sino el alimento y desarrollo de una vida.

Ahora bien, puede que alguien diga: "Bueno, tal vez un bebé no esté siguiendo un programa, pero su mamá sí lo está". Eso es cierto. Existe un programa de alimentación probado y bien establecido que cualquier madre debe seguir si quiere que su bebé tenga un crecimiento saludable. Por eso dije que no hay nada de malo en algunos programas o pasos a seguir, *siempre y cuando faciliten el crecimiento de la vida espiritual.* El objetivo del crecimiento espiritual es alimentar la vida que el Espíritu Santo te dio en el momento de tu conversión o nuevo nacimiento para que puedas, como escribió Pedro, "[crecer] para salvación" (1 Pedro 2:2). Pablo lo expresó de esta manera: "Crezcamos en todo en aquel que es la cabeza, esto es, Cristo" (Efesios 4:15).

La cuestión es que tu ADN espiritual está completo porque recibiste la vida de Cristo en tu conversión, y no se le puede agregar nada a Cristo. Nuestro reto como cristianos es maximizar lo que ya tenemos, no correr a buscar lo que no tenemos.

El crecimiento espiritual requiere de una relación

Como saben, un bebé depende de otras personas para recibir el alimento necesario para un crecimiento adecuado. Exige una relación que comienza incluso antes del nacimiento, ya que el niño nonato se alimenta de la madre por medio del cordón umbilical. En este caso, la importancia de esa relación es clara porque el bebé se alimenta de la madre, cuya vida le da vida al niño. Si esa relación se interrumpe, el bebé se encontrará en serios problemas.

Un niño en el útero no está estudiando un libro, escuchando a un maestro o siguiendo un programa. Simplemente, se está aprovechando de una vida que, idealmente, ya es madura y fuerte. Mientras el cordón umbilical no se corte ni bloquee, mientras el bebé mantenga una relación correcta con la madre, el crecimiento no se interrumpirá.

La aplicación espiritual de esta verdad física es, desde luego, la importancia de nuestra relación con Jesucristo. Es interesante que Jesús no dijo: "Yo he venido para que tengan un programa que seguir", sino más bien: "Yo he venido para que tengan vida, y para que la tengan en abundancia" (Juan 10:10). Entonces, si no estamos creciendo como deberíamos, aunque Jesús vino a darnos no solo vida sino vida abundante, entonces tal vez sea porque hemos elegido concentrarnos en el programa y no en la Persona. El crecimiento espiritual es aprender progresivamente a dejar que Cristo viva su vida a través de nosotros, y eso solo sucede en una relación.

Los ingredientes para el crecimiento espiritual

Dado que este capítulo es un resumen y una introducción a nuestro tema, menciono los aspectos más destacados sobre la importancia del crecimiento espiritual. Permíteme darte dos ingredientes de este crecimiento que se encuentran en un versículo clave de 2 Pedro 3: "Creced en la gracia y el conocimiento de nuestro Señor y Salvador Jesucristo" (v. 18).

Estas dos cosas funcionan en conjunto para mejorar nuestro crecimiento, pero asegurémonos de entender que nuestro crecimiento no está en la gracia y el conocimiento de un programa, una denominación o cualquier otra cosa. Nuestro crecimiento está estrechamente vinculado a la persona de Jesucristo, Aquel cuya vida fluye por nuestras venas espirituales. El suministro de gracia y conocimiento que necesitamos proviene de Él.

La esencia de la gracia

Una de las razones por las que la gracia de Dios es tan asombrosa es que surge cada vez que hablamos de la vida cristiana. Dedicaremos el capítulo 5 a la gracia y su lugar en el crecimiento

espiritual, así que déjame explicarte la esencia de la gracia y cómo se relaciona con el crecimiento espiritual.

La gracia es todo lo que Dios es libre de hacer por ti en función de la obra de Jesucristo. Es el suministro inagotable de bondad de Dios mediante el cual Él hace por ti lo que tú nunca podrías hacer por ti mismo. Es el ABC de la fe, pero debemos repasarlo, porque muchas veces pasamos por alto la verdad de la gracia cuando se trata de cómo crecemos en Cristo. Esto es así porque el crecimiento sugiere esfuerzo de nuestra parte, mientras que la gracia es un regalo que recibimos y disfrutamos, no es algo que debemos ganarnos. Sin embargo, la Biblia dice que somos salvos y crecemos por gracia. O como Pablo señaló a los colosenses: "Por tanto, de la manera que habéis recibido al Señor Jesucristo, andad en él" (Colosenses 2:6).

Si yo fuera el diablo y no quisiera que los cristianos crecieran, les impediría recurrir a la gracia de Dios y los llevaría otra vez al principio de la ley para mantenerlos en esclavitud. Romanos 6–8 contiene el contraste clásico de Pablo entre la ley de Moisés y la gracia, y describe en doloroso detalle nuestra completa incapacidad para obedecer los mandamientos de Dios en nuestras propias fuerzas.

Ahora bien, Pablo dejó muy claro que el problema no está en la ley de Dios, que es "santa, y el mandamiento santo, justo y bueno" (Romanos 7:12). La culpa es de nuestra carne pecaminosa y caída. Lo que sucedía bajo la ley mosaica es que cuando la norma perfecta de Dios, con su requisito de obediencia perfecta, se aplicaba a los seres humanos débiles y pecadores, había que dar algo, y Dios no estaba dispuesto a rebajar o ajustar su norma para adaptarse a nuestra pecaminosidad. Y como la ley conllevaba una pena por no obedecer, caímos bajo la sentencia de muerte.

Pablo también escribió: "Porque sabemos que la ley es espiritual; mas yo soy carnal, vendido al pecado" (Romanos 7:14). Esta verdad es tan importante, porque la ley no tenía poder para ayudar a nadie a obedecer sus mandamientos. La ley te dice qué hacer, pero no te tiende la mano para ayudarte. La ley revela las exigencias de Dios, que nunca cambian, pero necesitamos a alguien que nos dé el poder de obedecer los mandamientos de Dios.

Vivir bajo la ley es como vivir con una persona perfecta que disfruta de decirte todo lo que estás haciendo mal, pero nunca mueve un dedo para ayudarte a hacerlo bien. Bajo estas condiciones es inevitable vivir una vida infeliz, derrotada y vacía.

Podemos ver por qué se requiere la gracia para el crecimiento espiritual. Las personas espiritualmente muertas no pueden crecer, y todo lo que la ley de Moisés podía producir era muerte, porque se trataba de mandato y castigo sin la capacitación para obedecer. Por eso, Pedro señaló que el crecimiento es por la gracia. Y no solo la gracia como concepto teológico, sino en relación con Cristo.

El conocimiento de Jesucristo

Como escritor, rara vez recibo uno de mis libros por correo de alguien, que nunca he conocido, que me pide que le firme el libro. Sin embargo, cuando hablo en una conferencia donde hay libros disponibles, muchas personas se acercan y me piden que les firme su ejemplar. La diferencia es que han conocido al autor, por lo que el libro adquiere un nuevo significado. Relacionaron el contenido con una persona.

Pedro nos exhortó a crecer en el conocimiento de Jesucristo. Tenemos su libro, la Palabra de Dios, para aprender, y el Espíritu Santo como nuestro Maestro. En otras palabras, tenemos todo

lo que necesitamos para poner el ingrediente del conocimiento a trabajar en nuestras vidas.

Ya mencioné lo fácil que es desviarse del camino en esta área y buscar el conocimiento espiritual por sí mismo. Sin embargo, es como si un joven tuviera una caja llena de cartas de su novia, contento de leerlas en lugar de usar el profundo conocimiento que contienen para profundizar su relación con ella.

Nuestro objetivo es conocer a Cristo, no solo saber acerca de Él. Mucha gente puede darte información y detalles sobre la vida de su estrella del deporte o celebridad favorita. Sin embargo, hay una gran diferencia entre ese tipo de conocimiento y que la persona te invite a cenar por ser buenos amigos.

Puedes poner la Biblia en un lugar importante de tu hogar, publicar fotos de ella en las redes sociales, en particular de los versículos subrayados en su interior, y aun así no conocer al Salvador del que habla. El conocimiento es un ingrediente del crecimiento espiritual, pero lo que debemos buscar es el conocimiento de la Persona.

Para cambiar la analogía, podríamos decir que, aunque es bueno usar un libro de cocina, es aún mejor llamar a mamá. ¿Por qué? Porque mientras el libro de cocina puede darte los pasos de una receta, mamá puede decirte por qué no te salió bien o darte un secreto para que te salga mejor la próxima vez. Mamá puede dar vida al libro de cocina con su sabiduría, experiencia y pizca de amor.

La información sobre la fe cristiana es fundamental, porque nuestra fe tiene un contenido específico, pero también es importante que esa información esté asociada con la realidad viva de Jesucristo. Entonces, si quieres tomar en serio tu crecimiento espiritual, el motor debe ser buscar una relación viva con Cristo, que se profundiza a medida que lo conoces mejor.

El propósito del crecimiento espiritual

Los ingredientes de una receta están diseñados para conseguir un producto terminado, que luego se puede consumir para ayudar al crecimiento físico de alguien. Los ingredientes del crecimiento espiritual también están diseñados para conseguir un producto o resultado final, que es la gloria de Dios.

Si seguimos leyendo 2 Pedro 3:18, llegamos a una frase crucial. Después de instruirnos a crecer en la gracia y el conocimiento de Cristo, el apóstol escribió: "A él sea gloria ahora y hasta el día de la eternidad". Parece que Dios toma su gloria muy en serio. Así es, por eso quiere que lo busques, lo conozcas y crezcas en Él, no solo porque es lo correcto, sino porque deseas ser una persona a través de la cual Él pueda expresarse y mostrar su magnífica gloria.

Señalé anteriormente en mi definición de crecimiento espiritual que el objetivo es expandir y aumentar tu capacidad de glorificar a Dios. Necesitas entender que Dios existe para su gloria. Una vez que comprendas esta verdad, revolucionará toda tu perspectiva y actitud hacia el crecimiento espiritual. Muchos cristianos no crecen, aunque desean tener una relación más cercana con Cristo y hacen cosas para facilitar dicha relación. El problema es que su énfasis está en ellos y en lo que hacen, y no en Dios y su gloria.

Dios dijo que creó a la humanidad para su gloria (Isaías 43:7). Este asunto es tan importante, que la Biblia define el pecado como no dar gloria a Dios. "Por cuanto todos pecaron, y están destituidos de la gloria de Dios" (Romanos 3:23). Es decir, no somos pecadores solo porque hacemos cosas malas, sino porque en nuestro pecado no cumplimos con el propósito para el cual Dios nos creó, que es glorificarlo.

Esto se explica en detalle en Romanos 1, donde Pablo dice

por qué la ira de Dios es desatada "contra toda impiedad e injusticia de los hombres" (v. 18). Los que practican el mal no honran a Dios ni le dan la gloria que se merece (v. 21). Y se pone peor, porque los impíos "cambiaron la gloria del Dios incorruptible en semejanza de imagen de hombre corruptible, de aves, de cuadrúpedos y de reptiles" (v. 23). Además, "no aprobaron tener en cuenta a Dios" (v. 28), otra forma de decir que no dieron a Dios la gloria que se merece.

La palabra *gloria* deriva de un término que significa "pesado" o "de peso", y se refiere a algo o a alguien de gran valor. Los que crecimos en los años sesenta solíamos decir: "Esas palabras tienen peso", cuando escuchábamos algo que era profundo o tenía mucho significado para nosotros.

Por lo tanto, cuando glorificamos a Dios estamos diciendo que Él es una persona de gran valor. Le damos peso o importancia. La gloria también tiene que ver con la forma en que algo llama la atención por cómo brilla, de modo que glorificar a Dios significa resaltar su importancia y promoverlo como digno de toda alabanza y adoración. Dios quiere hacerse público, pero puesto que es invisible, ha creado personas cuyo trabajo de tiempo completo es hacerlo visible para que el mundo pueda verlo y sentirse atraído a Él. Glorificamos a Dios cuando reflejamos la luz de su carácter de la misma manera que la luna refleja el brillo del sol.

Una empresa que realmente quiere glorificar o exhibir su producto o servicio a menudo colocará una gran valla publicitaria en la carretera para que todos los que pasen la vean y reciban el mensaje. Una empresa que tiene la intención de promover su gloria no suele conformarse con un pequeño anuncio en línea perdido por ahí. La empresa puede comenzar de esa manera, pero la idea es llegar a ser más grande para que el mensaje llegue a más personas.

Dios dice que tu trabajo y el mío como creyentes es ser vallas publicitarias que anuncien su gracia a un mundo perdido. Y Él quiere que crezcamos para que podamos mostrarlo más. Cuando nos levantamos por la mañana, nuestra oración debe ser: "Señor, hazme crecer hoy para que pueda mostrarte mejor y más claramente a las personas que me rodean. Quiero glorificarte y hacer avanzar el propósito de tu reino en la tierra".

Hacer avanzar el propósito del reino de Dios es darle gloria a su nombre, servir a sus intereses y reflejar su gobierno en nuestras vidas. Para quienes no lo sepan, defino el propósito del reino como *la manifestación visible del gobierno integral de Dios sobre cada área de la vida.*

La razón por la que tantos creyentes luchamos en esta área de crecimiento espiritual y tenemos una influencia limitada en el mundo es que queremos que Dios bendiga nuestro propio propósito, en lugar de que nosotros cumplamos su propósito. Queremos que Dios "acepte" nuestros planes en lugar de que nosotros cumplamos los suyos. Queremos que Dios nos glorifique en lugar de que nosotros lo glorifiquemos, pero no funciona de esa manera. Dios tiene un solo plan: el propósito de su reino. Necesitamos saber de qué se trata para asegurarnos de estar trabajando en el plan de Dios, no en el nuestro.

La palabra griega que la Biblia usa para reino es *basileia,* que básicamente significa "gobierno" o "autoridad". Incluido en esta definición está el concepto de gobierno. De modo que, cuando hablamos de reino, estamos hablando en primer lugar de un rey o un gobernante. Estamos hablando de alguien que está en autoridad.

Ahora bien, si hay un gobernante, también tiene que haber "vasallos" o súbditos del reino. Además, un reino incluye un dominio sobre el cual el rey gobierna. Finalmente, si tienes un

gobernante, vasallos y un reino, también necesitas regulaciones del reino: pautas que rijan la relación entre el gobernante y sus súbditos. Estas son necesarias para que los súbditos sepan si están haciendo lo que el gobernante quiere que se haga.

El reino de Dios incluye todos estos elementos. Dios es el Gobernante absoluto de su dominio, que abarca toda la creación. Asimismo, su autoridad es absoluta. Todo lo que Dios gobierna, lo preside, incluso cuando no parece que lo esté haciendo. Incluso cuando la vida parece estar fuera de control, Dios preside en el "descontrol".

El reino de Dios también tiene sus "vasallos". Colosenses 1:13 señala que todo el que acepta al Señor Jesucristo como su Salvador ha sido trasladado del reino de las tinieblas al reino de la luz. Si eres un creyente en Jesucristo, tu lealtad ha cambiado. Ya no eres adepto de Satanás, sino de Cristo.

Y en caso de que haya alguna duda, permíteme aseverar ahora mismo que no hay reinos intermedios, ni áreas grises aquí. Solo hay dos reinos en la creación: el reino de Dios y el reino de Satanás. Somos súbditos de uno o del otro. Cada vez que buscas glorificar algo o a alguien que no es Dios, te estás adhiriendo al reino de las tinieblas. Glorificar a Dios es nuestro propósito como hijos del Rey. Como nuestro propósito, es parte integral de nuestro crecimiento espiritual. Si lo ignoramos, no creceremos espiritualmente.

De lo que estoy hablando aquí es de una decisión radical y pasión por vivir para la gloria de Dios. Una vez que decidas en tu corazón buscar ardientemente la gloria de Dios, toda tu vida estará dirigida en esa dirección. Es como ponerse lentes tintados que tiñen de color todo lo que ves. En 1 Corintios 10:31 se expresa así: "Si, pues, coméis o bebéis, o hacéis otra cosa, hacedlo todo para la gloria de Dios". Dios es vehemente sobre

su gloria. El crecimiento espiritual aumenta tu capacidad de glorificar a Dios.

Una de las razones por las que este compromiso es tan radical es que es diametralmente opuesto a la actitud que hoy prevalece hacia Dios con demasiada frecuencia, incluso en la iglesia. Lo que vemos que se promueve hoy es un Dios parecido a una "máquina expendedora", que nos da lo que queremos cuando seleccionamos una opción, colocamos las monedas y presionamos el botón correcto. En otras palabras, demasiadas personas creen que Dios está aquí para glorificarnos y hacernos más saludables, ricos y sabios. Es una transacción simple. Eliges lo que quieres, y luego pulsas el botón de la máquina expendedora divina y se lo reclamas a Dios. Entonces, Él está obligado a responder.

> *Demasiadas personas creen que Dios está aquí para glorificarnos y hacernos más saludables, ricos y sabios.*

No me malinterpretes. Dios no se opone a bendecirte, pero este es el subproducto y el resultado de nuestra decisión de vivir para Cristo y reflejar su gloria. No olvides que la bendición de Dios también puede incluir pruebas y dificultades que nunca elegiríamos si fuera por nosotros. Sin embargo, por lo general, el crecimiento viene en el calor de las pruebas.

Y, por cierto, si buscas una relación con Jesucristo y estás apasionadamente comprometido a darle la gloria, tu vida espiritual crecerá a una velocidad que jamás imaginaste. La razón es que tu crecimiento seguirá a un ritmo constante mientras alimentas tu alma con Dios y su Palabra, de la misma manera que

el crecimiento de un niño seguirá a un ritmo constante mientras se alimenta y ejercita su cuerpo.

Muchas veces cuando vemos a un niño o adolescente, que hace tiempo que no vemos, le decimos: "¡Mira cómo has crecido!". El crecimiento de ese niño es evidente para todos, porque de repente sus pantalones le quedan demasiado cortos y sus zapatos ya le aprietan. Eso es lo que te sucederá cuando busques a Cristo y su gloria. Tu crecimiento será evidente para todos, y los demás pensarán: *¡Mira cómo ha crecido!* Serán atraídos por la vida y el amor que destilas y descubrirán que Dios es el centro y la gloria de tu vida. Los cristianos no están creciendo como deberían, porque Dios no está recibiendo la gloria que Él busca y merece de sus vidas. Dios solo ensancha lo que le trae alabanza.

Los beneficios del crecimiento espiritual

Entonces, ¿qué beneficio hay para nosotros si nos comprometemos a crecer como a Dios le agrada? Esa es una buena pregunta. El crecimiento espiritual contiene el mayor de los beneficios de Dios para nosotros. Pedro le hizo una pregunta similar a Jesús un día mientras veía a un hombre rico alejarse del Señor con su riqueza intacta. "He aquí, nosotros hemos dejado nuestras posesiones y te hemos seguido" (Lucas 18:28). En otras palabras, le dijo: "Señor, ¿qué vamos a recibir por seguirte?".

Jesús no reprendió a Pedro por hacer esa pregunta, sino que le respondió: "De cierto os digo, que no hay nadie que haya dejado casa, o padres, o hermanos, o mujer, o hijos, por el reino de Dios, que no haya de recibir mucho más en este tiempo, y en el siglo venidero la vida eterna" (vv. 29-30). ¡Piensa en esa promesa por un minuto! Dios no es un avaro que reparte migajas a

sus hijos. Es solo que sus beneficios serán en su tiempo y como Él decida. No podemos exigírselo. Jesús declaró: "Mas buscad primeramente el reino de Dios y su justicia, y todas estas cosas os serán añadidas" (Mateo 6:33). Dios suplirá las necesidades de sus hijos.

Aquí hay otro beneficio de crecer como a Dios le agrada. En 2 Corintios 3:13, Pablo dijo que Moisés tenía que ponerse un velo para que los israelitas no vieran que la gloria del rostro de Moisés, por estar con Dios en el Monte Sinaí, se estaba desvaneciendo. Pablo concluyó su discurso con esta declaración: "Por tanto, nosotros todos, mirando a cara descubierta como en un espejo la gloria del Señor, somos transformados de gloria en gloria en la misma imagen, como por el Espíritu del Señor" (v. 18).

Pablo está diciendo que cuando miramos fijamente la gloria de Dios en el sentido de concentrarnos en Él, sucede algo asombroso. Somos transformados a la imagen de Dios de la misma manera que una persona, que se mira al espejo, ve su imagen reflejada en el espejo.

¿Comprendes? Dios te transformará cuando hagas de Él tu centro de atención. Has estado tratando de cambiar, de abandonar ese mal hábito o esa mala actitud. Tus padres trataron de hacer que cambiaras cuando eras pequeño y tu cónyuge ha estado tratando de hacer lo mismo contigo durante años. Sin embargo, Dios dice que, si quieres cambiar, debes mirar fijamente el espejo de su gloria hasta que comiences a ver su imagen reflejada en ti. Esto es crecimiento espiritual. Se trata de reflejar la gloria de Dios y llegar a ser más como Él, a medida que tú y yo cumplimos el propósito de su reino en cada una de nuestras esferas de influencia, durante el tiempo que estemos aquí en la tierra.

¿Cuál es tu mayor beneficio en todo esto? La Biblia responde esta pregunta en Romanos 8:28, con la conocida promesa de que Dios hace que todas las cosas cooperen para el bien de aquellos que lo aman. Este es el beneficio, pero no pases por alto el propósito del beneficio en el versículo 29: "Porque a los que [Dios] antes conoció, también los predestinó para que fuesen hechos conformes a la imagen de su Hijo, para que él sea el primogénito entre muchos hermanos".

Incluso cuando suceden cosas que no parecen ser buenas para nosotros, Dios está obrando para formarnos y hacernos crecer en el proceso.

Esto significa que incluso cuando suceden cosas que no parecen ser buenas para nosotros, Dios está obrando para formarnos y hacernos crecer en el proceso, sea cual sea la prueba o dificultad. No sé tú, pero para mí no hay mayor beneficio que saber que Dios tiene un propósito bueno en *todo* lo que permite en nuestra vida. Él quiere hacernos crecer, incluso cuando estamos pasando por pruebas y adversidades. Si das prioridad a buscar y glorificar a Dios, Él te dará un gran crecimiento y te permitirá disfrutar de todos los derechos, los privilegios, la paz y el poder de una relación más profunda con Él.

Capítulo 2

La conversión: El fundamento de la vida en el reino

Se cuenta la historia de un escorpión que necesitaba cruzar un charco. No podía encontrar la manera de cruzarlo hasta que vio a una rana sentada en la orilla del charco. El escorpión se acercó a la rana y le dijo:

—Necesito cruzar el charco, pero no sé nadar. ¿Puedo subirme a tu espalda para que me lleves de un salto al otro lado?

—Bueno —respondió la rana—, de hecho, estaba a punto de cruzar el charco de un salto. Estaré encantada de llevarte sobre mi espalda si me prometes que no me picarás cuando lleguemos al otro lado.

—Te prometo que no te voy a picar —dijo el escorpión—. Solo quiero cruzar al otro lado del charco.

—Súbete —dijo entonces la rana.

Y luego saltó al otro lado del charco con el escorpión sobre su espalda, pero tan pronto como llegaron, el escorpión picó a la rana. Cuando el veneno hizo su efecto y la rana yacía moribunda, miró al escorpión sin poder creerlo y le preguntó:

—¿Cómo pudiste hacerme esto? Te llevé al otro lado del

charco tal como me pediste, y prometiste que no me picarías. Ahora mira lo que has hecho.

—Es que está en mi naturaleza picar —le respondió el escorpión encogiéndose de hombros.

Los escorpiones pican porque para eso han sido creados. La única forma de cambiar esa característica de los escorpiones es mediante una transformación radical de su naturaleza, y eso no va a suceder. De la misma forma, los pecadores pecan porque su naturaleza es pecar, y la única forma de cambiar eso es mediante una transformación radical de su naturaleza.

Sin embargo, ahí es donde termina la comparación entre los escorpiones y los seres humanos, porque la transformación de la naturaleza de un pecador no solo es posible, sino absolutamente esencial para que se produzca el crecimiento espiritual.

Si eres cristiano, tienes una nueva naturaleza dentro de ti, que es de Dios.

El crecimiento presupone que ha habido un nacimiento y ha comenzado una vida. El crecimiento espiritual presupone que habido un nacimiento espiritual. Esto ocurre en la conversión, cuando un pecador pone su fe en Jesucristo para el perdón de sus pecados y el regalo de la vida eterna. Esto redunda en la impartición de una nueva naturaleza que reemplaza la naturaleza de pecado, que toda persona hereda al nacer.

La conversión es la base o el fundamento de la vida en el reino, y cuanto mejor comprendas lo que sucede cuando una persona se convierte, mejor comprenderás la dinámica y el proceso del crecimiento espiritual posterior. No se puede construir

una estructura sólida sobre una base débil o defectuosa. Por eso quiero establecer una base sólida para el crecimiento espiritual al abordar nuestra absoluta necesidad de la conversión, el carácter de la conversión y la plenitud de la nueva vida y la nueva naturaleza que Dios pone dentro de nosotros cuando aceptamos a Cristo como nuestro Salvador.

Para despertar tu apetito por este tema y mostrarte hacia dónde nos dirigimos, considera la forma en que el apóstol Pedro describió la salvación, cuando dijo: "Como todas las cosas que pertenecen a la vida y a la piedad nos han sido dadas por su divino poder [de Dios]", y como ya somos personas salvas, hemos llegado a "ser participantes de la naturaleza divina" (2 Pedro 1:3-4).

Esta es una conversión radical. Si eres cristiano, tienes una nueva naturaleza dentro de ti, que es de Dios. Y junto con esta nueva naturaleza, has recibido todo lo que necesitas para vivir una vida que agrade a Dios. Para comprender y apreciar lo que Él hizo por nosotros en la conversión y sus implicaciones para nuestro crecimiento espiritual, debemos verlo en el contexto de la naturaleza pecaminosa que teníamos antes de venir a Cristo.

La necesidad de la conversión

Cuando Adán pecó contra Dios, perdió su inocencia, y el pecado lo corrompió. En el centro del ser de Adán, se depositó una naturaleza pecaminosa, que pasó a formar parte de su humanidad y se transmitió a cada uno de sus descendientes. La Biblia dice: "El pecado entró en el mundo por un hombre, y por el pecado la muerte" (Romanos 5:12). Debido a que Adán actuó como la cabeza representativa de la raza humana cuando pecó, todos nacemos con una naturaleza pecaminosa, una predisposición hacia la rebeldía contra Dios, que forma parte de lo que

significa ser humano. Este aspecto de nuestra naturaleza es tan omnipresente, que causa que todo lo que hacemos, decimos o pensamos sea inaceptable a los ojos de un Dios santo.

La cuestión es que los seres humanos pecadores no pueden acercarse a Dios por su propio poder, y mucho menos crecer espiritualmente en una relación más cercana con Él. Cuando David confesó su pecado después de cometer adulterio con Betsabé y de enviar a su esposo, Urías, al frente de batalla para que fuera asesinado, declaró: "En maldad he sido formado, y en pecado me concibió mi madre" (Salmos 51:5). En este pasaje, David estaba reconociendo el pecado que impregna el alma humana.

Isaías reconoció la misma verdad cuando dijo: "Todas nuestras justicias [son] como trapo de inmundicia" a los ojos de Dios (Isaías 64:6). Estas acciones son inaceptables porque están manchadas y contaminadas por nuestra naturaleza pecaminosa. No es que la gente pecadora no quiera o no trate de hacer cosas buenas, sino que los intentos de un pecador por agradar a Dios son como una persona con una enfermedad altamente contagiosa que se ofrece como voluntaria para donar sangre. Aunque sea un buen gesto, la sangre de esa persona no se puede aceptar, porque está contaminada por la enfermedad. De la misma manera, el pecado ha contaminado y corrompido al género humano.

Por eso nadie tiene que enseñar a los niños a mentir o a ser egoístas. Nuestro problema como personas nacidas en pecado no es que tengamos un defecto menor a corregir o una característica de nuestra personalidad en la que debamos trabajar. El pecado nos coloca en completa hostilidad hacia Dios y bajo su juicio. Pablo lo resumió de la siguiente manera: "Los que viven según la carne no pueden agradar a Dios" (Romanos 8:8).

El efecto de la naturaleza de pecado en nuestras vidas es algo

así como el efecto que tiene una enfermedad conocida como miastenia grave en el cuerpo de sus víctimas. La miastenia grave es una enfermedad mediante la cual un músculo no recibe el mensaje del cerebro, porque hay un problema con el nervio que transmite el impulso motor.

Toda persona nace con un cortocircuito en su sistema nervioso espiritual. Dios envía sus señales, pero la persona no salva no tiene la capacidad de recibirlas.

Por ejemplo, el cerebro de un paciente con miastenia grave puede enviar una señal para mover el brazo derecho, pero el músculo no responde a la señal, porque el implante motor que transmite la señal del nervio al músculo es defectuoso. Las señales del cerebro se interrumpen y el proceso normal de movimiento entra en cortocircuito.

La Biblia declara que toda persona nace con un cortocircuito en su sistema nervioso espiritual. Dios envía sus señales, pero la persona no salva no tiene la capacidad de recibirlas. Pablo dijo: "Pero el hombre natural no percibe las cosas que son del Espíritu de Dios, porque para él son locura, y no las puede entender, porque se han de discernir espiritualmente" (1 Corintios 2:14).

Las implicaciones de este hecho para el crecimiento espiritual son tremendas. No puede haber crecimiento donde no ha tenido lugar un nuevo nacimiento espiritual. Ahora bien, esto puede ser obvio para ti, pero hay un número de personas que van a la iglesia todas las semanas y se consideran cristianas, sin embargo, nunca muestran ningún crecimiento espiritual. Pien-

san que están haciendo todo lo correcto, pero se preguntan por qué su religión parece tan vacía y decepcionante.

La respuesta a ese problema, en muchos casos, es que estas personas nunca han experimentado una genuina conversión. Jesús dijo a Nicodemo, uno de los hombres más religiosos de su época: "Os es necesario nacer de nuevo" (Juan 3:7). No sabemos si acudió a Jesús porque estaba insatisfecho con su religión y quería más o porque quería saber más acerca de Él.

No obstante, cualquiera que sea su motivo, Nicodemo aprendió que la religión no era suficiente. Necesitaba nacer de nuevo, y tenemos el mismo problema que él tuvo. Profundamente arraigada dentro de nosotros al nacer, hay una naturaleza de pecado que es defectuosa y requiere un nuevo nacimiento espiritual.

El carácter de la conversión

Ahora bien, si nuestro problema es una naturaleza defectuosa, corrompida y dañada, entonces necesitamos la implantación de una nueva naturaleza dentro de nosotros que restaure el daño. Eso es exactamente lo que Dios hace por nosotros en la conversión, como vimos anteriormente en 2 Pedro 1:4.

Dios nos otorga su naturaleza en la conversión

La conversión, o salvación, también conocida como nuevo nacimiento, es el proceso mediante el cual Dios deposita dentro de cada creyente una nueva naturaleza que es de Él y, por lo tanto, es perfecta. Al mismo tiempo, la vieja naturaleza, llamada "nuestro viejo hombre fue crucificado juntamente con él [Cristo]" (Romanos 6:6). Esa vieja naturaleza pecaminosa que nos dominaba e impedía que la vida de Dios fluyera a través de nosotros ha sido crucificada, y en su lugar hay una nueva naturaleza de Dios que la Biblia dice que no puede pecar (1 Juan 3:9). Ahora bien, espera,

porque eso no significa que seamos perfectos. Todavía llevamos el residuo de la vieja naturaleza pecaminosa, que Pablo llamó el "pecado que mora en mí" (Romanos 7:17), porque el pecado ha corrompido estos cuerpos imperfectos. El cuerpo contaminado por el pecado, o lo que Pablo llama "cuerpo de muerte" (v. 24) es donde se libra nuestra batalla contra el pecado (v. 23). Ya no es nuestra vieja naturaleza la que ha sido crucificada. Nuestra vieja naturaleza depositó el pecado en nuestro cuerpo para que, aunque haya sido destruido, la presencia del pecado todavía esté con nosotros. Es solo que el pecado ya no opera como la esencia de lo que somos. Por eso es necesario que este cuerpo muera, para que podamos recibir otro nuevo; pero Dios también se encargará de eso algún día (1 Corintios 15:53-54).

La conversión es de un carácter tan radical, que Pablo escribió: "De modo que si alguno está en Cristo, nueva criatura es; las cosas viejas pasaron; he aquí todas son hechas nuevas" (2 Corintios 5:17). Cuando recibes a Cristo, todo se vuelve nuevo en el centro de tu ser, y es esta nueva vida o nueva naturaleza la que te da la disposición y la capacidad para conocer y servir a Dios y a tus semejantes en lugar de servir al pecado y a ti mismo. Cuando Adán y Eva pecaron y se contaminaron con una naturaleza pecaminosa, huyeron de Dios. Sin embargo, cuando Él deposita la nueva naturaleza en la vida de alguien, despierta en esa persona el deseo y la capacidad de buscarlo, porque la nueva naturaleza está sintonizada para recibir las señales de Dios, si vale usar la analogía del cerebro y los músculos nuevamente.

Si eres cristiano, eres una nueva criatura por dentro. Ahora bien, aquí es donde la verdad del nuevo nacimiento atañe al tema del crecimiento espiritual. Muchos cristianos responderían a lo que acabo de señalar, con esta pregunta: "Tony, si tengo esta nueva naturaleza dentro de mí, que me despierta el deseo

y la capacidad de conocer a Dios, ¿dónde está?". Lo que estas personas están diciendo realmente es: "Cuando miro mi vida, no puedo ver esta maravillosa realidad espiritual y el impulso del que estás hablando".

Nuestra nueva naturaleza necesita ser alimentada

Bueno, si eres un genuino creyente, la nueva naturaleza de Dios está ahí. Tienes un ADN perfecto con toda la codificación necesaria para que te conviertas en un adulto espiritual maduro. Esta nueva naturaleza puede estar sepultada bajo antiguas formas de pensar y actuar, pero está ahí y necesita ser alimentada. El crecimiento espiritual es el proceso de alimentar y desarrollar la nueva naturaleza que Dios implantó en tu espíritu humano, en lo más profundo de tu ser.

Ilustremos esta verdad con la contraparte física del nacimiento espiritual, que es el nacimiento humano. Cuando ocurre la concepción y se forma una nueva vida dentro del útero de una madre, todo el conjunto que se convertirá en una persona adulta está presente en ese óvulo fertilizado. Sin embargo, esa vida es microscópica, no está completamente desarrollada. De hecho, la madre ni siquiera detecta que esa vida está presente hasta que han pasado varias semanas.

Dada esta verdad, si esperas ver aparecer las manos y los pies en las primeras semanas del desarrollo de un embrión humano, te sentirás decepcionado. No habrá suficiente crecimiento para que sus extremidades se desarrollen por completo, aunque estén presentes en la estructura genética del embrión.

Nuestro crecimiento espiritual sigue el mismo proceso. Por eso la Biblia habla de cristianos que son bebés recién nacidos, niños y adultos maduros. El objetivo es ver que la vida que Dios ha implantado dentro de nosotros, que Juan llama la "simiente"

de Dios (1 Juan 3:9), comience a crecer y desarrollarse tal como crece un bebé en el vientre de su madre.

Y así como el crecimiento temprano de un bebé dentro de la madre no se ve externamente, es posible que no veamos muchas evidencias externas e inmediatas del crecimiento espiritual que se produce dentro de nosotros. Sin embargo, eso cambiará a medida que Dios haga su obra dentro de nosotros. Una futura madre pronto da evidencia de la vida dentro de ella a medida que su cuerpo crece. Nuestro crecimiento también será visible para los demás a medida que nos convertimos en los cristianos maduros y completamente desarrollados que Dios destinó que seamos.

> *El milagro del nuevo nacimiento es que la transformación y el crecimiento ocurren en medio, y a pesar, de nuestra imperfecta humanidad.*

El milagro del nuevo nacimiento es que la transformación y el crecimiento ocurren en medio, y a pesar, de nuestra imperfecta humanidad. Los cristianos todavía luchamos con el pecado, y continuaremos luchando hasta que Jesús venga y nos dé un cuerpo nuevo. Es importante entender que Dios no está interesado solo en tratar de reparar las abolladuras de nuestro viejo yo pecaminoso, lijar las partes ásperas y dar a nuestra carne una nueva capa de pintura. Verás que mucha gente piensa que de eso se trata la vida cristiana y el crecimiento espiritual.

¡En absoluto! Dios ya ha condenado estos cuerpos pecaminosos a una eventual descomposición. El problema con muchos cristianos es que estamos ocupados en tratar de reparar

la vieja naturaleza y hacer que parezca nueva, cuando Dios quiere desechar lo viejo y crear algo completamente nuevo.

Una persona cuyo automóvil ha sido declarado como pérdida total tras un accidente recibe otro automóvil; pero si el automóvil no se considera una pérdida total, entonces el propietario debe repararlo y esperar que quede lo más parecido posible a lo que era. Dios ha declarado a nuestra vieja naturaleza como una pérdida total porque nacimos en pecado. Él quiere que nos concentremos en la nueva naturaleza que nos ha dado. Si has pasado años tratando de reparar lo que Dios dice que no tiene arreglo, entonces espero que la verdad de la Palabra de Dios y el mensaje de este libro te liberen de llevar una forma de vida frustrante.

Siempre que enseño sobre el carácter radical de la conversión, pienso en orugas y mariposas. No me gustan los insectos, así que las orugas me parecen feas, pero una vez que se liberan del capullo de su antigua naturaleza y se convierten en mariposas, la transformación es increíble. Lo que antes era feo ahora es hermoso. Una criatura que solo podía arrastrarse ahora puede volar.

Esta transformación requiere un proceso de crecimiento, y eso no siempre es fácil. Hay una gran lucha implícita en la transformación de una oruga en una mariposa, pero el resultado vale la pena. Una mariposa no es solo una oruga reparada, sino una nueva criatura con una nueva capacidad de vida.

La plenitud de la conversión

Tal vez hayas escuchado la historia del Sr. Yates, el hombre al que le dieron una granja, pero como no podía mantenerla, se vio obligado a vender. Sin embargo, justo antes de vender la granja, algunos hombres se acercaron al Sr. Yates y le dijeron que tenían razones para creer que podría haber petróleo en su propiedad. Pidieron permiso para hacer perforaciones, a lo que

el Sr. Yates accedió de buena gana, y encontraron un pozo de petróleo. De repente, el granjero indigente que estaba a punto de perder su propiedad se convirtió en millonario.

Sin embargo, en el sentido más veraz, el Sr. Yates se hizo millonario el día que le dieron la granja. Solo que no lo sabía, porque desconocía el tesoro que residía en lo profundo de las entrañas de su granja. Y debido a que no estaba al tanto de sus riquezas, el Sr. Yates dedicaba todo su tiempo y energía en concentrarse en lo que era visible en la superficie, en una lucha por mantener algo que era más que capaz de mantenerlo a él.[1]

Esta es una ilustración de cómo viven demasiados cristianos. Si estás luchando por mantener las cosas, necesitas ver que Dios ha depositado más en ti al momento de tu salvación de lo que puedes imaginar. Tienes todo lo que necesitas para crecer y madurar espiritualmente, porque tienes el Espíritu Santo que vive dentro de ti y por la obra que Dios ha hecho en tu corazón y tu mente. El Espíritu Santo es tema de un próximo capítulo, así que hablemos de la obra que Dios hace dentro de ti cuando vienes a Cristo. La Biblia dice:

> Porque con una sola ofrenda hizo perfectos para siempre a los santificados. Y nos atestigua lo mismo el Espíritu Santo; porque después de haber dicho: Este es el pacto que haré con ellos después de aquellos días, dice el Señor: Pondré mis leyes en sus corazones, y en sus mentes las escribiré, añade: Y nunca más me acordaré de sus pecados y transgresiones (Hebreos 10:14-17).

En este pasaje, Dios señala que Él hace algo nuevo con su pueblo bajo el nuevo pacto, que se describe en Jeremías 31:31-34

1 Lisa Kepner, "Ira Griffith Yates, Jr. (1859–1939)", Texas State Historical Association, 1 de febrero de 1996, https://www.tshaonline.org/handbook/entries/yates-ira-griffith-jr.

y que cita el escritor de Hebreos. Bajo el antiguo pacto, la ley de Moisés, Dios escribió sus leyes en tablas de piedra, pero el pueblo carecía del poder interior para guardar esas leyes. Sin embargo, bajo el nuevo pacto, Dios escribe sus leyes en el corazón y la mente de su pueblo, lo que significa que Él nos da tanto el deseo (en nuestro corazón) como el poder (en nuestra mente) para obedecerlo y agradarlo (Romanos 7:22).

Este es un cambio asombroso en la forma en que Dios trata con las personas. Los israelitas del Antiguo Testamento tenían que salir y encontrar la ley de Dios, por así decirlo, y luego hacer todo lo posible para tratar de guardarla. Sin embargo, nosotros llevamos escrita su ley en la mente y el corazón, donde siempre está lista para instruirnos y corregirnos. Por cierto, esta es la razón por la que Pablo dijo que el problema con el antiguo pacto no era la ley de Dios, que es perfecta. Dios siempre ha demandado santidad y fidelidad de su pueblo, y sus requisitos nunca han cambiado. Lo que ha cambiado es la capacidad de los creyentes de vivir de acuerdo con sus normas.

Tu nueva naturaleza anhela tener intimidad y comunión con Dios, y desea agradarlo y obedecerlo más que cualquier otra cosa.

Esta nueva obra de Dios dentro de nosotros es la razón por la que el crecimiento espiritual no consiste en encontrar el programa más novedoso o el grupo pequeño más nuevo, sino en avivar la nueva vida dentro de nosotros y permitir que florezca. Es una cuestión del corazón, el espíritu y la mente. Cuando Dios te da un nuevo corazón y el Espíritu Santo renueva tu mente (Romanos 12:2; 1 Corintios 2:11-16) es cuando creces.

Tendrás una nueva lucha

Ahora bien, tengo que ser sincero y decirte que al mismo tiempo vas a luchar. Como verás, tener un corazón y una mente nuevos significa que recibes un conjunto completamente nuevo de gustos, actitudes y deseos que están dirigidos hacia Dios. Y cuando esas cosas nuevas entran en contacto con tu vieja carne pecaminosa, el conflicto es inevitable.

Pablo escribió con mucha franqueza sobre este conflicto en Romanos 6–8, particularmente en el capítulo 7. Por ejemplo, en un momento señaló: "Porque lo que hago, no lo entiendo; pues no hago lo que quiero, sino lo que aborrezco, eso hago. Y si lo que no quiero, esto hago, apruebo que la ley es buena. De manera que ya no soy yo quien hace aquello, sino el pecado que mora en mí" (Romanos 7:15-17).

¿Te suena familiar? La lucha de Pablo era tan intensa que algunos comentaristas de la Biblia creen que estaba escribiendo sobre su vida antes de convertirse a Cristo. Sin embargo, no hay cómo argumentar que Pablo no era cristiano, porque terminó este capítulo con una declaración de victoria: "Gracias doy a Dios, por Jesucristo Señor nuestro" (Romanos 7:25).

Lo que Pablo descubrió es que cuando se convirtió a Cristo, cambió toda su orientación en la vida. Ahora que tenía la ley de Dios escrita en su corazón, no podía pecar sin sentir que su nueva naturaleza se oponía a ese pecado y lo atraía constantemente a Cristo. Pablo tenía un corazón nuevo porque Dios le había hecho un trasplante de corazón.

Hemos pasado por el mismo trasplante de corazón como creyentes. Dios no hace una cirugía de *bypass*, con la que opera el corazón viejo y soluciona el problema. Cuando la Biblia declara en 2 Corintios 5:17 que somos nuevas criaturas en Cristo Jesús, eso es exactamente lo que significa. Si conoces a Cristo,

tienes un corazón nuevo, no solo un corazón viejo operado y reacondicionado.

Tendrás nuevos apetitos

Cuando una mujer queda embarazada, uno de los cambios más marcados que se produce es en el apetito. De la misma manera, este nuevo corazón que recibimos en la salvación se manifiesta en nuevos deseos o apetitos espirituales (ver Hebreos 10:14-16). Tu nueva naturaleza anhela tener intimidad y comunión con Dios, y desea agradarlo y obedecerlo más que cualquier otra cosa. Estos anhelos son intensos, por eso no puedes pecar como cristiano y disfrutarlo o no sentir remordimiento como cuando eras incrédulo. Seguirás pecando, porque todavía tienes tu vieja naturaleza, pero tu nueva sensibilidad a las cosas espirituales desatará una lucha intensa en tu alma, porque ahora tienes que tratar de ignorar los nuevos apetitos que Dios ha puesto dentro de ti.

Sin embargo, la otra cara de este problema es la emocionante realidad de que cuando alimentas los nuevos apetitos que Dios te ha dado, disfrutas de la inmensa satisfacción de su bendición y comienzas a crecer espiritualmente. La ley de Dios que está escrita en tu corazón se convierte en lo más real y vital que opera en tu vida, y puedes someter más áreas de tu vida bajo el Señorío de Cristo. En el proceso, también tendrás un nuevo deseo de glorificar a Dios, que, como aprendimos en el capítulo uno, es el ferviente deseo de Dios para su pueblo.

Lo importante es lo que hay en el interior

Entonces, en definitiva, el crecimiento espiritual no depende principalmente de lo que sucede a tu alrededor, sino de lo que sucede dentro de ti. El crecimiento se produce de adentro hacia

fuera, que es como Dios diseñó que funcione toda su creación. Los robles adultos no aparecen de la nada. Tampoco los cristianos adultos. Pero todos los requisitos para el crecimiento están disponibles.

El crecimiento espiritual es el proceso de expandir y liberar lo que está en el interior para que sea visible externamente. Lo que Dios hace a menudo es aplicar el calor y la presión para lograr dicha liberación. Por eso nuestros mayores momentos de crecimiento espiritual son casi siempre nuestros momentos de mayor prueba.

Es así como funciona con las palomitas de maíz. ¿Sabías que las palomitas de maíz revientan porque el calor aplicado a los granos hace que la humedad dentro de ellos acumule presión? La humedad se convierte en vapor y, a medida que el vapor aumenta, presiona contra la cáscara del grano, que se rompe bajo la presión, y libera el maíz del interior.

Los granos de palomitas de maíz no parecen muy apetecibles antes de someterlos al fuego, y si tratas de comer uno, puedes romperte un diente. Sin embargo, si los expones al calor, descubres que hay mucho más en el interior de lo que pensabas. Ahora bien, las palomitas de maíz son provechosas y gratificantes, porque crecieron bajo presión hasta convertirse en el alimento sabroso para el que fueron diseñadas. Las deliciosas palomitas de maíz son la realización del potencial que estuvo allí todo el tiempo.

Cuando Dios nos salvó, puso en lo profundo de nosotros una nueva naturaleza hecha a su imagen y nos dio un nuevo corazón. Cuando el Espíritu Santo comienza a calentar tu nueva naturaleza, el vapor de tu nueva vida comienza a aumentar hasta que revienta la capa exterior llamada cuerpo. Entonces comienzas a tener un nuevo crecimiento y a manifestar lo bueno que hay en tu interior.

El crecimiento espiritual duradero se produce mediante la transformación interna, no solo de una reforma externa. Pablo escribió: "Andad en el Espíritu, y no satisfagáis los deseos de la carne" (Gálatas 5:16). El orden es crucial aquí, porque muchos cristianos lo entienden al revés. Pensamos que, si podemos dejar de satisfacer el deseo o la lujuria de la carne, podemos comenzar a caminar en el Espíritu.

Sin embargo, es todo lo contrario. El Espíritu Santo que obra en el interior produce la victoria espiritual en el exterior. Todo lo que necesitamos para caminar en victoria y crecer en Cristo ya está dentro de nosotros.

Hace varios años, un comercial de televisión de salsa para espaguetis mostraba a una madre que cocinaba espaguetis. Mientras el aroma que sale de la cocina llena la casa, su hijo entra y al ver la salsa, pregunta:

—Oye mamá, ¿dónde están los champiñones?

—Ya están en la salsa —dice ella.

—¿Y la salchicha?

—También está ahí.

—¿Y los tomates?

—Ya están en la salsa —responde una vez más la madre.

Entiendes la idea. Dios está cocinando una cantidad de salsa de crecimiento espiritual para ti, y todo está ahí. ¿Estás buscando la victoria? Está ahí. ¿Estás buscando fuerzas para obedecerlo? Están ahí. ¿Necesitas fe para confiar más en Él o gracia para soportar una prueba? ¡Ya están en la salsa! ¿Estás listo para la comida?

Capítulo 3

La identidad: La clave para la vida en el reino

Si alguna vez estuviste en un circo, es probable que hayas visto a los elefantes. Siempre me asombraba cuando estaba en un circo y veía a cada uno de esos enormes elefantes de varias toneladas de peso, sujeto por una sola cadena que ataba su pata a una pequeña estaca. Cualquiera de esos elefantes podría haber arrancado fácilmente esa estaca del suelo y haber huido, pero casi nunca sucedió porque los elefantes de circo han sido condicionados para olvidar quiénes son. Les arrebataron su identidad.

Me refiero a que esos elefantes han sido entrenados desde que eran bebés para doblegarse cuando sienten el tirón de esa cadena alrededor de sus patas. El entrenador ha condicionado a los elefantes a aceptar sus cadenas para poder domesticarlos, dominarlos y exhibirlos para el entretenimiento público. Este sistema funciona tan bien, que cada vez que un elefante de circo se desenfrena y ejerce su poder para deshacerse de sus cadenas, los videos de él se vuelven rápidamente virales.

Al igual que los elefantes en el circo, muchos cristianos son rehenes de una pequeña cadena alrededor de sus tobillos que los sujeta y les impide avanzar. Estas personas van a la iglesia y

escuchan acerca de todo el poder y la autoridad espiritual que Dios tiene para ellos como creyentes en Jesucristo, pero parece que no pueden liberarse de las cadenas que los atan.

Estoy convencido de que lo que necesitan las personas en esta condición no es ante todo un servicio de liberación, sino una verificación de identidad. Necesitan comprender quiénes son en Cristo. Si estás confundido acerca de tu identidad como cristiano, si nadie te ha explicado quién eres realmente, espero que el Espíritu Santo use lo que vamos a ver en este capítulo para ayudarte a ser libre de cualquier cadena que te tiene atado. Dios no se tomó la molestia de salvarte solo para que el mundo, la carne o el diablo te encadenen y te dominen a su antojo. Dios te creó con un propósito específico en mente. Para vivir en su propósito, es importante que comprendas tu verdadera identidad. Tu identidad espiritual es la clave para la vida en el reino.

La identidad de una persona es un asunto de suma importancia, especialmente en la sociedad actual impulsada por la información. Tu identidad tiene un gran valor comercial no solo para ti, sino también para otra persona que podría intentar robarla para usar tu nombre y línea de crédito, y acumular grandes deudas. El robo de identidad ha llegado a ser un hecho muy generalizado en nuestra cultura obsesionada con lo digital.

Tener una identidad clara es tan importante para nuestra dimensión humana, que algunas personas hacen todo lo posible para tratar de obtener una identidad que creen que los hará aceptables para un grupo determinado. Estas personas pueden comprar ropa de diseñador o cierta marca de automóvil para parecer adineradas. Hace unos años, hubo una serie de casos en los que se descubrió que varias figuras públicas de alto perfil habían mentido en sus currículos para conseguir un nuevo puesto. Una buena parte del comercio mundial, al menos en

el mundo occidental, está orientado a ayudar a las personas a verse, sentirse y actuar diferentes de lo que son en verdad, porque alguien las ha convencido de que algo está mal con su verdadera identidad.

Además de tratar de aceptar una identidad, otro error común que cometen muchas personas es vincular su identidad con su actividad. Hacemos esto cuando nos identificamos por nuestra profesión u oficio. Los creyentes somos especialmente propensos a esta trampa, porque a menudo reducimos la vida cristiana a un conjunto de actividades que realizamos o evitamos. Uno de mis antiguos profesores de seminario que dio clases en una importante universidad secular, donde sus colegas no salvos tenían la idea de que los cristianos eran personas que no fumaban ni bebían ni iban a fiestas, me dijo que le resultó muy difícil tratar de mostrarles que el cristianismo no era un comportamiento, sino una relación con Cristo.

Confundir lo que hacemos con nuestra verdadera identidad es un error fácil de cometer, pero la confusión sigue siendo letal si queremos crecer y prosperar en nuestro caminar diario con el Señor. Escuché acerca de un hombre con un caso extremo de confusión de identidad, que fue a ver a un psiquiatra.

—¿Qué le ocurre? —le preguntó el especialista.

—Tengo un problema —respondió el hombre—. Me he convencido de que soy un perro. Cada vez que paso por la sección de comida para perros en el supermercado, tengo unas ganas abrumadoras de comprar varias latas y comérmelas. Duermo sobre una alfombra en el suelo y doy tres vueltas antes de acostarme. También he estado persiguiendo autos y ladrando a los gatos. Realmente he llegado a creer que soy un perro.

—Bueno, este comportamiento es muy serio, no se parece a nada que haya tratado antes —dijo el psiquiatra—. Creo que

puedo ayudarlo, pero primero necesito saber cuánto tiempo ha estado lidiando con este problema.

—¡Desde que era un cachorro! —espetó el hombre.

No conozco a nadie con una crisis de identidad tan grave, pero he conocido a muchos cristianos que están confundidos o básicamente desinformados acerca de su verdadera identidad como hijos del Rey. Y está claro que una identidad falsa conduce a un crecimiento falso.

Nuestra identidad comienza en la cruz

En el capítulo anterior, vimos que cuando aceptaste a Cristo por la fe como tu Salvador, Dios implantó una nueva naturaleza en lo profundo de tu ser. Esta nueva naturaleza, también llamada nuevo nacimiento, es el punto de referencia para tu identidad. No obstante, lo que también quiero que entiendas es que cuando Dios te dio esta nueva naturaleza, por medio de la cual ahora tienes vida espiritual, también hizo morir tu vieja naturaleza. Esta muerte ocurrió en la cruz de Jesucristo cuando murió por los pecados del mundo. Por eso tu identidad como cristiano comienza en la cruz.

Esta verdad se expresa claramente en Gálatas 2:20, que ha sido el versículo de mi vida durante muchos años. Este magnífico versículo contiene todo lo que necesitamos saber sobre nuestra identidad como creyentes, condensado en una cápsula llena de energía. Si puedes absorber y aplicar lo que la Biblia enseña en Gálatas 2:20, vas por buen camino para crecer espiritualmente, porque tu identidad es la clave para tu crecimiento espiritual.

Déjame darte el versículo completo y luego lo desglosaremos en las partes que lo componen. El apóstol Pablo escribió a la iglesia de Galacia: "Con Cristo estoy juntamente crucificado,

y ya no vivo yo, mas vive Cristo en mí; y lo que ahora vivo en la carne, lo vivo en la fe del Hijo de Dios, el cual me amó y se entregó a sí mismo por mí".

Hemos muerto con Cristo

Si escuchaste este versículo muchas veces y tal vez incluso lo memorizaste, como yo, puede que no te parezca tan impresionante como es en verdad. La primera frase por sí sola es lo suficientemente discordante como para mostrarnos que algo valioso está sucediendo aquí. "Con Cristo estoy juntamente crucificado". Tú y yo podemos poner nuestro nombre allí, porque está dado por hecho.

Ahora bien, estar crucificado es morir. Sabemos que Jesús murió en la cruz, pero su muerte también provocó la muerte de la naturaleza pecaminosa de todos aquellos que se identifican con Él. Estamos tan identificados con Cristo, que cuando lo aceptamos como nuestro Salvador, Él viene a morar a nuestra vida y hace morir la vieja naturaleza que está en nosotros, la cual está totalmente corrompida y arruinada por el pecado. La muerte que experimentamos en la cruz es la muerte al pecado y a la antigua manera de vivir que heredamos de Adán. "Porque los que hemos muerto al pecado, ¿cómo viviremos aún en él?", pregunta Pablo (Romanos 6:2).

Nuestro viejo yo está muerto y desaparecido, crucificado con Cristo en la cruz y sepultado con Él cuando lo llevaron a la tumba (Romanos 6:4). Porque algo es cierto, más vale que busquemos nuestra identidad en otra parte, porque los muertos no crecen. Un paso clave en el crecimiento espiritual y nuestra identidad en Cristo, que muchos cristianos pasan por alto, es aceptar nuestra muerte al pecado y a nuestra pasada manera de vivir. Esta muerte espiritual significa que el pecado ya no es la

definición central de quiénes somos. Nuestro problema con el pecado es ahora un problema de la carne, que es la casa donde vivimos, no la esencia de lo que somos.

Como verás, demasiados creyentes no crecen porque todavía están en el cementerio con el cadáver de su antiguo yo, tratando de resucitar lo que Dios ha hecho morir. No saben que su antigua vida, la que la Biblia llama el "viejo hombre" (Colosenses 3:9), está muerta en Cristo.

Pablo escribió a los romanos: "Porque si fuimos plantados juntamente con él en la semejanza de su muerte, así también lo seremos en la de su resurrección; *sabiendo esto*, que nuestro viejo hombre fue crucificado juntamente con él, para que el cuerpo del pecado sea destruido, a fin de que no sirvamos más al pecado" (Romanos 6:5-6). Pablo dice que necesitamos saber que hemos sido crucificados con Cristo, pero muchos cristianos, si fueran sinceros, tendrían que decir: "No lo sabía".

> *Dios quiere que dejes el cementerio de tu vieja vida y tomes tu nueva identidad como su hijo.*

En la cruz, tuvo lugar una unión con Cristo, que a menudo no se entiende, y debido a ello, las personas no se dan cuenta de sus implicaciones radicales. Es similar a lo que les sucede a algunas parejas casadas. Se paran frente al altar el día de su boda y asienten con la cabeza cuando el predicador declara que ya no son dos, sino uno. Se acercan y encienden la vela de la unidad, después de apagar sus propias velas para simbolizar esta nueva unión.

No obstante, poco después de la boda, de alguna manera

vuelven a encender sus antiguas velas individuales. ¿Por qué? Porque resulta ser que uno o ambos cónyuges no estaban realmente listos para morir a la soltería. Es decir, siguen tratando de vivir como cuando eran solteros, entonces van y vienen y gastan su tiempo y dinero como les da la gana, sin rendir cuentas a nadie. Sin embargo, cualquier persona casada que no haya muerto a su soltería no puede disfrutar por completo de la unión matrimonial. El matrimonio exige una mentalidad totalmente distinta y un compromiso con una nueva manera de vivir.

Nuestra muerte es espiritual

Ahora bien, aunque la muerte de Jesús en la cruz fue física, nuestra muerte en unión con Él es espiritual. Sin embargo, eso no hace que nuestra muerte sea menos real.

Puede que digas: "Pero no sentí que morí cuando fui salvo". Es cierto que la impresión o las emociones que rodean una muerte espiritual pueden no ser tan vívidas como las que experimentamos cuando alguien muere físicamente. Puede que no hayas sentido tu crucifixión espiritual cuando Cristo entró a tu vida, pero según 2 Corintios 5:17, te conviertes en una persona nueva y las cosas asociadas con tu vida anterior pasaron.

Entonces, ¿cómo haces para que esto sea real en tu vida? Romanos 6:11 señala: "Así también vosotros consideraos muertos al pecado, pero vivos para Dios en Cristo Jesús, Señor nuestro". La palabra griega para *considerar* tiene que ver con sumar las cifras y llegar a una respuesta. Dios declara que morimos juntamente con Cristo, y cuando Él resucitó a una nueva vida, resucitamos juntamente con Él para comenzar una nueva manera de vivir. Dios nos dio la forma de demostrar esta muerte y resurrección mediante la ordenanza del bautismo.

De nuevo, en Romanos 6 leemos: "¿O no sabéis que todos los

que hemos sido bautizados en Cristo Jesús, hemos sido bautizados en su muerte? Porque somos sepultados juntamente con él para muerte por el bautismo, a fin de que como Cristo resucitó de los muertos por la gloria del Padre, así también nosotros andemos en vida nueva" (vv. 3-4). El bautismo no es salvación, pero es una imagen pública de lo que Jesús hizo por nosotros. Cuando nos sumergimos en las aguas del bautismo, imaginamos nuestra identificación con Cristo en su muerte, y cuando salimos del agua, declaramos nuestra identificación con Cristo en su resurrección.

Ahora bien, si Dios ha declarado muerto a tu viejo yo, ¿por qué querrías jugar con ese cadáver y vivir en el reino de la muerte cuando Él tiene una nueva vida para ti? Dios quiere que dejes el cementerio de tu vieja vida y tomes tu nueva identidad como su hijo. Necesitas entender que una vez que perteneces a Dios, Él ya no te ve como un pecador, sino como un santo y como su hijo o hija.

A menudo escuchamos a los cristianos decir: "Bueno, solo soy un pecador salvo por gracia". No, eso devalúa la naturaleza radicalmente nueva de lo que Dios ha hecho por nosotros y confunde nuestra identidad. Un cristiano no debe decir, por ejemplo, "soy homosexual" o "soy alcohólico", sino "soy una persona nueva en Jesucristo que está luchando con el pecado de la homosexualidad o la bebida". Si defines quién eres por lo que haces, estás comenzando con el problema y no con la perspectiva de que eres un hijo del Dios viviente comprado con precio de sangre y absolutamente perdonado, que tiene un problema en algún área de su vida. Saber quién eres en Cristo cambia por completo tu punto de referencia.

¿Estás empezando a ver que este es un concepto revolucionario? Déjame darte dos facetas más de la nueva vida del

cristiano, que me sorprenden cada vez que las leo. Pablo dijo: "Tenemos la mente de Cristo" (1 Corintios 2:16). ¿Comprendes? Ahora tenemos la capacidad de pensar como Dios. Esta nueva mente también incluye nuestras emociones, nuestros deseos, nuestras actitudes y todos los demás componentes que constituyen el núcleo de nuestro ser.

También tenemos una nueva posición. Cuando Cristo nos resucitó, lo hizo por completo. Es decir, después que Cristo resucitó, ascendió al cielo y se sentó "a su diestra [de Dios] en los lugares celestiales" (Efesios 1:20). Entonces, si nuestra identidad está ligada a Cristo, ¿adivina dónde estamos? Estamos sentados juntamente con Él "en los lugares celestiales con Cristo Jesús" (Efesios 2:6). Esta es una realidad espiritual, no solo una ilusión. Todo lo que le sucedió a Cristo en su muerte, sepultura y resurrección nos sucedió a nosotros espiritualmente.

Cristo se ha convertido en nuestra vida

Nuestra identificación con Cristo es tan completa, que Pablo podría decir, si seguimos la lectura de Gálatas 2:20: "Ya no vivo yo, mas *vive Cristo en mí*". Esa última frase está cargada de significado. Debemos aceptar la realidad de que lo que está sucediendo en este cuerpo, a través del alma, es la expresión misma de la vida de Cristo, que vive en nosotros.

Necesito hacer una aclaración importante aquí, porque la mayoría de la gente lee esto y dice: "Entiendo. Cristo está en mí y yo estoy en Él". Bien, eso es cierto. La verdad más fundamental de la vida cristiana es que Jesucristo viene a morar en nosotros cuando lo recibimos como nuestro Salvador, pero Gálatas 2:20 dice más que eso en términos de nuestra identidad como creyentes. Cristo no solo está en nosotros, sino que Él *vive* en nosotros.

Cristo quiere sentirse como en casa dentro de ti

La diferencia entre ambas cosas es la diferencia entre la posición o seguridad que disfrutamos en Cristo, que nunca cambia, y el estado o la condición de nuestra vida cristiana en un momento determinado, que puede cambiar mucho. La Biblia señala que, puesto que estamos en Cristo, somos "sellados con el Espíritu Santo de la promesa" (Efesios 1:13). Este es su sello de seguridad, que nadie puede romper y que nos garantiza el cielo.

Sin embargo, Cristo no solo quiere morar en ti, sino que quiere vivir en ti, mudarse, establecerse y expresarse plenamente por medio de tu vida. Permitir que Cristo viva en ti es la fuente del crecimiento espiritual, porque solo la obra de Dios en nosotros mediante el poder del Espíritu Santo puede producir un crecimiento y un cambio duraderos en nosotros.

La vida cristiana no es una relación pasiva en la que nos sentamos sin hacer nada mientras Jesucristo hace todo el trabajo.

La tragedia es que muchos cristianos que irán al cielo no crecen en Cristo aquí en la tierra porque no le permiten sentirse como en casa dentro de ellos. Estas personas tratan a Cristo de la misma manera que nosotros tratamos a nuestros invitados. Invitamos a nuestros huéspedes a que se sientan como en casa cuando recibimos visitas, pero generalmente no lo decimos en serio. La verdad es que no queremos que caminen por toda nuestra casa, hurguen en nuestros armarios y se sirvan de todo lo que encuentren en nuestra cocina. Lo que queremos decir con "siéntete como en casa" es: "¡Siéntete como en casa en la sala, y

solo en la sala a la que te llevo!". Sin embargo, para que Jesucristo se sienta como en casa en tu vida, necesita tener la dirección de la casa. Cristo habita en cada creyente, pero su presencia es más viva y real en algunas personas que en otras, porque le permiten vivir en ellas y tomar posesión de toda la casa.

Estamos hablando del contraste entre vivir y estar vivo. Tanto una anguila eléctrica como un electricista tienen que ver con la electricidad, pero la diferencia es que el electricista trabaja en presencia de electricidad, mientras que una anguila *experimenta* electricidad en su cuerpo. Muchos de nosotros trabajamos en presencia de Jesús. Vamos a la iglesia, leemos libros sobre Jesús y recopilamos información sobre Él.

Sin embargo, Jesús está diciendo: "No, eso no es suficiente. Quiero expresar el poder de mi vida resucitada en tu cuerpo y tu espíritu. Quiero vivir en ti". La Biblia declara: "Pero tenemos este tesoro en vasos de barro, para que la excelencia del poder sea de Dios, y no de nosotros" (2 Corintios 4:7). El propósito de todo lo que experimentamos es que "también la vida de Jesús se manifieste en nuestros cuerpos" (v. 10).

No intentes vivir la vida cristiana

He conocido a muchos cristianos frustrados a lo largo de los años. Y cuando hablo con ellos, la mayoría de las veces descubro que están frustrados, porque se esfuerzan mucho por vivir la vida cristiana, pero sin resultado. Si ese es tu problema, quiero quitarte un peso de encima. No intentes vivir la vida cristiana. No puedes hacerlo. Es imposible. Cuanto más trates de hacer lo que Dios quiere que hagas, más fracasarás.

Jesús es la única Persona que ha vivido la vida cristiana con éxito, ¡y la buena noticia es que Él se ofrece a vivir su vida en ti! Dios nunca te pidió que fueras cristiano en tus propias fuerzas.

Él espera que presentes tu cuerpo a Cristo como un sacrificio vivo (Romanos 12:1) para que pueda expresar su perfecto amor, poder y santidad en ti. Esto es estar identificado con Cristo. Cualquier cosa inferior a esto es como poner tu automóvil en punto muerto y luego pisar el acelerador a fondo. Harás mucho ruido, pero no llegarás a ninguna parte.

Me encanta 1 Corintios 1:30, donde Pablo escribió: "Mas por él [Dios] estáis vosotros en Cristo Jesús, el cual nos ha sido hecho por Dios sabiduría, justificación, santificación y redención". En otras palabras, cuando recibiste a Cristo, obtuviste el paquete completo. Él es tu punto de referencia e identidad. Por medio de Jesús, no hay nada que no puedas hacer (Mateo 19:26). Puedes declarar con Pablo: "Todo lo puedo en Cristo que me fortalece" (Filipenses 4:13).

Dame los dedos de Mozart, y no hay pieza musical que no pueda tocar. Dame la mente de Einstein, y no hay fórmula matemática que no pueda descifrar. Dame los brazos de Hank Aaron, y no hay jonrón que no pueda batear. Dame la vida de Jesucristo, y no hay victoria que no pueda ganar.

Cristo vive por medio de ti

Ahora bien, antes que comiences a pensar que este asunto de la vida cristiana es demasiado extraño para ser práctico, quiero llevarte de nuevo a Gálatas 2:20 para traer este asunto a casa. En la última mitad de este gran versículo leemos: "*y lo que ahora vivo en la carne,* lo vivo en la fe del Hijo de Dios, el cual me amó y se entregó a sí mismo por mí".

La vida cristiana no es pasiva

La vida cristiana no es simplemente "relájate y déjaselo a Dios". No es una relación pasiva en la que nos sentamos sin ha-

cer nada mientras Jesucristo hace todo el trabajo. Él es nuestra vida, seguro, pero no la vive sin nosotros. La nueva vida que recibimos de Dios opera a través de nuestro cuerpo y nuestra personalidad. Dios no te hará levitar, de manera que siempre vayas a donde Él quiere que vayas. Él estará contigo cuando le hables a alguien acerca de Cristo, pero no hablará a través de ti como un titiritero que mueve los hilos. Él no es un titiritero.

Muchas veces decimos cosas como: "Señor, sé que quieres que lea la Biblia, así que espero que me des un verdadero deseo por tu Palabra". No hay nada de malo en orar para tener deseo de la Palabra, pero es más probable que eso ocurra cuando dejes tu dispositivo móvil a un lado y tomes la Biblia. Insisto, Dios no va a hacer levitar la Biblia hasta tu regazo y la abrirá en el pasaje que Él quiere que leas. Debemos trabajar en cooperación con la obra de Cristo en nosotros.

Una persona que ha estado consumiendo drogas durante años puede ser incapaz de abstenerse de hacerlo por sí misma. Sin embargo, cuando esa persona presenta los miembros de su cuerpo "a Dios como instrumentos de justicia" (Romanos 6:13), encuentra un nuevo poder para romper ese ciclo destructivo; pero el creyente tiene que ceder. De hecho, el versículo 13 es parte de un mandato a los cristianos que comienza diciendo: "No reine, pues, el pecado en vuestro cuerpo mortal" (v. 12). El cuerpo y la mente de un drogadicto pueden haberse entrenado en buscar drogas durante muchos años; pero el tema ahora no es ese entrenamiento, sino el poder de Cristo. Él puede suplir todo lo que necesitamos, pero no sin nuestra voluntad ni nuestra mente.

Muchos llevan una identificación falsa

Me temo que muchos de nosotros hemos estado llevando identificaciones falsas durante tanto tiempo, que tenemos

problemas para recordar quiénes somos en verdad. Por ejemplo, algunos cristianos están rodeados de un contexto de legalismo, que les dice que su identidad está ligada a lo que hacen o dejan de hacer. Sin embargo, esto no es solo una fuente falsa de identidad cristiana, sino que también confunde a los incrédulos, como los colegas universitarios de mi exprofesor, que nos miran y concluyen que los cristianos son solo personas que no fuman ni beben o no hacen lo que sea que esté en la lista de cosas prohibidas.

Ahora bien, sin duda hay cosas que debemos y no debemos hacer, y como nuevas criaturas en Cristo, tenemos el Espíritu Santo en nosotros que afirma que esto es cierto. El problema con el que luchaba Pablo en Romanos 6—8 es que, si bien estaba de acuerdo en que la ley de Dios era justa y buena (Romanos 7:12), era incapaz de hacer las cosas buenas que sabía que debía hacer.

Pablo tuvo que aceptar el hecho de que no estaba haciendo todo lo posible por obedecer a Dios, sino que era Cristo en él quien le daba poder sobre el pecado. Su testimonio era que Jesús "condenó al pecado en la carne; para que la justicia de la ley se cumpliese en nosotros, que no andamos conforme a la carne, sino conforme al Espíritu" (Romanos 8:3b-4). Una de las razones por las que Romanos 6–8 está en la Biblia es para que podamos ver que, incluso un cristiano bueno y ejemplar como el apóstol Pablo, tuvo que llegar a comprender que no era su capacidad, sino el Cristo vivo que operaba dentro de él, lo que le permitía caminar "conforme al Espíritu" y agradar a Dios.

Vivimos esta nueva vida por fe

Puede que digas: "Tony, acepto el hecho de que Cristo quiere vivir su vida y expresarse a través de mí. Quiero que esto fun-

cione, pero ¿cómo lo hago?". La respuesta está en la frase de Gálatas 2:20, que señala que vivimos esta nueva vida "en la fe del Hijo de Dios".

Lo siento, pero no tengo ninguna "receta mágica" aquí. La vida cristiana es una vida de fe de principio a fin. La fe no es solo creer *en* Dios, sino creer en Dios cuando Él dice que no podemos vivir la vida cristiana separados de Él. A menudo defino la fe como el hecho de actuar como si Dios estuviera diciendo la verdad. Esto significa poner tus acciones en línea con la creencia de que lo que Dios dice es verdad.

Suelo decir que la fe es actuar como si algo fuera así incluso cuando no lo es, para que lo sea por el simple hecho de que Dios lo dijo.

La fe es actuar como si algo fuera así incluso cuando no lo es, para que lo sea por el simple hecho de que Dios lo dijo.

Pablo entendió su lección de poner la fe en línea con las acciones cuando aprendió a confiar en Jesús para vivir en Él y por medio de Él. Por eso Pablo pudo decir que es "Cristo en vosotros, la esperanza de gloria" (Colosenses 1:27).

La vida cristiana se vive por la fe en Cristo, pero esta fe no es un frío ejercicio académico. La última parte de Gálatas 2:20 nos recuerda que Cristo "me amó y se entregó a sí mismo por mí". Ese es el lenguaje de una relación amorosa e íntima. Jesús quiere que confíes en Él, pero no de la forma en que confías que tu banco cuide tu dinero o que tu automóvil te lleve a donde necesitas ir. Vivir por fe es cultivar una relación con el Cristo viviente, que quiere que te identifiques con Él tan estrechamente que los demás no puedan distinguirlos.

¿Alguna vez viste a una pareja de casados que estuvieron tanto tiempo juntos que incluso comenzaron a parecerse? Además, tenían casi los mismos gestos o podían terminar las frases del otro como si estuvieran pensando lo mismo. Eso es lo que la intimidad producirá con el tiempo. Jesús quiere que vivas tan cerca de Él que lo reflejes en todo lo que piensas, dices y haces.

¿Entonces, quién eres? Eres un hijo de Dios totalmente perdonado, aceptado y amado. Esa es tu identidad en Jesucristo, y una vez que aceptes esa realidad, estarás listo para crecer como nunca antes.

CAPÍTULO 4

El pecado: El estorbo de la vida en el reino

Cada vez que un ser humano experimenta desnutrición, los médicos investigan si hay signos de retraso en su crecimiento. Ya sea en un niño o un adulto, el crecimiento y el desarrollo de las células del cuerpo serán mínimos sin una nutrición suficiente y adecuada.

Para crecer y desarrollarnos en nuestra vida cristiana como Dios quiere, también debe haber un flujo continuo de nutrición, que es la obra de la gracia de Dios en nuestras vidas. Esta es la gracia que nos salva, y libera en nosotros el poder del Espíritu Santo que reproduce la vida de Cristo. El objetivo de este proceso de crecimiento es producir santidad en la vida del creyente (1 Pedro 1:14-16), lo que significa vivir de una manera que glorifique a Dios y sirva al prójimo. Hacemos esto cuando buscamos promover el propósito del reino de Dios en todo lo que decimos y hacemos.

Jesús se refirió a este flujo de la gracia y el poder de Dios cuando se puso de pie en Jerusalén el último y gran día de la fiesta de los tabernáculos y proclamó: "Si alguno tiene sed, venga a mí y beba. El que cree en mí, como dice la Escritura,

de su interior correrán ríos de agua viva" (Juan 7:37-38). Juan luego agregó: "Esto dijo del Espíritu que habían de recibir los que creyesen en él" (v. 39).

Muchos tienden a pensar que solo los "súper santos" alcanzan este nivel de crecimiento y desarrollo espiritual. Sin embargo, lo que Jesús ofrece es una vida cristiana normal. Observa que la promesa es para todos los que creen en Él. Dios no tiene categorías de creyentes, con la élite escogida en la parte superior de la lista y los individuos comunes y corrientes en la parte inferior. El caudal de su gracia está disponible para todos nosotros sin distinción.

Sin embargo, existe un estorbo llamado pecado, que puede obstaculizar el flujo de la gracia e interferir con nuestro crecimiento espiritual. De hecho, más que cualquier otra cosa que exista, el pecado es el mayor estorbo para la vida en el reino.

Parece que hoy tenemos una generación de personas espiritualmente desnutridas que no logran alcanzar su pleno potencial y máxima madurez en Cristo. Puede haber muchas razones individuales para ello; pero a final de cuentas, tenemos que volver al hecho de que el pecado, en sus innumerables formas y manifestaciones, es el mayor estorbo para el crecimiento espiritual.

El efecto del pecado en nuestras vidas no es azaroso, pues tenemos tres enemigos imponentes contra nosotros. Estos incluyen el mundo (un sistema maligno, 1 Juan 5:19), la carne (nuestros malos deseos, Romanos 7:14-15) y el diablo (un ser maligno, Apocalipsis 12:9). Estos unen sus fuerzas en una campaña bien planificada para usar el pecado como impedimento de nuestro desarrollo espiritual. Sin embargo, no estamos solos, porque Jesús ha vencido al mundo (Juan 16:33; 1 Juan 4:4). Dios nos ha dado la victoria sobre nuestros malos deseos (Romanos

7:25) y ha despojado al diablo de su poder mediante la muerte de Jesús en la cruz (Hebreos 2:14).

El pecado siempre nos separa de Dios

No quiero confundirte con la terminología aquí. El pecado que impide el crecimiento y la comunión en la vida de un cristiano es un problema diferente del pecado que nos separa de Dios como incrédulos. Si bien la diferencia entre estas dos condiciones es la diferencia entre cielo y el infierno, también es importante comprender que el pecado nos separa de Dios, ya sea la separación eterna en el infierno o la ruptura de la comunión íntima entre el creyente y el Señor.

Nuestra relación con Dios es eterna

La pérdida de la *comunión* con Dios es un problema para los cristianos, porque nuestra *relación* con Él quedó establecida por la eternidad desde que pusimos nuestra fe en Cristo. La Biblia dice: "Justificados, pues, por la fe, tenemos paz para con Dios por medio de nuestro Señor Jesucristo" (Romanos 5:1). Más adelante en ese mismo capítulo, Pablo señala que por la "obediencia" de Cristo, su muerte sacrificial en la cruz, hemos sido "constituidos justos" (v. 19).

La *justificación* en el Nuevo Testamento es un término legal que significa "ser constituido o declarado justo". Cuando acudimos a Cristo para el perdón de los pecados, Dios carga nuestro pecado a la cuenta de Cristo y acredita su justicia en nuestra cuenta. Esto permite a Dios tomar una decisión legal y declararnos justos por estar en Cristo.

En otro pasaje, Pablo describe la transacción de esta manera: "Al que no conoció pecado, por nosotros lo hizo pecado, para que nosotros fuésemos hechos justicia de Dios en él"

(2 Corintios 5:21). Este es el maravilloso intercambio de nuestro pecado por la justicia de Cristo, por el cual somos constituidos aptos para entrar al cielo. Si no has aceptado a Cristo como tu Salvador, ya has sido juzgado y declarado culpable de pecado ante el tribunal de Dios, y no hay nada que puedas hacer para borrar tu culpa. Ninguna cantidad de buenas obras, asistencia a la iglesia o servicio comunitario es aceptable en el tribunal del cielo para pagar por el pecado.

No importa cuántas obras de bien haga un incrédulo, eso no borra su culpa en el tribunal del cielo. Las personas incrédulas son como flores en un jarrón. Pueden ser hermosas, oler bien y parecer espléndidas, pero están muertas, porque han sido cortadas de la fuente de vida. Y con el paso del tiempo, a medida que se marchiten, quedará en evidencia que están muertas.

Sin embargo, cuando los perdidos vienen a Jesucristo y acuden a Él para el perdón de pecados, reciben su perdón y son justificados para siempre. Y como parte de esa transacción, Dios imparte al pecador convertido una nueva naturaleza, una nueva vida que está en forma de semilla y debe crecer, así como la vida física comienza en forma de semilla y debe crecer.

Debemos mantener nuestra comunión con Dios

Tengamos claro, pues, que estamos hablando del pecado que contamina la vida del creyente y estorba su comunión con Dios y servicio para Él. Los que no están en Cristo deben lidiar con el pecado que condena a una persona a la separación eterna de Dios.

¿Cuántas veces has escuchado a cristianos decir que desearían no tener que seguir luchando con el pecado? Se acerca el día en que Jesús nos librará no solo del poder del pecado, sino de su misma presencia. Hasta entonces, debemos luchar

con el pecado, pero tenemos un poderoso aliado en el reino espiritual que se conoce como la gracia de Dios. A medida que la gracia fluye hacia nosotros y a través de nosotros, estimula el crecimiento de nuestra nueva naturaleza, la semilla de vida que Dios puso en nosotros.

El apóstol Juan hizo una declaración muy interesante acerca de esta nueva naturaleza. "Todo aquel que es nacido de Dios, no practica el pecado, porque la simiente de Dios permanece en él; y no puede pecar, porque es nacido de Dios" (1 Juan 3:9). Esta es una declaración fuerte, que podría desconcertarte un poco, porque todos pecamos cada día en pensamiento, palabra u obra. ¿Cómo puede Juan decir que no podemos pecar cuando el pecado es una realidad diaria en nuestra vida?

No malinterpretes el versículo. Es "su simiente", la nueva naturaleza que Dios puso en nosotros, la que no puede pecar. Es imposible que algo que viene de Dios esté contaminado, en lo más mínimo, por el pecado. El ADN espiritual de Dios no tiene defectos. Tu nueva naturaleza no tiene defectos, de modo que no puede pecar.

No obstante, todavía luchamos con el pecado, porque nuestra nueva naturaleza vive en la vieja casa de nuestra carne contaminada por el pecado. El antiguo residente de esa casa, la vieja naturaleza pecaminosa, se ha ido. La Biblia dice "que nuestro viejo hombre fue crucificado juntamente con él [Cristo]" (Romanos 6:6). Entonces, aunque todavía luchamos con el pecado, ya no está en el centro de control de nuestra vida; pero sí forma parte de la sustancia de nuestro ser (Romanos 7:7). La buena noticia es que la nueva naturaleza está ahora en el lugar dominante de influencia y control.

Desdichadamente, mientras estemos en estos cuerpos contaminados por el pecado, que algún día serán sepultados en una

tumba, el pecado seguirá siendo un problema. Nuestra nueva naturaleza existe en la vieja carne, y estos se oponen entre sí. Por eso la Biblia señala: "Porque el deseo de la carne es contra el Espíritu, y el del Espíritu es contra la carne" (Gálatas 5:17). Una prueba de que eres salvo es que sientes esta batalla dentro de ti. Los perdidos no experimentan esta batalla, porque son esclavos de la carne y no tienen el Espíritu Santo.

Por eso es muy importante crecer en Cristo. Cuanto más crecemos espiritualmente, más el Espíritu domina la carne en lugar de que la carne nos domine y frustre la obra del Espíritu en nuestra vida. Cuando éramos niños, nuestros padres y otros adultos solían advertirnos sobre el peligro de fumar y argumentaban: "Retrasará tu crecimiento". De hecho, parecían usar ese argumento contra cualquier mal hábito que no querían que adquiriéramos.

Cuando éramos adolescentes, tal vez no sabíamos exactamente de qué estaban hablando nuestros padres en términos de retraso en el crecimiento, pero fuera lo que fuera, seguro que no sonaba bien. Y no importaba si eran médicamente correctos en su advertencia, porque no queríamos que nada interfiriera con nuestro crecimiento. Cuando se trata del pecado, esa advertencia es más que válida. El pecado impedirá tu crecimiento al restringir el flujo de los nutrientes de la gracia y el poder de Dios hacia ti.

Debemos reconocer nuestro pecado ante Dios

Si estás comenzando a sentir que el pecado tiene la ventaja en esta batalla, espera, porque estamos llegando a la parte buena. Dios ha hecho una provisión maravillosa para eliminar el estorbo del pecado de nuestras vidas y restaurar el libre flujo de su gracia. Las personas que antes habrían muerto de enferme-

dades del corazón en la historia de la humanidad están vivas y sanas hoy día, porque se ideó un método para tratar la obstrucción en las arterias del corazón. El método de Dios para eliminar la obstrucción del pecado se describe en un pasaje clásico de la Primera Epístola de Juan. Vale la pena ver versículo por versículo.

Dios no puede tolerar el pecado

Comencemos en 1 Juan 1:5, con una palabra especial de Cristo que Juan quería transmitir: "Este es el mensaje que hemos oído de él, y os anunciamos: Dios es luz, y no hay ningunas tinieblas en él". Cuando se usa la luz para referirse a Dios en las Escrituras, representa su absoluta santidad y pureza. Ninguna oscuridad, pecado o mal puede existir en la luz perfecta de la presencia de Dios. El pecado es como basura podrida para Dios. Le repugna. Y coloca un letrero de "prohibido el paso" alrededor de su santidad, que debe protegerse en todo momento (Éxodo 19:21-24).

Si alguna vez te has parado bajo una luz potente, sabes que no siempre es cómodo estar en ese lugar. La luz de la santa presencia de Dios podría ser un lugar de condenación y remordimiento, excepto que hayamos sido perdonados de nuestros pecados y tengamos una justa relación con Él. Sin embargo, puesto que ningún pecado puede existir ante su luz, tenemos que darnos cuenta de que nuestro pecado, incluso como creyentes, crea una barrera entre nosotros y un Dios que es absolutamente santo.

Juan quería que entendiéramos cuán radical es el contraste entre el Dios de la luz y las tinieblas del pecado, por lo que agregó la frase que leímos anteriormente: "No hay ningunas tinieblas en él". Dios nos está diciendo que nunca se adaptará

a la oscuridad. En términos de nuestra comunión íntima con Dios, si en nuestra vida hay pecado no confesado, su presencia se minimizará.

A menudo nos adaptamos a la oscuridad

Ahora bien, no nos vayamos al extremo. Dios es omnipresente en su deidad, lo que significa que no podemos ir a ningún lugar donde Él no esté, pero la comunión con Él solo se encuentra en la luz. Nuestro problema es que podemos adaptarnos a la oscuridad y, de hecho, lo hacemos. Si apagas la luz y te quedas a oscuras en una habitación o en medio de la oscuridad de la noche, sabes que, si permaneces allí bastante tiempo, tus ojos se adaptarán. Después de un tiempo, comenzarás a distinguir formas y objetos, y muy pronto podrás moverte en la oscuridad.

A menudo es así cómo lidiamos con el pecado. Nos quedamos allí tanto tiempo, que ya no se ve tan horrible, pero Dios no ve el pecado de esa manera. Si realmente quieres experimentar la oscuridad como la describe la Palabra de Dios, ve a una caverna subterránea y luego pide al guía que apague la luz. Te envolverá una oscuridad tan espesa y completa que te quedarás helado. No podrás ni siquiera ver tu mano frente a tu propia cara.

Creo que entiendes la idea de que Dios y el pecado son completamente opuestos e incompatibles porque el pecado está totalmente en contra de su naturaleza. El pecado nos separa de la comunión con Dios. Y si se interrumpe la comunión con Dios, nuestro crecimiento se atrofia, porque la semilla de nuestra nueva vida no está expuesta a la luz que necesita para desarrollarse adecuadamente. La gracia de Dios se experimenta en la luz, y en la gracia es donde se produce nuestro crecimiento, pues se nos exhorta a crecer en la gracia. Muchos de nosotros

somos enanos espirituales, porque pasamos mucho tiempo en la oscuridad y evitamos la luz de la presencia de Dios.

El pecado es una contradicción en nuestro estilo de vida

¿Notaste el contraste implícito en 1 Juan 1:5? Juan lo explica en detalle en el versículo 6, en caso de que lo hayamos pasado por alto: "Si decimos que tenemos comunión con él, y andamos en tinieblas, mentimos, y no practicamos la verdad". Si decimos que estamos en estrecha comunión con Dios, pero no hacemos nada para controlar el pecado en nuestras vidas, estamos viviendo una contradicción, por no decir una mentira, que es como Juan lo llama. Si estás caminando en oscuridad, si estás practicando el pecado y no lo enfrentas, necesitas mirar a tu alrededor, porque estás caminando solo. Dios no está presente cuando pasas el tiempo en el vecindario del pecado.

El versículo 6 no necesita mucha explicación, así que pasemos a la contraparte de caminar en la oscuridad y vivir una mentira. Juan escribió: "Pero si andamos en luz, como él está en luz, tenemos comunión unos con otros, y la sangre de Jesucristo su Hijo nos limpia de todo pecado" (v. 7).

Es interesante ver que aquí Juan cambió el énfasis de nuestra comunión con Dios a estar en comunión con otros creyentes. No digas que estás en estrecha comunión con Dios, mientras, de alguna manera, no puedes soportar estar con otros cristianos.

Cuando entramos a la luz, encontramos a otros creyentes allí con nosotros. La Primera Epístola de Juan resalta la importancia del amor entre la familia del reino de Dios. El Señor quiere usar a otros creyentes para que nos ayuden a crecer, pero no puede hacerlo como quiere cuando estamos en desacuerdo con todos los que nos rodean. Por eso la Biblia está llena de pa-

sajes que se centran en cosas que debemos ser o hacer "los unos por los otros".

Necesitamos vivir en la luz

Ahora déjame explicarte algo de 1 Juan 1:7 que puede hacerte reflexionar por un momento. El versículo señala que la sangre de Jesús nos limpia de todo pecado mientras caminamos en la luz, pero puede que alguien diga: "Espera un momento. Si Dios es luz y no hay pecado en Él, y estoy caminando con Él en la luz, entonces no debería haber pecado, ¿verdad? ¿Por qué todavía necesito que Jesús me limpie del pecado?".

Caminar en la luz no significa que no pecarás. Juan debe de haber anticipado este tipo de objeción, porque, en el versículo 8, añadió rápidamente: "Si decimos que no tenemos pecado, nos engañamos a nosotros mismos, y la verdad no está en nosotros". No dejes que nadie te haga creer la idea de perfección sin pecado. Esa es una vieja enseñanza que dice que Cristo erradicó cada pizca de nuestro antiguo ser pecaminoso en el momento de la salvación. Entonces, si pecamos debe significar que hemos perdido nuestra salvación y necesitamos ser salvos nuevamente.

Tal enseñanza no está respaldada ni por la Biblia ni por la experiencia. Caminar en la luz significa ver tu pecado como Dios lo ve para que puedas hacer algo al respecto. Un problema con la oscuridad es que oculta cosas que son de estorbo para nuestro crecimiento espiritual. Como no podemos verlas en la oscuridad, caminamos y nos golpeamos el dedo del pie contra esas cosas. Soy bueno para caminar en una habitación a oscuras en nuestra casa, por eso me gusta la ilustración de golpearse el dedo del pie contra algo.

Hay una manera más fácil de caminar por una habitación en medio de la noche sin paralizarte. Simplemente, extiende tu

mano y enciende la luz, y verás la habitación tal como es, incluido lo que haya quedado en el suelo, como el par de zapatos que usaste ese día. Caminar en comunión con Dios significa ver las cosas como realmente son.

En lugar de tratar de encubrir o negar el pecado, las personas verdaderamente espirituales que crecen en la gracia se vuelven cada vez más conscientes de lo diferentes que son de Dios. La oscuridad en nosotros se expone más cuando entramos a la luz pura de la santa presencia de Dios. Una de las paradojas de la vida cristiana es que cuanto más te acercas a Dios, más consciente eres del pecado.

Isaías fue uno de los profetas más importantes del Antiguo Testamento. Un día, entró al templo y comenzó a disfrutar de un servicio de adoración angelical dirigido por el Espíritu Santo. Vio a Dios "alto y sublime" y escuchó a los santos serafines clamar: "Santo, santo, santo, Jehová de los ejércitos; toda la tierra está llena de su gloria" (Isaías 6:1-3). La adoración era tan intensa, que los postes de las puertas del templo empezaron a estremecerse (v. 4).

Es el tipo de servicio de adoración que no nos quisiéramos perder por nada del mundo. Sin embargo, Isaías estaba horrorizado por la consciencia de su pecado en presencia de la santidad absoluta. "¡Ay de mí! que soy muerto; porque [soy] hombre inmundo de labios, y [habito] en medio de pueblo que tiene labios inmundos" (v. 5).

¿Qué provocó esa reacción? El resto del versículo nos da la respuesta: Porque "han visto mis ojos al Rey, Jehová de los ejércitos". Isaías estaba caminando en la luz de una manera que probablemente nunca experimentaremos, y veía con claridad su pecado. Un ángel tuvo que venir y limpiarlo antes que pudiera continuar (vv. 6-7).

Debemos confesar nuestro pecado a Dios

Tenemos dos opciones frente al pecado que nos aparta del libre flujo de la gracia de Dios y atrofia nuestro crecimiento espiritual. Podemos encubrirlo o confesarlo. Cuando confesamos o declaramos nuestro pecado a Dios, tenemos la tremenda promesa de 1 Juan 1:9, que la mayoría de nosotros hemos memorizado: "Si confesamos nuestros pecados, él es fiel y justo para perdonar nuestros pecados, y limpiarnos de toda maldad".

Esta es una declaración poderosa. Recuerda que Juan ya dijo que, si caminamos en la luz, la sangre de Jesús "nos limpia de todo pecado" (v. 7). Esta es una forma verbal del idioma original que significa "seguir limpiando". Es un proceso continuo. Lo maravilloso de la sangre de Cristo es que no es solo para el cielo, sino que también funciona en la tierra. La sangre que te da el perdón legal en el cielo, te da el perdón que te santifica en la tierra. La sangre de Jesús te libra del poder del pecado (que te permite el crecimiento y la comunión), así como de la pena del pecado (que te garantiza el cielo).

Le damos a Dios el derecho de exponer nuestros pecados

Caminar en la luz le otorga a Dios el derecho de brillar sobre ti y exponer tus pecados. Es bueno permitir la exposición de tu pecado, aunque puedes sentirte mal por un tiempo. Cuando comienzas a sentirte culpable por algo que no está bien en tu vida, significa que el Espíritu Santo ha iluminado un problema para que puedas corregirlo.

Cada vez que tengo una cita para ir al dentista, dedico más tiempo a cepillarme los dientes y usar el hilo dental para impresionarlo. No me digas que no lo haces también. Pero él no se deja convencer por mi limpieza superficial. Me toma radiografías de los dientes y, a veces, usa ese tinte que revela el sarro

o algún otro problema que yo no puedo ver. Mi boca se expone a una luz completamente diferente cuando mi dentista trabaja en ella.

Debemos estar de acuerdo con Dios

El dentista me presenta estos problemas para poder tratarlos. Puedo estar de acuerdo con él sobre los problemas que encontró, aunque yo no pueda verlos, o puedo negar lo que encontró. Si el dentista dice que tengo una necesidad y yo digo lo mismo, estoy confesando que tiene razón y que necesito ayuda.

La palabra *confesar* significa precisamente eso, "estar de acuerdo" o "decir lo mismo". Cuando Dios toma una radiografía de nuestro corazón y aplica el tinte de su santidad para revelar nuestros pecados, confesarlos significa no huir ni ignorarlos, sino exponerlos y decir: "Sí, Señor, estoy de acuerdo en que esto fue pecado, y te lo confieso".

Observa que la palabra *pecados* en plural aparece dos veces en 1 Juan 1:9. El énfasis está en los pecados individuales que cometemos, no en el pecado como una categoría general. Dios no quiere que juntemos todos nuestros pecados y los mencionemos de manera general: "Amado Dios, te pido que hoy perdones todos mis pecados". Es como el estudiante universitario que ató toda su ropa en un manojo y lo tiró a la lavadora sin separar la ropa porque no quería ocuparse de cada prenda. El problema es que la ropa no quedó muy limpia.

Muchos de nosotros tratamos nuestros pecados igual que con nuestra ropa; las dejamos amontonar hasta el día del lavado y luego las lavamos todas juntas. Sin embargo, el Espíritu Santo no sigue nuestro programa. Su convicción de pecado a menudo es instantánea. Apenas esas palabras salieron de tu boca, supiste que no deberías haberlas dicho. El momento para

confesar y limpiarte de ese pecado es cuando te das cuenta de que pecaste.

Podemos evitar que suene la alarma

La convicción de pecado funciona como el sistema de alarma de un hogar. Cuando ingresas a la casa, la mayoría de los sistemas emiten un sonido que te recuerda que el sistema está por activarse y te da tiempo para llegar al teclado y apagar la alarma antes que suene. Si ignoras el sonido, la alarma se activará y pronto tendrás que lidiar con un desastre. Cuando escuchas el "zumbido" de la convicción de pecado del Espíritu Santo, Dios te está dando tiempo para responder antes que suene la alarma.

Puede que estés diciendo: "Pero si tengo que confesar mis pecados uno a uno, estaré confesándome todo el día".

Esa no es necesariamente la idea que se transmite en 1 Juan 1:9. Es posible que el Espíritu Santo no te llame la atención sobre un pecado hasta el final del día cuando hagas una oración o a la mañana siguiente en tu devocional privado. Y Él puede revelarte varios pecados a la vez. La cuestión es confesarlos a medida que te vienen a la mente. Cuando te confiesas, la sangre de Jesús limpia tus pecados y te mantienes en comunión con Dios.

La mayoría de las personas que ofrecen la objeción que mencioné anteriormente confunden la confesión con el arrepentimiento. El arrepentimiento significa cambiar de opinión acerca de algo e ir en la dirección opuesta. La confesión genuina del pecado ciertamente implica el deseo de apartarse de él. Sin embargo, el arrepentimiento tiene más que ver con los patrones de pecado arraigados en nuestra vida que necesitan una atención sostenida, tal vez incluso continua.

Todo pecado es grave porque interrumpe la comunión con Dios. Sin embargo, el propósito de la confesión es ayudarnos a estar a cuentas con Dios, como alguien lo ha descrito, para que los pecados no se acumulen con el paso del tiempo como si fueran cuentas sin pagar y se conviertan en un patrón arraigado de deuda espiritual que necesita continua atención.

Cuando nos confesamos, Dios es "fiel y justo para perdonar nuestros pecados". Fiel significa que puedes confiar en Él, y justo, que Él no comprometerá su integridad. *Perdón* es una palabra importante, porque significa que el pecado ya no se cargará a nuestra cuenta.

En términos de nuestra posición eterna ante Dios, nuestro perdón tuvo lugar en la cruz. Ese fue un acto legal que nos puso en la posición correcta ante Dios por la eternidad. El perdón de nuestros pecados como cristianos es un acto relacional que nos mantiene en estrecha comunión con Dios todos los días.

Para ilustrar el perdón, abre la aplicación de calculadora en tu teléfono inteligente y simula haber ingresado los números incorrectos. Por ejemplo, supongamos que necesitas multiplicar cinco por cinco, pero accidentalmente ingresas cuatro por cinco. Inmediatamente, ves tu error, pero no puedes rastrear los números incorrectos a lo largo de todo ese complicado mecanismo electrónico para descubrir dónde te equivocaste.

Sin embargo, no te quedas enredado en esos números equivocados para siempre, porque las aplicaciones de calculadora tienen un pequeño botón maravilloso llamado "borrar" o "C" que te permite borrar todos los números de la pantalla y comenzar de nuevo. Eso hace la sangre de Cristo por nosotros cuando presionamos el botón de "borrar" al confesar nuestros pecados a Dios. Él nos perdona. Esta es la obra de la gracia de Dios. La confesión nos permite anular el pecado al activar el

perdón de Dios para que el flujo de su gracia continúe. Y cuando la gracia fluye, continúa el crecimiento. Nadie tiene que permanecer espiritualmente desnutrido.

Los cristianos carnales deben arrepentirse

Si bien la confesión es necesaria para recibir el perdón de los pecados a medida que ocurren, el arrepentimiento es necesario para los creyentes que adoptan un estilo de vida carnal. La carnalidad puede definirse como *el estado espiritual en el que un creyente vive consciente, intencional y persistentemente para sí mismo y para su propia complacencia, en lugar de complacer y vivir para Dios.* En pocas palabras, la carnalidad es adoptar un patrón de vida pecaminoso, que la Biblia llama "[andar] como hombres" (1 Corintios 3:3). En tales casos, la confesión o estar de acuerdo con Dios acerca de un pecado no es suficiente. Volver a estar en una condición correcta con Dios debe incluir el arrepentimiento.

El arrepentimiento significa cambiar de opinión para cambiar de rumbo. Es abandonar el pecado y volver a Dios para prevenir o poner fin a la disciplina de Dios por andar en pecado persistentemente. El pecado que no se trata se convierte en un cáncer espiritual en la vida del creyente. Con el tiempo, hace metástasis, se extiende a todos los aspectos de la vida y socava el crecimiento espiritual de esa persona. El arrepentimiento funciona como una cirugía radical para extirpar el tumor canceroso y poder recuperar la salud espiritual y restaurar la comunión con el Padre.

El principio aquí es que el pecado no confesado da lugar a la carnalidad, la cual requiere arrepentimiento. El hijo pródigo de Lucas 15 es un buen ejemplo de este proceso. Estaba cubierto del hedor del pecado en esa pocilga, pero cuando coincidió con

la convicción de Dios de que estaba errado (confesión), cambió de dirección, se levantó de ese chiquero y volvió a su padre arrepentido, quien lo perdonó de inmediato, lo recibió nuevamente y restauró la plena e íntima comunión con su hijo. No obstante, también reemplazó su ropa maloliente y le dio una túnica nueva. Puedo imaginarlo decir: "Hijo, me alegro de tenerte de vuelta en casa, pero tenemos que quitarte ese hedor".

Dios es santo y no tendrá comunión con el hedor del pecado, pero cuando nos arrepentimos de nuestros pecados, Jesucristo nos limpia con su sangre para que el Padre pueda restablecer y mantener la comunión con nosotros. No permitas que la gracia quede obstruida por pecados no confesados o falta de arrepentimiento. Tráelos a la luz y permite que Cristo te limpie.

Cuando mis hijos, ahora adultos, eran solo bebés, "pecaban" regularmente contra mí al ensuciar sus pañales. Para mí, no había comunión con un pañal sucio. El olor me repugnaba y me apartaba de ellos. La comunión con mis hijos definitivamente quedaba interrumpida y, en lo que a mí respecta, todo el proceso de crecimiento se detenía hasta que se limpiaba su suciedad.

Cuando los bebés se sentían incómodos con su suciedad, lo "confesaban", coincidían conmigo en que algo estaba mal y pedían a gritos que los limpiáramos. En ese momento, uno de nosotros intervenía y cambiaba el pañal del bebé, para que estuviera limpio y la comunión con quienes lo rodeaban quedara restaurada.

De manera similar, Dios siente repulsión por el pecado en la vida de sus hijos. Sin embargo, su Hijo, Jesucristo, interviene cuando clamamos por el desastre que hemos hecho y nos limpia con su sangre para restablecer nuestra comunión con el Padre, y así poder tener un crecimiento espiritual continuo.

Capítulo 5

La gracia: El ambiente de la vida en el reino

Un hombre que estaba pescando notó un día que el pescador que estaba a su lado arrojaba al agua los peces grandes que pescaba y se quedaba con los pequeños. Siguió haciendo eso todo el día hasta que el hombre no pudo contener su curiosidad por más tiempo.

—No entiendo —le preguntó al otro pescador—. ¿Por qué arrojas al agua los peces grandes y te quedas solo con los pequeños?

—Por una simple razón —respondió el otro pescador—. Mi sartén es demasiado pequeña para cocinar los pescados grandes.

Muchos cristianos son como ese pescador. Están limitados en su crecimiento y goce de lo que Dios tiene para ellos, no porque Dios no quiera darles "pescados grandes", sino porque tienen una sartén demasiado pequeña. Es decir que su comprensión y respuesta a la gracia de Dios son demasiado limitadas, y eso atrofia su crecimiento en la gracia. Este es un asunto vital, ya que la Biblia nos ordena crecer en la gracia (2 Pedro 3:18), precisamente porque la gracia es el ambiente necesario para experimentar la verdadera vida en el reino.

Nos gusta mucho cantar himnos sobre la gracia de Dios, pero crecer en la gracia cada día suele ser otra historia. ¿Por qué es tan difícil? Una de las razones es que la gracia es un ambiente extraño para nosotros. Es como un estadounidense que se muda a China y trata de acostumbrarse al idioma y la cultura de ese lugar. Es difícil adaptarse a cualquier cultura en la que no naciste o donde no creciste. La Biblia nos manda a crecer en la gracia porque no es nuestra tendencia normal.

No comprender ni crecer en la gracia inevitablemente redundará en un desarrollo defectuoso y un crecimiento espiritual atrofiado. Los cristianos que no aprenden a vivir bajo la gracia son santos subdesarrollados. Esta falla es la causa más importante del retroceso espiritual.

Nacimos en el pecado, no en la gracia. Nadie tuvo que mostrarnos cómo manifestar nuestra naturaleza pecaminosa, pero pasaremos el resto de nuestra vida aprendiendo lo que significa vivir por gracia. Por tanto, necesitamos aprender todo lo que podamos acerca de la gracia, porque es el ambiente donde ocurre el crecimiento espiritual.

La Biblia nunca nos manda a "crecer en la ley". Nunca leerás en la Palabra de Dios: "Desarróllate en guardar los mandamientos". Ahora bien, no me malinterpretes, no estoy diciendo que la obediencia a Dios sea meramente opcional. Jesús dijo: "Si me amáis, guardad mis mandamientos" (Juan 14:15). No obstante, nuestro crecimiento viene en respuesta a la gracia de Dios, porque la gracia y el crecimiento son dos caras de la misma moneda. Mi objetivo es ayudarte en este proceso de crecer en la gracia al analizar más de cerca las enseñanzas bíblicas sobre la gracia de Dios.

Probablemente, el segmento más grande de la Biblia que tiene que ver con la gracia son los primeros diez versículos de

Efesios 2, donde Pablo contrasta cómo éramos antes que la gracia de Dios nos alcanzara, con el asombroso cambio que se produjo cuando nos encontramos con la gracia.

La gracia se puede definir como todo lo que Dios es libre de hacer por ti en función de la obra de Jesucristo por ti. Es el suministro inagotable de la bondad de Dios mediante el cual Él hace por ti lo que tú nunca podrías hacer por ti mismo. La gracia es tan maravillosa, que te da gratis lo que no mereces, lo que no podrías ganarte y lo que nunca podrías pagar.

> *La gracia es el suministro inagotable de la bondad de Dios mediante el cual Él hace por ti lo que tú nunca podrías hacer por ti mismo.*

La gracia le permite a Dios mostrarnos su bondad, como veremos en Efesios 2. La razón es que, mediante la muerte de Cristo en la cruz, Dios resolvió el problema del pecado que le impedía respondernos en gracia.

Estábamos muertos sin la gracia de Dios

A veces necesitamos mirar atrás y recordar dónde estuvimos antes de poder apreciar dónde estamos hoy. Uno de los grandes problemas de nuestra cultura es que las personas que "llegaron a donde querían estar" se olvidan de dónde vinieron. Cuando eso sucede, las personas comienzan a pensar que se merecen todo lo que tienen, entonces dejan de agradecer y empiezan a exigir. Tal actitud no es más que creerse con derecho a todo, y nuestra sociedad actual está siendo muy pretenciosa en este sentido.

A Dios no le gusta la actitud de creerse con derecho a todo. En efecto, trataba de asegurarse de varias maneras que los is-

raelitas (su pueblo) no se olvidaran de que una vez habían sido esclavos en Egipto y que luego vagaron por el desierto durante cuarenta años. Uno de estos recordatorios era durante la fiesta de los tabernáculos o "las enramadas" (Levítico 23:33-44). Durante la semana de esta fiesta, los israelitas dejaban sus cómodos hogares y vivían en cabañas o chozas hechas de follaje. Cuando sus hijos preguntaban: "Oye, papá, ¿por qué nos vamos de nuestra casa para vivir en esta choza vieja?", el padre debía explicar que eso era para que el pueblo recordara la provisión de Dios al sacar a Israel de Egipto y sustentarlos en el desierto.

Coloca la gracia contra un fondo oscuro

Tal vez deberíamos instituir la "Fiesta de la gracia" para la iglesia, durante la cual volvamos a donde estábamos antes de Cristo y recordemos lo difícil y desesperante que era estar sin Él, para que podamos adiestrarnos y enseñar a nuestros hijos a valorar más la gracia. Tendrás mucho más aprecio por la gracia y el crecimiento espiritual cuando veas de dónde te sacó Dios. Pablo escribió:

> Y él os dio vida a vosotros, cuando estabais muertos en vuestros delitos y pecados, en los cuales anduvisteis en otro tiempo, siguiendo la corriente de este mundo, conforme al príncipe de la potestad del aire, el espíritu que ahora opera en los hijos de desobediencia, entre los cuales también todos nosotros vivimos en otro tiempo en los deseos de nuestra carne, haciendo la voluntad de la carne y de los pensamientos, y éramos por naturaleza hijos de ira, lo mismo que los demás (Efesios 2:1-3).

Si alguna vez has comprado un diamante u otra piedra preciosa, sabes que el joyero coloca la piedra sobre terciopelo negro

para que brille más y se realce su belleza. Los versículos 1-3 de Efesios 2 son el fondo oscuro contra el cual Pablo está a punto de mostrarnos la gracia de Dios.

Y el trasfondo es muy oscuro, porque en nuestro estado natural, no redimido, éramos totalmente inaceptables para el santo Dios. Estábamos apartados o cercenados de cualquier posibilidad de una relación con Dios. El problema es que por naturaleza éramos pecadores desobedientes que atrajimos la ira de Dios sobre nosotros. Vivíamos en un ambiente de pecado y respirábamos aire de rebeldía contra Dios.

Pablo resumió nuestra condición sin esperanza al decir que estábamos "muertos" en el pecado. Anteriormente, sugerí que sería una buena idea que volviéramos a donde estábamos antes de Cristo y recordáramos de dónde nos ha traído. Si tuviéramos que hacer eso, el lugar que deberíamos visitar no son necesariamente los viejos lugares de reunión o el antiguo vecindario. Si realmente queremos ver dónde estábamos sin Cristo, debemos visitar el cementerio.

El informe del forense celestial

Lo que tenemos en Efesios 2:1-3 vendría a ser básicamente el informe de un forense. Ahora bien, entre los muertos hay diferentes niveles de descomposición. Una persona que ha estado muerta por mucho tiempo no se verá tan bien, mientras que otra persona que acaba de morir todavía se verá bastante bien en el ataúd. Sin embargo, bonita o fea, por mucho o poco tiempo, ambas personas están igualmente muertas.

Antes de venir a Cristo, estábamos separados de Dios, que es la única fuente de vida verdadera. Entonces, ¿cómo podríamos haber estado sino muertos? La Biblia habla aquí de muerte espiritual y no necesariamente de muerte física, aunque la muerte

física es la consecuencia natural del pecado. Sin embargo, dado que la muerte de la que se habla aquí es espiritual, la mayoría de las personas no comprenden su realidad tan fácilmente como lo hacen con la realidad de la muerte física.

Muchas personas espiritualmente muertas no se sienten muertas. Y en lo que respecta a ellas y a las personas que las rodean, no parecen muertas. Sin embargo, los que todavía permanecen en sus pecados están muertos, según la Palabra de Dios. Lo que las personas hacen es tratar de enmascarar la realidad de la muerte espiritual con actividades y diversiones terrenales, de la misma manera que tratamos de enmascarar la realidad y el carácter terminante de la muerte al hacer que parezca más atractiva.

En los viejos tiempos, la gente no adornaba la muerte con todas las galas que hacemos hoy. Cuando una persona pobre moría, a menudo se la colocaba en un cajón de madera tosca sin adornos ni fanfarrias. Se trasladaba el cajón desde la ciudad hasta el cementerio en un carro y se lo bajaba a la tumba con cuerdas. Luego, los sepultureros volvían a tapar la tumba con tierra, y eso era todo.

Sin embargo, hoy te puedes morir con estilo. No más de esas cosas rústicas. Ahora tienen morgues que parecen mansiones. Te meten en un bonito ataúd de bronce forrado de satén. Los maquilladores profesionales hacen lo suyo para que te veas bien. Algunas personas se ven mejor muertas que cuando estaban vivas.

Y eso no es todo. ¿Siempre quisiste ser alguien y viajar en limusina? Bueno, ahora también tendrás eso. De hecho, toda una flota de limusinas estará disponible para ti y tu familia. La gente prestará atención cuando pases por el tráfico de camino a tu entierro. Y en la tumba, tendrán una máquina niquelada que te ayudará a bajar al hoyo. Incluso la tierra que van a uti-

lizar para taparte está escondida bajo un césped artificial de aspecto fresco.

Hacemos todas estas cosas para disfrazar la muerte, pero no pases por alto la idea central. Ya sea que te coloquen en un cajón de pino o en un hermoso ataúd, estarás muerto. Cuando estábamos muertos en nuestros pecados, estábamos separados de la vida eterna en Cristo. Y la única alternativa a la vida eterna es la muerte eterna, lo que significa la separación eterna de Dios y el sufrimiento en el infierno.

Esta era nuestra condición antes de la llegada de la gracia de Dios a nuestras vidas. Éramos completamente inaceptables para Dios. Algunos de nosotros pudimos haber sido atractivos, educados, ricos o incluso buenos; pero todos éramos inaceptables para Dios y estábamos separados de Él. Efesios 2:1-3 viene a ser el informe del forense celestial sobre la raza humana sin la gracia de Dios.

La gracia de Dios nos ha dado vida en Cristo

La imagen del "antes" de nuestra condición para Dios no es bonita, pero gracias a Dios también hay una imagen del "después". Efesios 2:4 comienza con dos de las palabras más importantes, emocionantes y transformadoras de la Biblia. "Pero Dios" son palabras que revierten cualquier situación. "Pero Dios" traerá vida donde existía muerte debido a lo que Él hizo por nosotros en su gracia.

Necesitamos leer los versículos 4-5 para entender la idea completa aquí. Pablo escribe: "Pero Dios, que es rico en misericordia, por su gran amor con que nos amó, aun estando nosotros muertos en pecados, nos dio vida juntamente con Cristo (por gracia sois salvos)".

Esa última frase es la clave aquí. ¿Comprendes que, si conoces a Cristo como tu Salvador, eres salvo no por tu decisión

o cualquier otra cosa que hayas hecho, sino porque Dios tomó la iniciativa de alcanzarte y salvarte por gracia? La salvación es obra de Dios de principio a fin. Entonces, la pregunta que debemos hacernos con respecto a nuestro crecimiento espiritual es la siguiente: "Si no nos pudimos salvar por nosotros mismos, ¿qué nos hace pensar que podemos crecer en Cristo por nosotros mismos?". Ya hemos visto que nuestro crecimiento es por gracia tanto como nuestra salvación.

La gracia te concede una nueva relación con Dios

Estamos contrastando el desastre en el que estábamos antes que Dios se acercara a nosotros con la increíble bendición que disfrutamos como personas salvas porque Dios decidió en su amor ser misericordioso con nosotros. Hay una ilustración que puede ayudarte a imaginar este contraste.

Si llevaras a tus hijos a la sección infantil de un zoológico, y un corderito viniera corriendo hacia ti, probablemente no tendrías miedo en absoluto, porque los corderos son inofensivos. Incluso podrías extender tu mano para que el cordero la lama.

Sin embargo, digamos que estás en el zoológico, y suena la alarma para avisar que un león se ha escapado de su jaula. Si estás caminando por el zoológico y ese león viene corriendo hacia ti, estarás aterrorizado y empezarás a correr porque sabes lo que puede hacer un león. Ahora supongamos que el león fugitivo te acorrala en una parte del zoológico y viene hacia ti, pero en lugar de atacarte, el león solo te lame la mano dulcemente como lo hizo el cordero.

Si eso sucediera, ¿de quién apreciarías más la mansedumbre, del cordero o del león? No sé tú, pero yo apreciaría más la dulzura del león porque sé que podría haberme despedazado fácilmente sin violar su naturaleza de león en absoluto.

Amigo mío, la gracia es la bondad y la gentileza de Dios para con nosotros cuando pudo habernos arrinconado como pecadores culpables y habernos despedazado sin violar su carácter santo. Sin embargo, Dios quería hacernos sus hijos, así que, en lugar de expresar su ira contra nosotros, la derramó sobre su propio Hijo sin pecado en la cruz. Jesús tomó nuestro castigo para que Dios pudiera abrazarnos. Tenemos una nueva relación con Dios por medio de la gracia.

Jesús tomó nuestro castigo para que Dios pudiera abrazarnos. Tenemos una nueva relación con Dios por medio de la gracia.

La gracia te da una nueva ubicación en el cielo

Aprender sobre la gracia de Dios es como abrir una de esas enormes canastas de regalo de Navidad envueltas en celofán. Cada vez que crees que has encontrado todas las golosinas de la canasta, buscas un poco más y encuentras que hay algo mejor para descubrir y disfrutar.

Eso es lo que estamos encontrando en el segundo capítulo de Efesios. Ya teníamos suficiente si Dios hubiera puesto un punto después de la grandiosa declaración: "Por gracia sois salvos". Sin embargo, la gracia no se detiene ahí. Después de darnos vida con Cristo cuando estábamos muertos, Dios nos llevó al cielo con Jesús cuando resucitó y ascendió a su lugar a la diestra de Dios.

Según Efesios 2:6, "[Dios] juntamente con él nos resucitó, y asimismo nos hizo sentar en los lugares celestiales con Cristo Jesús". Hay un programa de reubicación divina implícito en la gracia, mediante el cual Dios toma a las personas que Él ha sal-

vado y, por esa misma gracia, las sienta con Cristo en lo que la Biblia llama "los lugares celestiales".

Ahora bien, en caso de que pienses que esta reubicación es solo una forma de hablar o algo agradable que experimentaremos algún día, observa el tiempo de los verbos. Dios nos "resucitó" y "nos hizo sentar" con Cristo, tiempo pasado. Ya fue hecho. Puedes estar viviendo en la tierra, pero tu verdadera existencia está en el cielo, donde la Biblia dice que ya estás sentado con Cristo.

Sabemos que Cristo está sentado a la diestra de Dios (Hebreos 10:12), que es la posición de poder y favor divino. Eso significa que Jesucristo puede hacer cualquier pedido a su Padre y saber que se lo concederá. Así que, si necesitas poder, sabiduría, fortaleza en la tentación, victoria sobre el pecado o cualquier otra bendición espiritual, ¿adivina dónde las encuentras? A la diestra de Dios, donde está sentado Jesús, y tú estás sentado con Él.

Como verás, la realidad de nuestras vidas como cristianos es que estamos sentados con Cristo en los lugares celestiales. Esta vida en la tierra es solo una sombra, no la realidad. Tienes una nueva ubicación en Cristo donde están todas tus bendiciones, y estás allí por gracia.

La gracia te trae la bondad eterna de Dios

Ahora bien, si crees que las bendiciones que Dios tiene para ti hoy por su gracia son maravillosas, todavía no has visto nada. Efesios 2:7 es lo que yo llamo "plus". Comienza con la palabra "para", que es clave porque Pablo está a punto de decirnos por qué Dios nos amó, nos salvó, nos resucitó con Cristo y nos sentó con Él en los lugares celestiales. Dios hizo todo eso por esta razón: "para mostrar en los siglos venideros las abundantes ri-

quezas de su [Dios] gracia en su bondad para con nosotros en Cristo Jesús" (v. 7).

En este versículo, Pablo pasa de hablar de nuestras bendiciones de la gracia en esta vida presente a aquellas que nos esperan en "los siglos venideros", que es otra forma de referirse a la eternidad. ¿Sabes lo que Dios hará por ti en la eternidad? Te va a mostrar cuánto te ama al prodigar su "bondad" y gracia sobre ti.

En términos prácticos, esto significa que, durante cada minuto de la eternidad, Dios revelará algo nuevo que nos mostrará cuánto nos ama. Hay mucho que Dios quiere revelarnos acerca de su gracia, que no podemos recibir aquí debido a las limitaciones de tiempo, espacio y nuestra humanidad. Sin embargo, todas estas limitaciones no existirán cuando estemos con Cristo, para que podamos recibir todo lo que Él ha reservado para nosotros.

Dios dice que por las edades sin fin de la eternidad nos mostrará las "abundantes riquezas de su gracia". Esto es parte de lo que hará que el cielo sea tan glorioso. Piensa en todo lo que Dios te ha bendecido en la tierra y luego trata de imaginar cómo será su bondad cuando no existan todas las limitaciones de la tierra, incluido el pecado. La gracia de Dios seguirá fluyendo en una corriente sin fin, y no habrá dos dádivas iguales, porque Él es infinito.

Eso es lo que Dios nos tiene preparado en el cielo, y no tiene ningún problema en decírnoslo desde el principio. Y, por cierto, el cristianismo es la única religión que promete el cielo por adelantado. Otras religiones, y los cultos que distorsionan el cristianismo, por lo general mantienen a sus seguidores en la oscuridad con respecto a su destino futuro, para que puedan promover un estilo de vida bajo la ley.

Ahora bien, no me malinterpretes. Esto no significa que, como cristianos, no hagamos buenas obras. Nos ocuparemos

de eso más adelante cuando lleguemos a Efesios 2:10. Sin embargo, hay una gran diferencia entre servir a Dios en agradecimiento por su libre gracia y tratar de ganarnos su gracia por medio de nuestras obras. Cuando viniste a Cristo, Dios te resucitó y te sentó con Jesucristo en el cielo. Tu futuro eterno está asegurado porque el cielo está incluido en el paquete llamado gracia de Dios.

La gracia de Dios es sobreabundante para nuestras necesidades

Cada vez que predico o enseño la Biblia, trato de anticiparme a las preguntas u objeciones que mis oyentes pueden tener. Un problema que generalmente surge cuando el tema es la gracia de Dios es algo así: "Tony, entonces Dios tiene preparada para nosotros toda esta gracia infinita en el cielo, pero ¿qué hacemos mientras tanto? ¿Cómo puedo aferrarme a la gracia que necesito ahora para soportar estas pruebas e incluso salir victorioso?".

En otras palabras, muchos cristianos se preguntan: "¿Esta gracia de Dios sobreabundante e infinita comienza solo en el cielo o puedo experimentar algo de ella aquí en la tierra?".

Tu futuro eterno está asegurado porque el cielo está incluido en el paquete llamado gracia de Dios.

Puedes recurrir a su gracia hoy mismo

Quiero responder esta pregunta con el versículo bíblico más poderoso sobre la gracia. No obstante, primero, déjame aclarar que la gracia de la que estamos hablando aquí no es la

gracia para salvación, sino la gracia para vivir la vida cristiana después de ser salvo. La promesa de Dios de gracia abundante se encuentra en un versículo que debes memorizar si aún no lo has hecho: "Y poderoso es Dios para hacer que abunde en vosotros toda gracia, a fin de que, teniendo siempre en todas las cosas todo lo suficiente, abundéis para toda buena obra" (2 Corintios 9:8).

Si eres un estudiante de la Biblia, tal vez digas: "Pero Tony, por su contexto, este versículo habla de nuestras ofrendas". Tienes razón, pero echa otro vistazo a las veces que aparecen las palabras *toda* o *todas* en este pasaje. Cada una es una declaración integral de la gracia de Dios; la capacidad de dar fluye de esta abundancia. Lo que quiero decir es que la gracia de Dios es tan abundante aquí en la tierra como lo es en el cielo. La diferencia es que en el cielo no hay desafíos para la gracia, mientras que aquí abajo hay muchas cosas que nos distraen y nos impiden aferrarnos a la gracia.

Dios siempre se relacionará contigo en la gracia, y tiene toda la gracia que necesitas, pero es una gracia que tiene que ver con tu necesidad. No recibes la gracia del mañana hoy. No obtienes la gracia de morir hasta que te estás muriendo. No obtienes la gracia para enfrentar la tentación hasta que eres tentado. Dios tiene la gracia disponible para cada situación además de la necesidad. No te equivoques al respecto. El trono de Dios se conoce como "trono de la gracia" (Hebreos 4:16).

Incluso podemos ver la abundante gracia de Dios a nuestro alrededor en las bendiciones que son comunes a toda la creación. Por ejemplo, ¿se ha quedado alguna vez la atmósfera sin oxígeno para respirar? ¿Se ha quedado alguna vez la tierra sin hierba para que coman los animales, o los océanos, sin agua para que naden los peces y las ballenas? No, y el sol nunca ha

dejado de salir tampoco. Estas bendiciones se llaman gracia común, porque toda criatura participa de ellas.

Lo que Dios ha hecho por su creación en gracia común, lo ha hecho por su pueblo en gracia especial. Estaríamos en problemas si algún creyente de cualquier época dijera alguna vez: "Enfrenté una situación tan grave que agotó la gracia de Dios y me la tuve que arreglar solo", pero eso nunca va a suceder.

La gracia no impide que aparezcan espinas

Lo que la mayoría de la gente quiere saber realmente es, si Dios es tan misericordioso, ¿por qué no elimina las pruebas o el sufrimiento? ¿Por qué no evita que aparezcan espinas en nuestra vida en lugar de darnos la gracia para soportarlas?

No podemos responder eso para todos, pero sabemos por qué Dios permitió una espina en la vida de Pablo (2 Corintios 12:7-10), que él llamó un aguijón en su carne, un mensajero de Satanás que lo abofeteó, para que no se enalteciera sobremanera (v. 7). El aguijón de Pablo pudo haber sido una dolencia física, una persona que le causaba dolor o un problema sin solución. Fuera lo que fuera, Dios lo permitió para que mantuviera humilde a Pablo y le enseñara esta valiosa lección: "Bástate mi gracia; porque mi poder se perfecciona en la debilidad" (v. 9).

Pablo le había pedido a Dios tres veces que le quitara el aguijón (v. 8). La respuesta de Dios fue gracia suficiente para soportar el aguijón y poder para ministrar, a pesar de la debilidad humana causada por el problema. Pablo deseaba más la gracia y el poder de Dios, que el alivio del aguijón, por lo que respondió: "Por lo cual, por amor a Cristo me gozo en las debilidades, en afrentas, en necesidades, en persecuciones, en angustias; porque cuando soy débil, entonces soy fuerte" (v. 10).

Entonces, el que tiene una pregunta para hacer es Dios a nosotros, no nosotros a Dios. Su pregunta para nosotros es: "¿Quieres ver mi gracia manifestarse con poder sobreabundante en tu vida?".

Si tu respuesta es: "Sí, Señor, es lo que más quiero", entonces prepárate para aceptar las espinas que Él ponga en tu camino. Cuando llegan los problemas, significa que Dios se está preparando para mostrarte más de su gracia, porque el lugar al que te lleva es mayor que el lugar donde te encuentras ahora. Todo lo que necesitas saber es que su gracia es suficiente.

Cuando llegan los problemas, significa que Dios se está preparando para mostrarte más de su gracia.

NUESTRA RESPUESTA A LA GRACIA DE DIOS

Nos desviamos de Efesios 2 por un tiempo para aprender un principio importante sobre la sobreabundante gracia de Dios. Ahora estamos listos para volver a leer Efesios 2:8-10, un pasaje que se relaciona muy bien con lo que acabamos de hablar. Este pasaje nos enseña que cualquier cosa que podamos hacer por Dios es solo una respuesta de gratitud por su gracia, no un pago por ella.

Aquí hay dos versículos que bien puedes haber memorizado si has sido cristiano por algún tiempo: "Porque por gracia sois salvos por medio de la fe; y esto no de vosotros, pues es don de Dios; no por obras, para que nadie se gloríe" (Efesios 2:8-9). ¿Recuerdas que Pablo dijo que Dios permitió el aguijón en su carne para mantenerlo humilde? Dios no quiere que nadie se

jacte de cómo se ganó su favor. Así como no te jactas de un regalo que alguien te dio.

Nuestro servicio es nuestro "gracias" a Dios

Sin embargo, inmediatamente después de esta gran declaración de salvación por la fe solo por gracia, leemos estas palabras: "Porque somos hechura suya, creados en Cristo Jesús para buenas obras, las cuales Dios preparó de antemano para que anduviésemos en ellas" (Efesios 2:10). La gracia no debe llevarnos a pecar todo lo que queramos para aprovecharnos de la bondad de Dios o a no hacer nada mientras nos empapamos de su favor. Dios tiene tareas para encomendarnos, pero no quiere que lo sirvamos porque estamos tratando de devolverle el favor y ganarnos nuestros propios galones. Eso es actuar en contra de la gracia. Dios quiere nuestro servicio en respuesta a su relación con nosotros, que es una relación de amor y gracia.

La gracia aparece en nuestra vida y nuestras relaciones diarias, y refleja la suprema gracia de Dios para con nosotros. Recuerdo un momento cuando un amigo mío tenía problemas para conseguir entradas para un partido de baloncesto de los Dallas Mavericks, que su hijo quería ver. Entonces mi amigo le preguntó a un hombre de su iglesia, cuya empresa patrocina a los Mavericks, dónde podía comprar un par de boletos para que él y su hijo fueran al juego.

Una semana después, este hombre de negocios le entregó un sobre. Mi amigo no sabía exactamente qué había en el sobre, pero cuando se ofreció a pagarle, el empresario solo sonrió y le dijo que no se preocupara por eso. Cuando mi amigo llegó a casa y abrió el sobre, encontró no dos, sino cuatro boletos para el juego. Y no solo cuatro boletos, sino cuatro asientos principales junto con un pase de estacionamiento gratuito. Llevó a

su hijo y a dos de los compañeros de universidad de su hijo al juego, donde se divirtieron mucho.

Ahora bien, ese fue un regalo por gracia, pero no terminó ahí. Durante el juego, un ejecutivo de la oficina principal de los Mavericks se acercó a donde estaban sentados estos muchachos y le entregó a cada uno de los tres estudiantes universitarios una bolsa enorme llena de todo tipo de regalos y recuerdos inimaginables de los Mavericks, cortesía del empresario que les había dado los boletos. Mi amigo dijo que estaba completamente atónito por la generosidad del hombre y se dio cuenta de que no tenía forma de pagar ese regalo, y que incluso intentar hacerlo hubiera sido un insulto. Todo lo que él y esos muchachos podían hacer era decir gracias y disfrutar de su gran regalo.

Nuestro servicio no es un deber a cumplir

Pablo dijo: "He trabajado más que todos ellos" (1 Corintios 15:10), en referencia a los demás apóstoles, aunque agregó: "Pero no yo, sino la gracia de Dios conmigo". Pablo sabía que fue creado en Cristo para buenas obras, pero su servicio al Señor no era un deber gravoso que tenía que cumplir. Su objetivo en todo eso era conocer a Cristo más íntimamente (Filipenses 3:10). En otras palabras, Pablo servía desde una posición de relación, no de obligación.

La gracia se cultiva y crece por relación, no por reglas o ejercicios espirituales interminables. Esto es así porque la gracia no es solo una doctrina, sino una Persona (Juan 1:16; Tito 2:11-12). Cuanto mayor sea nuestra relación con Cristo, mayor será la experiencia de la gracia y, por tanto, mayor el crecimiento espiritual.

Si eres padre, cuando tu hija se cae y se lastima la rodilla, ¿vas al botiquín, sacas una lista con cosas para hacer con una

rodilla lastimada, se la lees y le dices: "Esto es lo que estoy obligado a hacer por ti"?

Por supuesto que no. Cuando tu pequeña niña se lastima, la tomas en tus brazos y le limpias las lágrimas mientras aplicas un desinfectante para sanar su herida, porque tu relación es la fuerza impulsora de tus acciones. Y tu hija responde con amor a tu acto de gracia. Esa es la respuesta que Dios quiere de nosotros.

Gracia no significa quedarse sentado sin hacer nada mientras esperamos que Dios haga todo. Gracia significa ponerse a disposición de Dios para que Él haga algo a través de nosotros.

Gracia significa ponerse a disposición de Dios para que Él haga algo a través de nosotros.

Cuando pienso en los cristianos y en la forma en que respondemos a la gracia de Dios, pienso en cómo regamos nuestros jardines en Texas. Tratar de mantener un césped verde en el calor y la sequía de un verano en Texas es un gran problema. Hay tres formas básicas de hacerlo. Algunas personas lo hacen por sí mismas y tienen que arrastrar sus mangueras e irrigadores y moverlos constantemente. Es mucho trabajo y puede ser costoso porque a menudo es ineficiente y gasta mucha agua.

Una segunda forma de regar el césped es instalar un sistema de irrigadores automáticos. Todo lo que tienes que hacer es configurar el temporizador y dejar que el sistema funcione; pero no es perfecto, puede haber fugas y fallas en el sistema. Si tienes un sistema de irrigadores, sabes que necesitas vigilarlo. Nada funciona a la perfección todo el tiempo, y aún más, tienes que pagar la factura del agua.

La tercera forma de regar el césped es la mejor, que es cuando Dios abre los cielos y derrama su lluvia sobre la tierra. El agua es gratis, y todo lo que tienes que hacer es ver cómo cae del cielo, agradecer al Señor y luego cortar el césped en respuesta a la lluvia. Cuando el cielo se abre, llueve uniformemente, y todo es gratis.

Algunos cristianos son como las personas que riegan por sí mismas. Tratan de hacerlo todo por sí mismos, entonces arrastran sus listas de buenas obras y marcan cada vez que completan una.

Otras personas ven cuánto trabajo está haciendo el primer grupo, y deciden que es demasiado. Así que intentan con el método automático de la gracia. Se sientan y esperan crecer automáticamente mientras asisten a la iglesia, escuchan el sermón y cantan las canciones. Se sientan a esperar que Dios los mueva.

Sin embargo, hay un tercer grupo que está listo para trabajar. Tienen sus cortadoras de césped listas para funcionar, por así decirlo. No obstante, también se dan cuenta de que el mejor crecimiento viene cuando el cielo se abre y llueve sobre ellos. Estos son los cristianos que entienden que la verdadera vida en el reino se vive por gracia.

Capítulo 6

La fe: La acción de la vida en el reino

Se cuenta la historia de un acaudalado barón inglés, llamado Fitzgerald, que tenía un único hijo al que amaba con todo su corazón. Desdichadamente, el joven se enfermó y murió, y el corazón del barón Fitzgerald quedó destrozado por la pérdida de su amado hijo.

Con el paso del tiempo, este hombre acaudalado falleció y dejó una gran colección de arte sumamente valiosa. El barón Fitzgerald había especificado en su testamento que su colección de arte se vendiera en una subasta, ya que no tenía heredero y su esposa también había fallecido. Se fijó una fecha para la subasta a la que llegaron coleccionistas y comerciantes de arte de todos lados, que esperaban ansiosamente la oportunidad de pujar por la fabulosa colección de arte del barón.

Sin embargo, la subasta comenzó de manera inusual, ya que la primera pieza que se puso a la venta era un retrato del difunto y amado hijo del barón. Se veía claramente que ese retrato no tenía la calidad y el valor de las otras piezas ofrecidas a la venta, y los compradores parecían desconcertados por ese artículo personal de la propiedad del barón que se estaba ofreciendo.

Este no era el tipo de arte que los compradores habían ido a comprar, por lo que cuando el subastador pidió ofertas, no hubo ninguna. Todos esperaban que se llevaran esa pieza para que sacaran a la venta las obras de arte valiosas. Sin embargo, el subastador continuó solicitando ofertas por el retrato del hijo del barón, para la creciente molestia de la multitud. Finalmente, un anciano que había sido sirviente del barón Fitzgerald pasó al frente y dijo: "Me quedo con el retrato si nadie más lo quiere".

Se acordó una tarifa nominal, y el subastador le entregó la pintura al anciano. Luego anunció: "La subasta ha terminado".

La audiencia se quedó atónita. Alguien exclamó: "¡¿Cómo puede ser?! ¡Solo una pieza ha sido ofrecida a la venta, y ni siquiera era una obra significativa de la colección! Nadie la quería, excepto este sirviente".

Sin embargo, el subastador repitió: "La subasta ha terminado. El testamento del barón Fitzgerald establece: 'Quien compre la pintura de mi hijo recibe toda mi colección de arte sin cargo, porque quiero recompensar a cualquiera que ame a mi amado hijo tanto como yo'. Este caballero compró la pintura, por lo que tiene derecho a todo el patrimonio artístico de barón Fitzgerald".

Esta historia me recuerda todo lo que tenemos, porque por la fe hemos aceptado a Cristo como nuestro Salvador. Dios ama tanto a su Hijo unigénito, que quiere compartir los tesoros del cielo con cualquiera que también ame a su Hijo. La Biblia declara que somos "herederos de Dios y coherederos con Cristo" (Romanos 8:17). Dios "nos bendijo con toda bendición espiritual en los lugares celestiales en Cristo" (Efesios 1:3).

Parte de la herencia que recibimos es la nueva naturaleza que Dios puso dentro de nosotros, la cual está hecha a su imagen y nos permite relacionarnos con Dios y crecer en su gracia y

conocimiento. Lo que quiero decir es que cuando depositamos nuestra fe en Cristo, Dios nos da el paquete completo junto con Él. Todo lo que Dios hará por nosotros en términos de nuestra nueva vida, ya lo ha hecho.

Es decisivo entender esto, por tanto, sigo enfatizando que el crecimiento espiritual es el proceso de descubrir todo lo que Dios ya nos ha dado, no andar buscando algo nuevo y diferente. Hemos aprendido que todo en nuestra vida cristiana, incluido nuestro crecimiento, viene por gracia, mediante el Espíritu Santo que mora en nosotros, a quien se accede por medio de la oración relacional.

> *Dios ama tanto a su Hijo unigénito, que quiere compartir los tesoros del cielo con cualquiera que también ame a su Hijo.*

Ahora necesitamos hablar de la fe, que podríamos llamar: la acción de la vida en el reino.

La fe es muy importante para nuestro crecimiento espiritual, porque es el mecanismo que Dios nos ha dado mediante el cual podemos acceder al reino espiritual, que va más allá del mundo de nuestros cinco sentidos. Es tan decisivo vivir por fe en el proceso de conocer y experimentar a Dios, que sin fe el crecimiento espiritual es imposible, ya que la ausencia de fe significa que estamos desagradando a Dios en vez de agradarlo (Hebreos 11:6). Ahora bien, no me malinterpretes. Cuando me refiero a la acción de la fe, no me refiero a la clase de vida del reino donde tienes que hacerlo todo por ti mismo. Uno de los mensajes que espero que te lleves de este libro es la verdad de que la vida en el reino no es una cuestión de esfuerzo propio.

La fe tampoco es una varita mágica que podemos agitar sobre nuestras circunstancias y manipular a Dios para que haga nuestra voluntad. Muchos predicadores, *podcasters* e *influencers* en línea te harán pensar que todo lo que tienes que hacer es reclamar algo por fe y que Dios está obligado a dártelo. Si no recibes tu milagro, es porque tu fe es demasiado débil. La fe nos conecta a los recursos sobrenaturales de Dios, pero Él nos los da de acuerdo a su voluntad y su plan, no a los nuestros.

> *La fe nos conecta a los recursos sobrenaturales de Dios, pero Él nos los da de acuerdo a su voluntad y su plan, no a los nuestros.*

Entonces, si la fe es el medio por el cual abrimos la puerta al mundo espiritual y un componente clave en nuestro crecimiento espiritual, que exige una respuesta de nuestra parte, entonces la primera pregunta que debemos hacernos es: ¿qué es exactamente la fe tal como la Biblia la define y describe?

El significado de la fe

Es casi imposible discutir la naturaleza de la fe sin ir a Hebreos 11. Allí encontramos el gran "capítulo de la fe" de la Biblia, donde la fe está definida e ilustrada con declaraciones poderosas que se han convertido en parte del vocabulario y la memoria colectiva de la Iglesia.

Sin embargo, antes de llegar allí, déjame mostrarte el contexto de Hebreos 11, que llevó al autor a esta gran disertación sobre la fe. Uno de los principios básicos del estudio de la Biblia es que cada texto tiene un contexto que no se puede ignorar, para que nadie use ese texto como pretexto para enseñar falacias.

La fe cree que Dios es verdadero

El capítulo 11 de Hebreos no cayó simplemente del cielo. El autor estaba escribiendo a una comunidad de cristianos judíos, que evidentemente estaban pasando por una prueba severa de algún tipo, tan severa que estaban siendo tentados a dejar de seguir a Cristo. El mensaje básico de la carta a los Hebreos es: "No te rindas. Sigue adelante con Cristo".

Este tema aparece con fuerza en Hebreos 10, donde se advierte a los lectores que no se vuelvan de Cristo al camino antiguo de la ley, sino que se acerquen a Él y sigan adelante. El autor concluye esta disertación con un mensaje sobre la importancia de la fe. Citando al profeta Habacuc, el autor declara: "Mas el justo vivirá por fe; y si retrocediere, no agradará a mi alma" (Hebreos 10:38).

Ahora observa la conclusión en el versículo 39: "Pero nosotros no somos de los que retroceden para perdición, sino de los que tienen fe para preservación del alma". Luego leemos inmediatamente: "Es, pues, la fe la certeza de lo que se espera, la convicción de lo que no se ve" (Hebreos 11:1). Todo esto es parte del mismo pensamiento, ya que no había divisiones de capítulos o versículos en el texto original.

En otras palabras, el autor está diciendo: "Si no quieres desmayar en la prueba y dejar que tu fe en Dios se apague de tal modo que tu vida se vuelva inútil, entonces necesitas ejercer la fe que Dios te ha dado y mantenerte firme. Y en caso de que te preguntes qué implica la fe, aquí hay una definición y una lista de personas de tu propia historia que ejercieron una gran fe".

Permíteme aclarar algo antes de continuar. El tema en Hebreos 10–11 no es la pérdida de la salvación. La Biblia enseña muy claro que tenemos seguridad en Cristo para siempre. Ni Él ni Dios el Padre permitirán que les arrebaten de las manos a ningún verdadero creyente (Juan 10:27-30). Nuestro futuro en el cielo es seguro, pero

nuestra utilidad para Dios aquí, antes que estemos en el cielo, no es automática. El escritor de Hebreos no estaba advirtiendo a sus lectores contra el juicio eterno en el infierno, sino contra una vida a la deriva que tiene poco crecimiento espiritual o poca influencia en el reino para el Señor.

Por cierto, esta relación entre nuestra fe y nuestro crecimiento se resalta en Hebreos 5:11–6:3, otro pasaje clave donde se amonesta a los hebreos por no crecer, a pesar de haber sido creyentes durante el tiempo suficiente para enseñar a otros. En cambio, todavía estaban en el jardín de infantes espiritual luchando por aprender el ABC. La cuestión es que el crecimiento espiritual y la fe están estrechamente relacionados. Una vida de fidelidad a Dios exige que vivamos por fe, tal como fuimos salvos por fe.

Esto nos lleva a Hebreos 11:1, donde leemos que la fe es "la certeza de lo que se espera, la convicción de lo que no se ve". La fe nos conecta con lo que nuestros sentidos no pueden detectar. La fe es una firme convicción acerca de algo que no podemos ver, oír, sentir, gustar o tocar; pero que, sin embargo, es muy real (2 Corintios 4:18; Hebreos 11:3). La fe trae el reino invisible a la vista espiritual. Tener fe es actuar como si algo fuera así, incluso cuando no lo es, para que lo sea por el simple hecho de que Dios lo dijo. La fe siempre abarca tu vida, no solo tus labios. Abarca tus pies, no solo tus palabras. Por eso se nos dice que "andemos por fe", no que hablemos por fe.

En el caso de la fe para salvación, es la convicción de que Dios es veraz cuando declara que somos pecadores y que no tenemos ninguna esperanza sin Cristo. Y es la confianza de que Dios cumplirá su Palabra cuando dice que, si ponemos toda nuestra confianza en Cristo, Él perdona nuestros pecados y nos hace sus hijos. En el caso de la fe para santificación con el propósito del crecimiento espiritual, actúa como si Dios estuviera diciendo la verdad.

Es creer lo suficiente para obedecer, incluso a pesar de cómo te sientes. La fe no es una emoción. La fe siempre es una acción.

Observa las fuertes palabras *certeza* y *convicción* de Hebreos 11:1. La fe no es pedirle un deseo a una estrella, cruzar los dedos y decir para tus adentros que solo debes tener fe en la fe misma o esperar contra toda esperanza que algo suceda. La Biblia señala en Romanos 4:18-20 que Abraham esperó contra toda esperanza, pero su fe era sólida porque estaba en "la promesa de Dios" (v. 20).

La fe nos transporta a un reino sobrenatural que trasciende nuestros sentidos.

La fe bíblica es una confianza firme en la Persona y las promesas de Dios reveladas en su Palabra. La fe confía en la integridad de Dios, porque cree que Dios ha dicho la verdad sobre realidades invisibles. La fe nos transporta a un reino sobrenatural que trasciende nuestros sentidos.

Es absurdo confiar solo en tus sentidos

Ahora permíteme hacerte una pregunta. Si la fe trasciende nuestros cinco sentidos, entonces, ¿no es una contradicción de la fe guiarnos por nuestros sentidos? Si puedes verlo, no necesitas fe. Sin embargo, la Biblia señala: "Por fe andamos, no por vista" (2 Corintios 5:7). Pablo fue aún más específico sobre el contraste entre la fe y la vista en Romanos 8: "Porque en esperanza fuimos salvos; pero la esperanza que se ve, no es esperanza; porque lo que alguno ve, ¿a qué esperarlo? Pero si esperamos lo que no vemos, con paciencia lo aguardamos" (vv. 24-25).

La razón por la que muchos cristianos no crecen ni manifiestan más de la vida de Cristo en ellos es que su fe no va más allá de

lo que ven o lo que sienten. La Biblia señala que es imposible agradar a Dios sin fe (Hebreos 11:6). No creer en Dios es lo mismo que acusarlo de mentiroso. Si no agradamos a Dios por no tener fe en Él, no lo veremos obrar en nuestras vidas. La fe comienza donde terminan nuestros sentidos. Cuando podemos ver, no sentimos la necesidad de confiar en Dios. Y como no podemos ver muy de lejos, vivir por vista nos hace vivir limitados.

Me recuerda al impala africano, un animal increíble que Lois y yo pudimos ver cuando hicimos un viaje a Sudáfrica. El impala es famoso por su capacidad de saltar tres metros de alto y diez de largo. Sin embargo, en nuestra visita allí, nos dijeron que puedes poner a un impala en una jaula de un metro de alto y no intentará escapar, aunque tenga más que suficiente poder de salto para salir de la jaula. Eso se debe a que el impala no saltará si no puede ver dónde posará sus pies. El impala vive de la vista. Por eso, es fácil mantener a un impala enjaulado.

El elemento invisible de la fe es decisivo si se quieres experimentar la libertad, pero eso no es todo. El objeto de nuestra fe es de suma importancia. Hay niños que tienen fe en Santa Claus, y que confían en que el hada de los dientes volará y les dejará dinero debajo de la almohada cuando se les caiga un diente y lo pongan ahí.

Sin embargo, el problema es que esa fe es ilegítima porque el objeto no es real. La fe solo es tan legítima como lo es su objeto.

En una ocasión, tenía que ir a predicar a Iowa, de donde enviarían un avión privado de dos motores para trasladarme. Lois debía ir conmigo, pero me dijo que no estaba dispuesta a volar hasta Iowa en un avión pequeño (tampoco es que a ella le gustaran mucho los vuelos comerciales). Entonces, le dije:

—Tu fe es demasiado pequeña.

—No, tu avión es demasiado pequeño —me contestó.

Terminamos cambiando de planes y volando en un jet comercial de tamaño normal, y la fe de Lois creció con el tamaño del avión.

—Tu fe creció —le dije en broma.

—Sí, porque tu avión creció—respondió ella entre risas.

El objeto de su fe ahora era digno de su confianza. La fe bíblica tiene sustancia porque Dios tiene sustancia. Cuanto más conozcas el carácter y las promesas de Dios, más sustancia tendrá tu fe. Y cuanta más fe tengas, más de Dios experimentarás y más crecimiento tendrás en tu vida.

La fe es actuar como si fuera así por el simple hecho de que Dios lo dijo

Como mencioné anteriormente, una definición práctica de la fe que me gusta es que la fe es actuar como si algo fuera así, incluso cuando no lo es, para que lo sea por el simple hecho de que Dios lo dijo. Ahora bien, puede que digas: "Pero eso suena como si debiera fingir que algo es real cuando no lo es". No, esto no es fingir. Estamos hablando de creer que lo que Dios dice es verdad, incluso cuando no hay ninguna evidencia. Y la forma de saber que lo crees es cuando actúas en consecuencia.

Un buen ejemplo bíblico es Abraham, que tenía la promesa de Dios de que sería "padre de muchas naciones" (Romanos 4:17a, NTV), a pesar de que él y Sara eran una pareja anciana y sin hijos. La Biblia señala que Abraham creía en un Dios que "da vida a los muertos, y llama las cosas que no son, como si fuesen" (v. 17b). Abraham no tenía hijos, y su perspectiva humana no era tan buena para su edad, pero él actuó como si lo fuera, incluso cuando no lo era, para que pudiera serlo por el simple hecho de que Dios lo había dicho.

La fe declara: "Dios, sé que cada vez que hablas, dices la verdad y puedo arriesgar mi vida por ello". La fe establece lo que

pensamos acerca de Dios, y me temo que muchos de nosotros, como sus hijos, actuamos como si tuviéramos más confianza en nosotros mismos que en Él. Si la fe es la acción mediante la cual nos aferramos al poder y las promesas de Dios, entonces si nuestra fe es deficiente, no veremos la obra sobrenatural de Dios en acción y terminaremos con una vida natural.

Los héroes de la fe de Hebreos 11 eran personas que actuaban de acuerdo con lo que afirmaban creer. Noé creyó, y sacó un martillo y una sierra para construir el arca. Abraham creyó, y puso un cartel de "se vende" en el frente de su casa en Ur. Moisés creyó, y dejó el palacio de Faraón para identificarse con los esclavos hebreos. No puedes decir que tienes fe, y quedarte con los brazos cruzados donde estás.

No puedes decir que tienes fe, y quedarte con los brazos cruzados donde estás.

Alguien podría argumentar que para personas como Noé, Abraham y Moisés, la situación fue mucho más fácil que para nosotros, porque Dios les habló de manera directa. Dios les habló, pero eso no hizo que su obediencia fuera más fácil. Recuerda que Noé trabajó durante ciento veinte años sin agua a la vista. Moisés ni llegó a ver la película *Los Diez Mandamientos* y descubrió que iba a liberar a una nación. Tuvieron sus luchas, tuvieron sus dudas; pero decidieron vencer ambas cosas con acciones de fe propias de la vida en el reino.

De hecho, tenemos una ventaja sobre los santos anteriores, porque tenemos la Palabra de Dios completa. Él nos habla tal como habló a los patriarcas, pero aun así tenemos que experi-

mentar la turbulencia de la vida. ¿Alguna vez estuviste en un avión cuando, de repente, pasaron por una zona de turbulencia y el avión comenzó a sacudirse o parecía caer? Probablemente, se te aceleró el corazón y sentiste un vacío en el estómago.

Ahora bien, ¿recuerdas cómo te sentiste cuando el capitán habló por el intercomunicador y les comunicó con calma que solo se trataba de una zona de turbulencia y que iba a buscar un camino alternativo para sortear el problema? Resultó ser que nunca estuviste en peligro, aunque todos tus sentidos te decían lo contrario. Tus opciones eran tener fe en el capitán o creer lo que acababas de ver y sentir. Según lo que elegiste, pasaste el resto de tu vuelo en tu asiento con los puños apretados y el cuerpo tenso, o te relajaste en el asiento y pusiste algo de música o una película, y disfrutaste el resto del viaje. La fe te lleva más allá de los límites de tus sentidos para que creas que si Dios lo dijo, es verdad. Entonces, en pocas palabras, la fe es actuar como si Dios estuviera diciendo la verdad.

El mecanismo de la fe

Junto con el significado de la fe, también es importante comprender su mecanismo, es decir, cómo funciona y qué hace la fe. Esto no sugiere que la fe sea un proceso mecánico en el sentido literal de la palabra, sino que la Biblia nos da pistas sobre cómo funciona la fe en nuestras vidas.

Una de estas pistas sobre la fe está escondida en medio de un extenso pasaje donde el apóstol Pablo oró para que sus lectores tuvieran entendimiento espiritual. Esta oración se encuentra en Efesios 3:14-21, donde el apóstol hizo esta petición: "Por esta causa doblo mis rodillas ante el Padre de nuestro Señor Jesucristo, de quien toma nombre toda familia en los cielos y en la tierra, para que os dé, conforme a las riquezas de su gloria, el ser fortalecidos

con poder en el hombre interior por su Espíritu; para que habite Cristo por la fe en vuestros corazones" (vv. 14, 16-17a).

Que Cristo se sienta en casa en nuestro corazón

Quiero detenerme allí para que podamos centrarnos en la última frase. Pablo oró para que nosotros, como creyentes, experimentemos el poder del Espíritu Santo en nuestro ser interior, a fin de que Cristo pueda vivir en nuestro corazón por la fe. Lo que Pablo estaba pidiendo aquí va más allá de nuestra salvación, aunque desde luego está incluida, porque en la salvación Cristo habitó por primera vez en nosotros.

Sin embargo, la palabra *habitar* aquí significa más que solo ir a vivir y establecer su residencia. Significa sentirse en casa, ponerse cómodo y hacerse cargo de la casa con absoluta confianza. Pablo estaba pidiendo que los creyentes de Éfeso permitieran que Cristo tuviera el control completo de sus vidas, para que Él pudiera habitar en sus corazones, producir en ellos crecimiento y ayudarlos a ejercer influencia del reino por medio del poder del Espíritu Santo.

En otras palabras, la fe no es solo el mecanismo mediante el cual Cristo viene a nuestras vidas. También es el mecanismo o el medio por el cual le damos la libertad de entrar en cada habitación y hacer lo que quiera, incluso desechar las cosas viejas y redecorar el lugar.

Cuando te dan la libertad de hacer eso en la casa de otra persona, sin duda alguna te están dando la bienvenida y te están haciendo sentir como en casa. Sin embargo, cuando no te sientes como en casa, no eres libre de moverte. Tu acceso está restringido. Si quieres crecer como cristiano, Cristo necesita sentirse como en casa en tu corazón. Y la manera de hacer que se sienta en casa es por la fe.

Puedes ver ilustraciones de este principio en funcionamiento en esos programas donde los dueños de casa permiten que otra persona remodele su casa o su patio. Es divertido ver estos programas, pero sin duda el dueño de casa necesita tener fe para confiar a otra persona la remodelación de su casa.

Que Cristo tenga la llave de nuestro corazón

¡Dar a otros la llave de tu casa y permitir que desmantelen tu cocina se ajusta a mi definición de sentirse como en casa! Ahora bien, si las personas pueden demostrar ese tipo de fe en otras personas, ¿por qué no podemos permitir que Cristo se sienta cómodo en nuestro corazón por medio de la fe? Una cosa es segura: no estaremos descontentos con los resultados, como lo están algunas personas en esos programas de remodelación, cuando regresan y ven lo que hicieron en su casa.

Eso no es un problema cuando permitimos que Cristo se sienta cómodo en nuestros corazones mediante un acto de fe. Cuando le das las llaves del hogar de tu corazón, Él lo "decora" con amor, gozo, paz y los demás frutos del Espíritu Santo, y lo remodela para que tengas comunión con el poder del Espíritu Santo. Pablo prosiguió en Efesios 3 a orar para que podamos "comprender con todos los santos cuál sea la anchura, la longitud, la profundidad y la altura, y de conocer el amor de Cristo, que excede a todo conocimiento, para que seáis llenos de toda la plenitud de Dios" (vv. 18-19). Este es el tipo de crecimiento espiritual que podemos esperar cuando hacemos que Cristo se sienta como en casa en nosotros.

La Biblia también usa la analogía de revestirnos de Cristo. "Todos los que habéis sido bautizados en Cristo, de Cristo estáis revestidos" (Gálatas 3:27). Este es un hecho consumado, pero también se nos manda "[vestirnos] del Señor Jesucristo, y no

[proveer] para los deseos de la carne" (Romanos 13:14). Esta es la diferencia entre nuestra posición en Cristo y nuestro estado o condición actual. Para decirlo conforme a lo que vimos anteriormente, Cristo vive en nosotros, pero también quiere *sentirse en casa* dentro de nosotros.

La medida de la fe

Ahora que sabemos que la fe es una convicción inquebrantable acerca de las cosas invisibles de Dios, que entra en acción cuando damos a Cristo el control total de nuestra vida, estamos listos para hablar sobre la medida de la fe. La pregunta es: dado que la fe es una acción, ¿existen maneras de poder saber si estamos creciendo en la gracia y el conocimiento de Jesucristo (2 Pedro 3:18)? Ciertamente las hay, y quiero mostrarte varias de la Palabra de Dios.

Poner pies a nuestra fe

En Santiago 2, encontramos un método poderoso y muy práctico para medir el tamaño de nuestra fe. Santiago comenzó el planteamiento con esta pregunta: "¿De qué aprovechará si alguno dice que tiene fe, y no tiene obras? ¿Podrá la fe salvarle?" (Santiago 2:14).

Ahora bien, recordemos desde el principio que Santiago no está hablando de la fe en términos de cómo somos salvos y vamos al cielo, sino en términos de cómo vivimos aquí en la tierra. Por eso da la ilustración del hermano o la hermana en necesidad, que cuando se encuentran con otro creyente, éste los recibe con las manos vacías y los despide con esta bendición hueca: "Id en paz, calentaos y saciaos" (v. 16). Santiago luego hace la conmovedora declaración: "Así también la fe, si no tiene obras, es muerta en sí misma" (v. 17).

Entonces, si alguien viene a nosotros con hambre, y nosotros nos limitamos a tener un estudio bíblico con él y le mostramos todas las promesas de Dios de que Él suplirá nuestras necesidades, luego oramos y lo despedimos todavía con hambre, Santiago dice que acabamos de desperdiciar nuestro tiempo. Muchos cristianos pierden el tiempo yendo a la iglesia, porque escuchan la Palabra con los oídos, pero no les llega a las manos ni a los pies. No están haciendo nada con lo que están escuchando. La verdadera fe produce obras porque es una acción. Si quieres medir tu fe, observa la respuesta que produce o deja de producir.

Una comunidad agrícola había pasado mucho tiempo sin lluvia, y la situación se estaba volviendo desesperante. Entonces, los sacerdotes de la comunidad decidieron convocar a una reunión de oración e invitar a todo el pueblo a asistir y traer sus símbolos religiosos. Cuando las personas llegaron a la plaza del pueblo para la reunión de oración, traían biblias, cruces, crucifijos y todo tipo de objetos religiosos. Todos clamaron a Dios por lluvia, pero nada pasó, así que después de un tiempo todos regresaron a su casa.

Al día siguiente, un niño llegó solo a la plaza del pueblo e hizo esta sencilla oración: "Amado Dios, necesitamos lluvia. Muestra tu poder y danos lluvia". Mientras oraba, el cielo se oscureció, luego comenzó a tronar y a llover a cántaros.

Los pobladores estaban contentos por la lluvia, pero se preguntaban qué había hecho el niño que ellos no habían hecho. Después de todo, habían concurrido a la plaza con todos sus símbolos religiosos para orar por la lluvia. Descubrieron que la diferencia estuvo en que cuando el niño fue a orar, fue con un paraguas. Esperaba que Dios respondiera la oración, y expresó su fe en acción y en palabras.

Cuando le pidas a Dios que llueva, ¡llévate un paraguas! Llevamos un paraguas cuando el meteorólogo pronostica lluvia, a pesar de que estos pronósticos suelen fallar. Sin embargo, con frecuencia no actuamos conforme a la Palabra de Dios, que nunca falla.

Descubrir que Dios es fiel

Mencioné anteriormente que una forma de saber que la fe de Abraham era real es que se fue de Ur para ir a Canaán. Mientras Santiago estaba señalando que la fe genuina produce acciones que se pueden ver y medir, también se refirió a Abraham y a otro incidente en su vida (Santiago 2:21-23).

Ese incidente fue la ofrenda de Isaac, probablemente el acto de fe más grande que se haya pedido a cualquier ser humano. Puedes repasar la historia en Génesis 22. Santiago preguntó: "¿No fue justificado por las obras Abraham nuestro padre, cuando ofreció a su hijo Isaac sobre el altar?" (v. 21).

Abraham le había creído a Dios y le había sido contado por justicia anteriormente (Génesis 15:6), pero Dios todavía quería ver a Abraham demostrar su fe. Después que el Señor impidió a Abraham sacrificar a Isaac, declaró: "Ya conozco que temes a Dios" (Génesis 22:12).

¿No sabía Dios ya que la fe de Abraham era real? Por supuesto que lo sabía. Dios sabe todo, pero aun así quería experimentarlo. También quería que Abraham lo supiera, y la mejor manera de saberlo era pasar por una prueba de su fe. Por eso Dios a menudo nos pone en una situación difícil. Dios quiere experimentar nuestra confianza en Él, y también quiere que veamos si confiaremos en Él cuando lo que nos pida hacer parezca no tener sentido.

Dios también prueba nuestra fe para que podamos tener la

experiencia de atravesar con Él la prueba y que nos demuestre su fidelidad. Una cosa es decir que confiamos en Dios, pero otra cosa es poder decir: "Sé que Dios es real, porque confié en Él en medio del fuego y Él me ayudó". A Dios le encanta vernos confiar en Él por sobre nuestros amigos, sentimientos y pensamientos finitos.

En estas encrucijadas, donde estamos llamados a poner nuestra fe en acción, tiene lugar el crecimiento espiritual. ¿Crees que la fe de Abraham fue más fuerte después de ver que Dios salvó a Isaac? ¿Crees que tu fe crecería si, por ejemplo, hicieras un sacrificio para atender a los necesitados y luego vieras a Dios cumplir su promesa de suplir tus propias necesidades "conforme a sus riquezas en gloria en Cristo Jesús" (Filipenses 4:19)?

Si tu fe nunca llega a tus pies, Santiago dice que es una fe muerta.

Si quieres que un globo suba alto, llénalo de helio. El globo no es más que el ambiente en el cual se expresa el helio. El deseo de Dios es llevarte más alto, pero solo puede hacerlo si puede llenarte de Él mismo. Y Dios no puede llenarte de Él mismo hasta que confíes en Él. Realmente, no estás confiando en Él hasta que estés dispuesto a caminar por fe, y no solo hablar por fe. Si tu fe nunca llega a tus pies, Santiago dice que es una fe muerta. ¿En qué ámbito de tu vida necesites confiar en Dios en este momento? Quiero animarte a que hagas por fe lo que Él te ha pedido, y que observes la influencia de la vida en el reino que tendrás a tu alrededor.

Capítulo 7

El Espíritu Santo: El abastecedor de la vida en el reino

Suponte que un día vas a la tienda y ves el refrigerador más increíble que puedas imaginar. Esa cosa es enorme. No solo tiene todos los accesorios extras que esperas, sino que tiene algunos que jamás habías visto. Cuesta mucho más que un refrigerador normal, pero lo compras de todos modos porque nunca antes habías visto algo así.

Mientras esperas que te entreguen tu nuevo refrigerador, en tu emoción sales y compras todos los alimentos que deseas almacenar en él. Luego, cuando llega el refrigerador, lo llenas con todas las cosas que compraste, y cuando llega la noche te vas a dormir.

A la mañana siguiente, corres emocionado a la cocina y descubres que la leche está agria, el helado se derritió y chorreó hasta el fondo del congelador, y los vegetales cambiaron un poco de color. Tu nuevo refrigerador no funciona. Así que llamas a la tienda para que sepan que estás muy molesto y quieres que te devuelvan el dinero.

El representante de servicio al cliente te dice: "No entiendo

qué pudo haber pasado. Abra la puerta y fíjese si se enciende la luz". Entonces abres la puerta, pero no hay luz.

Luego te dice: "Ponga su oído cerca del refrigerador y dígame si puede escuchar el zumbido del motor". Haces eso, y no hay zumbido. Entonces te dice: "Hay un cable en la parte trasera del refrigerador. Por favor, compruebe si está enchufado". Ahí es cuando vas a la parte trasera de tu nuevo refrigerador y descubres el problema. El cable no está enchufado.

Vuelves al teléfono y dices: "Tiene razón. El cable no estaba enchufado; pero por la cantidad de dinero que pagué por este refrigerador, eso no debería importar. ¡Esta cosa debería funcionar de todos modos!".

Ahora bien, si le dijeras eso al representante de servicio al cliente de la tienda, probablemente recibirías una breve lección sobre cómo funcionan los electrodomésticos. "No, usted no entiende. Los electrodomésticos son de naturaleza dependiente. Si bien su refrigerador tiene todas las piezas necesarias para enfriar todos los alimentos que almacene en él, fue fabricado de tal manera que no funcionará sin una fuente de energía invisible llamada electricidad. A menos que conecte ese cable, su comida se seguirá echando a perder".

Ahora, esta es una verdad obvia. No importa cuánto hayas pagado por él, tu refrigerador no funcionará de la manera en que fue diseñado a menos que esté conectado a la corriente. Tampoco funcionará tu vida espiritual a menos que esté conectada al poder del Espíritu Santo. Él suple todo lo que necesitas para vivir en el reino.

Cuando Dios nos salvó, nos dio todos los componentes necesarios para que experimentáramos una vida de victoria. Ya hemos visto esta verdad, que la Biblia llama nuestra nueva naturaleza. Dios nos ha dado una mente nueva, un corazón nuevo, una

conciencia nueva y emociones nuevas, todo esto con el nuevo pacto que se hizo efectivo para nosotros mediante la muerte y resurrección de Jesucristo.

Sin embargo, somos seres dependientes. No hemos sido diseñados para funcionar por nosotros mismos. Solo cuando recibamos el poder y el suministro del Espíritu Santo que mora en nosotros, produciremos lo que debe producir nuestra vida para experimentar la vida del reino en su máxima expresión. Si no confías en ese poder, no te sorprendas si la leche de tu nueva naturaleza comienza a agriarse, el helado de tu vida devocional comienza a derretirse y el fruto del Espíritu comienza a cambiar de color.

El Espíritu Santo es el don sobrenatural de Dios, que hace que el nuevo ser en el que nos hemos convertido sea experimental, vivo y real. El Espíritu es el corazón y el alma de una vida cristiana que crece y se desarrolla, y si no nos conectamos con Él, seguiremos estancados y atrofiados en nuestro desarrollo espiritual.

Sin embargo, una vez que estamos conectados al Espíritu, experimentamos la maravilla sobrenatural de una vida en que el poder de la gracia de Dios fluye a través del conducto de nuestra nueva naturaleza, y mantiene nuestra vida espiritual a una temperatura que, como un costoso refrigerador, evita que nos echemos a perder y nos atrofiemos.

El don de Dios del Espíritu Santo

Necesitamos recordar de vez en cuando que el Espíritu Santo que mora en nosotros es el gran don de Dios para nosotros. En Juan 7:37-39, Jesús se puso de pie en la fiesta de los tabernáculos de Jerusalén y declaró que aquellos que creyeran en Él experimentarían una corriente de agua viva que brotaría de lo más profundo de su ser y calmaría su sed.

Veremos este pasaje en un momento, pero quiero retomar el versículo 39: "Esto dijo del Espíritu que habían de recibir los que creyesen en él; pues aún no había venido el Espíritu Santo, porque Jesús no había sido aún glorificado".

Algo que se da es un regalo. Ahora bien, el Espíritu Santo es Alguien, una Persona, de hecho, la Tercera Persona de la Deidad, y no es algo; pero Jesús habló del Espíritu y de la vida abundante que fluye, y que Él traería como un regalo. El Espíritu aún no había sido dado cuando Jesús dijo esto, porque el Espíritu Santo sería enviado el día de Pentecostés después de la ascensión de Jesús.

Desdichadamente, para muchos creyentes hoy el Espíritu Santo es el miembro olvidado de la Trinidad. Saben que Él está allí, pero no saben lo que hace ni por qué es importante. Sin embargo, el Espíritu Santo es el miembro más activo de la Trinidad cuando se trata del crecimiento espiritual, así que aprendamos más sobre Él.

> *El Espíritu Santo es el miembro más activo de la Trinidad cuando se trata del crecimiento espiritual.*

Cómo funciona el Espíritu

Como creyentes que vivimos de este lado de la cruz y del día de Pentecostés, estamos acostumbrados a la ausencia física de Jesús y la presencia invisible del Espíritu Santo, porque nunca supimos cómo era que Jesús caminara entre nosotros. Sin embargo, sus discípulos habían experimentado eso, así que cuando en la noche antes de su crucifixión Jesús anunció su pronta partida y la venida del Espíritu Santo, generó una gran crisis en ese aposento alto.

Aquella noche, durante la comida, Jesús anunció: "A donde yo voy, vosotros no podéis ir" (Juan 13:33). Eso precipitó un intercambio con los discípulos, donde trataron de aceptar el hecho de que Jesús partiría. Los discípulos tenían pánico. Habían estado con Jesús y recurrían a Él para todo. ¿Cómo seguirían adelante en la tierra si Él los dejaba y regresaba al cielo?

Jesús sabía que los discípulos estaban sumamente preocupados, de modo que respondió a sus preguntas con esta promesa: "Yo rogaré al Padre, y os dará otro Consolador, para que esté con vosotros para siempre" (Juan 14:16).

Quiero señalar dos palabras clave en este versículo. La palabra *otro* en el idioma griego significa "otro de la misma especie". Dios no estaba enviando a su pueblo a un sustituto barato de Jesús, sino a Alguien como Él, es decir, de la misma esencia y carácter que Cristo. Ya dijimos que el Espíritu Santo es Dios, la Tercera Persona de la Trinidad, lo que significa que comparte la misma esencia divina que Jesús, la Segunda Persona de la Trinidad.

La otra palabra clave en Juan 14:16 es *Consolador*, una palabra que hace referencia a alguien que acompaña a otro para ayudarlo, capacitarlo, dotarlo. Unos versículos más adelante, Jesús dijo: "Mas el Consolador, el Espíritu Santo, a quien el Padre enviará en mi nombre, él os enseñará todas las cosas, y os recordará todo lo que yo os he dicho" (v. 26).

La promesa de Jesús de la venida del Espíritu Santo se cumplió el día de Pentecostés (Hechos 2), cuando el Espíritu vino a habitar en los seguidores de Cristo y les dio poder para hacer la obra de Cristo. Desde Pentecostés, esta promesa se hace realidad para cada creyente en el momento de su salvación, cuando la Biblia señala que somos bautizados por el Espíritu en el cuerpo de Cristo (1 Corintios 12:13).

Ahora permíteme aclarar aquí que este bautismo no es una

experiencia emocional o espiritual específica que tenemos que buscar después de la conversión, sino el acto mediante el cual llegamos a estar en Cristo. Todos los creyentes son bautizados por el Espíritu y el Espíritu habita en ellos. De hecho, la Biblia dice: "Y si alguno no tiene el Espíritu de Cristo, no es de él" (Romanos 8:9).

Si conoces a Cristo como tu Salvador, el Espíritu Santo vive dentro de ti en lo más profundo de tu ser. Y según Jesús, el Espíritu quiere fluir a través de ti hacia los demás en una poderosa corriente de poder, bendición y energía. En Juan 7:37-38, Jesús dijo: "En el último y gran día de la fiesta, Jesús se puso en pie y alzó la voz, diciendo: Si alguno tiene sed, venga a mí y beba. El que cree en mí, como dice la Escritura, de su interior correrán ríos de agua viva".

Los cristianos que permiten al Espíritu Santo fluir libremente en sus vidas crecen y se desarrollan como nunca imaginaron.

Vimos anteriormente que Jesús estaba hablando del Espíritu Santo, la fuente de poder de la vida cristiana, la bomba de agua, por así decirlo, que asegura que el agua de la nueva vida dentro de nosotros no se estanque, sino que continúe fluyendo. Los cristianos estancados no crecen, pero los cristianos que permiten al Espíritu Santo fluir libremente en sus vidas crecen y se desarrollan como nunca imaginaron.

Dejemos de usar el método "hazlo tú mismo"

Antes de hablar sobre cómo hacer que esa agua fluya y no se estanque, debemos hablar de lo que yo llamo el método "hazlo

tú mismo" de la vida cristiana, también conocido como del "propio esfuerzo". Esto es importante porque necesitamos aprender que el Espíritu Santo solo nos capacita cuando renunciamos a nuestro propio esfuerzo y nos damos cuenta de lo *incapaces* que somos sin Él.

Detesto ir a la tienda local de mejoras para el hogar. La razón por la que detesto ir es que es una tienda para aficionados al "hazlo tú mismo". Y tener que ir allí por lo general significa que estoy haciendo un desastre con algo en la casa, que sería mejor dejar en manos de los profesionales.

El método "hazlo tú mismo" puede estar bien para cuidar el césped o hacer las reparaciones menores de la casa, pero no funciona en la vida del reino. Si pudieras hacer fluir agua viva de tu propio ser interior, no necesitarías al Espíritu Santo. Su energía no sería necesaria, pero Jesús dijo: "Separados de mí nada podéis hacer" (Juan 15:5). Cuando Cristo nos salvó, nos dio a Alguien en quien apoyarnos que tiene la fuerza para sostenernos. Nos dio el Espíritu Santo, porque Él sabe la mella que el pecado ha hecho en nosotros. El Espíritu es el capacitador divino para el crecimiento espiritual.

Ninguna cantidad de programas o actividades religiosas puede sustituir la llenura del Espíritu Santo. De hecho, cuanto más de su llenura tengas, menos programas necesitarás. Entonces, si estás cansado de tratar de hacer que tu vida espiritual surta efecto, si estás cansado de tratar de crecer y obtener la victoria solo para seguir saboreando la derrota, tu problema puede ser una escasez de energía. El Espíritu Santo vive en cada creyente, pero no todo creyente le permite expresar la plenitud de su poder. Esto viene con la llenura del Espíritu, que abre la fuente de agua viva que Él quiere hacer fluir a través de nosotros.

Nuestra necesidad de la llenura del Espíritu

La Biblia deja muy claro que, aunque todo cristiano posee el Espíritu Santo, es posible experimentar muy poco de su poder e influencia en nuestra vida cotidiana. La cuestión no es cuánto tenemos nosotros del Espíritu, sino cuánto tiene Él de nosotros. Los versículos 14-17 de Efesios 5 nos enseñan que es posible ser cristiano y, aun así, estar dormido espiritualmente o ser necio e insensato.

Por eso Pablo emitió el conocido mandato de las Escrituras: "No os embriaguéis con vino, en lo cual hay disolución; antes bien sed llenos del Espíritu" (Efesios 5:18). Hay tanto en este versículo y en el contexto que lo rodea, que necesitamos tomarnos un momento para comprender lo que Dios nos está diciendo y cómo debería cambiar nuestra manera de vivir. Esto es importante, porque cuanto más constantemente seamos llenos del Espíritu Santo, más rápido creceremos en nuestra fe. Sin embargo, cuanto menos llenos estemos, más lento será nuestro crecimiento. Para ver cómo deberían ser, actuar y pensar las personas llenas del Espíritu, quiero mostrarte lo que hay detrás del concepto de ser llenos del Espíritu.

Qué significa estar lleno

El significado básico del mandato "sed llenos" no es difícil de entender. Significa "ser controlado por". Cuando estás lleno en el sentido del Nuevo Testamento, significa que alguien o algo más se ha apoderado del timón de tu vida y es el que manda. Ya no tienes el control de ti mismo, porque esa persona o cosa te ha doblegado y ha tomado el control.

El propósito de la llenura del Espíritu Santo es para que Él pueda controlar nuestra vida. Sabemos por las Escrituras y por experiencia, que Satanás también quiere controlarnos. Jesús le

dijo a Pedro durante la Última Cena: "Simón, Simón, he aquí Satanás os ha pedido para zarandearos como a trigo" (Lucas 22:31). El diablo quiere gobernar nuestras emociones y nuestras pasiones, así como quiso dominar a Pedro y convertir su traición a Cristo en un rotundo fracaso. Satanás quiere establecer el plan de nuestras acciones y actitudes, de modo que debemos reemplazar el control incorrecto por el control correcto. Nunca creas la ilusión de que tienes el control total de tu propia vida. Si no te rindes a Dios, le estás dando permiso a Satanás para que te domine.

> *La llenura del Espíritu no sucede una sola vez y, a partir de ese momento, siempre estás lleno. Debe renovarse constantemente día a día.*

Este mandato en el idioma original implica el proceso continuo de "mantenerse lleno". Así como no resistes a Satanás una vez y luego terminas con él por el resto de tu vida, la llenura del Espíritu no es un hecho que sucede una sola vez y, a partir de ese momento, siempre estás lleno. La llenura debe renovarse constantemente día a día.

La ilustración del control que Pablo nos da aquí es la de una persona que está ebria. Aunque no supiéramos lo que significa estar lleno del Espíritu, sabemos lo que significa que alguien esté ebrio. Una persona no se emborracha por ver anuncios de bebidas alcohólicas. Se emborracha por beber. Y cuanto más bebe, más lo controla el alcohol que hay en él.

Cuando un hombre se emborracha, otro poder se apodera de su vida. Decimos que está bajo la influencia del alcohol. Esta sustancia lo transforma en alguien que no era antes. En

un momento puede ser una persona agradable y tranquila, pero cuando el alcohol toma el control, puede convertirse en un individuo gritón y alborotador. Las personas que normalmente son pasivas pueden volverse agresivas cuando el alcohol las controla. Un borracho puede pensar que es Pavarotti y empezar a cantar.

Cuando un policía detiene a alguien que conduce bajo los efectos del alcohol y le ordena caminar en línea recta, no puede hacerlo. No importa lo que el oficial le diga que haga, no puede hacer lo que solía hacer como solía hacerlo, porque otra cosa está dirigiendo el espectáculo.

Así como el alcohol tiene un efecto negativo en el cuerpo, el Espíritu Santo tiene un efecto positivo en la nueva naturaleza. Cuando estás bajo su control, Él te hace caminar como normalmente no caminarías y hablar como normalmente no hablarías. Cuando el Espíritu toma el control, muchas de nuestras excusas quedan sin efecto, porque el Espíritu puede cambiar nuestra personalidad. Él nos transforma de manera sobrenatural.

Por eso, en lugar de gastar nuestro tiempo, energía y esfuerzo en tratar de cambiar, necesitamos dedicar tiempo a llenarnos. Un hombre sobrio no tiene que tratar de tambalearse. Todo lo que tiene que hacer es emborracharse. El alcohol se encargará de hacerlo tambalear. No tiene que tratar de cambiar de personalidad. Solo tiene que emborracharse. Ahora puedes ver por qué Pablo hizo la analogía entre alguien que está borracho y alguien que está bajo el control del Espíritu.

El nuevo poder de la llenura del Espíritu

Quisiera ayudar a más cristianos a entender que la llenura del Espíritu Santo nos reviste de poder para vivir en el reino más que cualquier cosa que hayamos experimentado. Cuando las perso-

nas se embriagan del Espíritu, aquellos que agreden verbalmente a su cónyuge con insultos y lenguaje vulgar cuando se enojan, encuentran la capacidad de domar su lengua. Cuando el Espíritu toma el control, las personas que antes no tenían control sobre sus pasiones ahora pueden decir no a la inmoralidad. Cuando nuestra vida está llena del Espíritu, podemos testificar a ese amigo o vecino no salvo; y pasar tiempo con el Señor en la lectura de su Palabra y la oración se convierte en un deleite en lugar de un deber.

Cuando el Espíritu toma el control, las personas que antes no tenían control sobre sus pasiones ahora pueden decir no a la inmoralidad.

Demasiados creyentes que dicen: "Voy a esforzarme mucho y dar lo mejor de mí para crecer como un discípulo del reino de Cristo" necesitan dejar de esforzarse tanto y, en cambio, embriagarse con el Espíritu Santo. ¿Por qué agotarte con un bote de remos cuando tienes una lancha rápida de alta potencia al alcance de tu mano? Cuando cedemos el control al Espíritu, Él se encarga de la transformación y libera su poder e influencia en nuestras vidas.

Cuando las personas tienen indigestión, a veces agarran un pequeño sobre que contiene dos tabletas y las dejan caer en un vaso de agua. Esas tabletas comienzan a burbujear porque están liberando poder para aliviar el malestar del paciente. El poder de esas tabletas se encuentra en forma concentrada, por lo que debe liberarse al entrar en contacto con el agua. Cuando eso sucede, se produce una explosión en el vaso, y ese simple vaso de agua ahora está cargado de poder para sanar el malestar estomacal.

Cuando fuiste salvo y el Espíritu Santo fue a habitar en ti, recibiste un "concentrado del Espíritu Santo". Recibiste al Espíritu en forma concentrada, pero cuando su poder entra en contacto con tu entrega a Él y tu voluntad de ser lleno, ocurre una explosión que sana tu indigestión espiritual y te capacita para lograr grandes cosas.

El proceso de la llenura

Si ser llenos del Espíritu Santo es la clave para nuestro crecimiento y poder como discípulos del reino, debemos preguntarnos cómo experimenta una persona la llenura del Espíritu. Esta importante pregunta se responde en los versículos que siguen al mandato de Efesios 5:18:

> hablando entre vosotros con salmos, con himnos y cánticos espirituales, cantando y alabando al Señor en vuestros corazones; dando siempre gracias por todo al Dios y Padre, en el nombre de nuestro Señor Jesucristo (vv. 19-21).

Creo que estos versículos hacen referencia a la manera de ser llenos del Espíritu y no a los resultados de ser llenos. Lo que Pablo quiere mostrarnos aquí es cómo ser llenos y seguir siendo llenos, controlados por el Espíritu Santo. La respuesta corta es que la llenura del Espíritu Santo se hace real cuando hacemos de la adoración nuestro estilo de vida.

Hagamos de la adoración nuestro estilo de vida

¿Recuerdas esos tiempos maravillosos cuando salías de la iglesia el domingo por la mañana como si estuvieras en "el séptimo cielo"? Estabas lleno del Espíritu. ¿Qué te llenó cuando fuiste a la iglesia ese domingo? Fue estar en el ambiente de los redimidos, con la santa presencia de la familia de Dios.

¿Qué hiciste en ese ambiente? Te llenaste de la Palabra de Dios. La música te inspiró y te elevó al cielo. Abriste tu corazón a Dios y te llenaste de su santa presencia, mientras te comunicabas con Él en la quietud y celebración de ese momento.

Todas esas cosas componen un servicio de adoración. Durante un par de horas todos los domingos, el pueblo de Dios nos reunimos en un servicio de adoración donde nos ministramos unos a otros y a Él. Escuchamos su Palabra y hablamos con Él. Lo alabamos y adoramos.

Pues bien, ¿quién dijo que eso tenía que terminar el domingo al mediodía? La forma de aprender a vivir una vida llena del Espíritu es aprender a hacer de lunes a sábado lo que hiciste el domingo.

Llevemos el domingo a casa

Entonces, saliste de la iglesia el domingo lleno del Espíritu porque estabas en la presencia de Dios, con el pueblo de Dios, en comunión con Él. Sin embargo, cuando regresas a casa el domingo por la tarde o incluso al lugar de trabajo o a cualquier otro lugar durante la semana, y comienzas a experimentar la impaciencia, las demandas o la virulencia de nuestra cultura actual, tu experiencia de la llenura del Espíritu puede agotarse rápidamente. Para que Él continúe ministrando a tu vida y a través de ti, necesitas reabastecerte.

Si te detienes en una estación de servicio y llenas el tanque de gasolina de tu automóvil, ¿qué sucederá cuando te alejes y comiences a conducir por la carretera? El tanque lleno de gasolina comenzará a agotarse. Si pudieras quedarte en la estación de servicio todo el tiempo, el tanque de gasolina permanecería lleno; pero no conozco a nadie que viva en una estación de servicio, y sé con certeza que no puedes estar en la iglesia todo el

tiempo. Algunas personas solo quieren quedarse en la cima de la montaña allí en la iglesia y no bajar.

Sin embargo, no funciona de esa manera. La única razón por la que llenas el tanque de gasolina de tu automóvil es para poder ir a algún lugar y hacer lo que debes hacer. Vas a la iglesia el domingo y te llenas del Espíritu mientras el coro, los líderes de adoración y el pastor bombean la Palabra de Dios a tu tanque espiritual. Sin embargo, no tienes que ir muy lejos antes que tu pareja, tus hijos, tus compañeros de trabajo, los presentadores de noticias, los periodistas u otras personas comiencen a consumir esa llenura y la agoten. Es posible que te sientas vacío por la noche.

Eso significa que tendrás una semana muy larga y difícil si esperas hasta el próximo domingo para volver a llenarte. No sé tú, pero si solo llenara mi auto una vez a la semana, muchas veces tendría que caminar con una lata de gasolina en la mano. Necesitamos aprender a aprovechar la llenura del Espíritu como una forma de vida diaria, y mi planteo es que lo haremos a medida que aprendamos a entrar en la presencia de Dios en adoración cada día. Según Efesios 5:19-21, podemos hacerlo cuando nos comunicamos con Dios y tomamos decisiones de acuerdo con su Palabra, con un cántico en nuestro corazón, un espíritu agradecido a Él y una actitud de humilde sumisión a los demás creyentes.

Ahora bien, quiero hacer una distinción importante entre la llenura del Espíritu y las ilustraciones como la gasolina. Cuando tu tanque de gasolina se agota, está vacío y tienes que reemplazar la pérdida con otra carga de combustible. Sin embargo, nunca pienses que si no estás lleno del Espíritu Santo es porque Él te deja vacío. Él no te deja, punto. El agotamiento de la llenura del Espíritu del que estamos hablando es la pérdida de la

experiencia y el goce de todos sus beneficios en tu vida diaria. La llenura del Espíritu no es perpetua y debe renovarse.

La importancia de andar en el Espíritu

Quiero cambiar la analogía cuando hablo del Espíritu Santo como el capacitador de nuestro crecimiento espiritual. En Gálatas 5:16-17, Pablo lo explicó de esta manera: "Digo, pues: Andad en el Espíritu, y no satisfagáis los deseos de la carne. Porque el deseo de la carne es contra el Espíritu, y el del Espíritu es contra la carne; y estos se oponen entre sí, para que no hagáis lo que quisiereis".

Mientras que la cuestión en Efesios 5 es quién tendrá el control, en Gálatas 5 es quién ganará la batalla. Una forma de saber que eres cristiano es que sientes una batalla dentro de ti entre tu carne pecaminosa y el Espíritu Santo. Si no sientes esa lucha, es mejor que revises tu pulso espiritual, porque las únicas personas que no tienen el Espíritu en batalla contra su carne son personas perdidas o espiritualmente estancadas.

La Biblia enseña una y otra vez que Dios y la carne nunca se llevarán bien, porque son diametralmente opuestos el uno del otro. Eso fue lo que Pablo quiso explicar en Romanos 6–8 cuando finalmente exclamó: "¡Miserable de mí! ¿quién me librará de este cuerpo de muerte?" (Romanos 7:24). Su respuesta fue que la victoria se encuentra en estar "en Cristo Jesús" (Romanos 8:1). Ahí es donde el Espíritu Santo quiere que estemos.

Sin embargo, la lucha viene porque todavía estamos en nuestra carne pecaminosa, y lo estaremos hasta que Cristo vuelva y nos dé un cuerpo nuevo. Por eso Pablo tuvo que exhortarnos a andar en el Espíritu para que no satisfagamos los malos deseos de la carne. Es fácil malinterpretar Gálatas 5:16 y decir: "Andad

en el Espíritu y no tendréis los deseos de la carne". Por mucho que deseemos que eso sea cierto, no lo es.

Nuestra carne humana nunca se comportará bien. Por eso, en el versículo 24, Pablo continuó diciendo: "Pero los que son de Cristo han crucificado la carne con sus pasiones y deseos". No es que, si estamos llenos del Espíritu Santo, nunca sentiremos los deseos de la carne; sino que cuando el Espíritu tiene el control, la carne no tiene la última palabra en nuestra vida.

Es fácil invertir el orden del versículo 24 y buscar hacer morir la carne para que podamos andar en el Espíritu, pero el orden es todo lo contrario. Andamos en el Espíritu, que nos da poder para tener victoria sobre los deseos de la carne.

Caminar en el Espíritu es un proceso diario

El concepto de andar en el Espíritu es similar a ser lleno del Espíritu Santo, pero la imagen de andar puede hacer que sea más fácil imaginar la naturaleza continua de la obra del Espíritu. Andar o caminar es algo que hacemos todos los días y lo hacemos continuamente. Caminar tiene tres componentes en los que normalmente no pensamos, pero es útil considerarlos cuando hablamos de nuestro caminar espiritual.

En primer lugar, caminar implica un destino. Cuando caminas, vas a alguna parte, aunque sea solo al otro lado de la habitación. Andar en el Espíritu también implica un destino, porque Él siempre nos está moviendo hacia un destino, que es la gloria de Dios. Jesús describió el destino del Espíritu Santo cuando dijo del Espíritu: "Él me glorificará" (Juan 16:14). Cuando caminas en el Espíritu, vas a alguna parte. La carne siempre está buscando movernos en otra dirección, hacia lo que agrada a uno mismo en el sentido contrario de lo que glorifica a Dios, por eso es importante que miremos por dónde caminamos.

En segundo lugar, caminar también requiere dedicación. La mayoría de las personas no se limitan a dar unos pocos pasos, y luego no caminan más por ese día. Quien lo haga no llegará muy lejos, porque hay que seguir caminando si queremos progresar. Es como la llenura del Espíritu Santo, que debe renovarse periódicamente. Debe ser una acción continua.

Un tercer componente de caminar es la dependencia. Tienes que poner tu peso sobre una pierna y luego sobre la otra para caminar. O si tus piernas no funcionan correctamente, tienes que depender de algo o alguien más para llegar adónde vas. De cualquier manera, requiere dependencia.

Cuando me quebré la pierna mientras jugaba al fútbol en la escuela secundaria, la ambulancia llegó al campo de juego, me recogió y me llevó al hospital. Me llevaron inmediatamente a cirugía y me insertaron una placa de acero en la pierna, que todavía conservo. El médico me dio muletas para caminar, porque estaba demasiado débil para pararme por mis propios medios.

Ahora supongamos que, en mi orgullo, hubiera dicho: "Es una vergüenza tener que apoyarme en estos palos. Me hacen parecer débil e indefenso. Soy un jugador de fútbol. Puedo caminar por mis propios medios. No necesito estas muletas". Mi recuperación hubiera sido mucho más lenta y podría haberle hecho más daño a mi pierna.

El orgullo te impedirá apoyarte en el Espíritu Santo, porque dice: "Yo mismo puedo hacerlo". Ahora bien, si hubiera tratado de salir del hospital caminando después de la cirugía de mi pierna, me habría caído de bruces y visto lo débil que estaba. A veces Dios tiene que dejarnos caer de cara al suelo para que lo miremos y digamos: "Ya veo, Señor. Esto no va a funcionar. Estoy listo para apoyarme en tu Espíritu y andar en tus cami-

nos". Cuando llegas a reconocer tu dependencia, estás listo para aprender lo que significa andar en el Espíritu.

Lo emocionante es que cuando llegas a este punto y aprendes a depender de Dios, te vuelves más fuerte, no más débil. El Espíritu Santo te da el poder de decir no a Satanás y a la carne cuando intentan hacerte tropezar o desviarte del camino. Descubres que no tienes que satisfacer los deseos de la carne y del diablo, porque eres fuerte en el poder del Espíritu Santo.

Tu crecimiento se mostrará cuando estés caminando en el Espíritu

Todos sabemos lo que sucede cuando un bebé crece en el útero de su madre hasta que llega un momento cuando ya no puede contener su crecimiento. Ese bebé decide que es hora de salir a este mundo, y no hay forma de detener a un bebé cuando está listo para salir del útero y hacer público su crecimiento. La madre y el resto del mundo tienen que adaptarse al bebé, no al revés.

Eso es lo que sucede en el ámbito espiritual cuando aprendemos a andar en el Espíritu. No es casualidad que Gálatas 5:16-17, que habla sobre la necesidad de andar en el Espíritu y no en la carne, pase a describir el fruto del Espíritu en los versículos 22-23. Cuando un fruto está en las primeras etapas de desarrollo, es posible que no sepas qué es, pero una vez que el fruto crece y se ve completo en el árbol o la vid, no hay duda de qué fruto es. El delicioso fruto maduro no solo es visible para todos; sino que todos lo pueden comer y disfrutar. El fruto del Espíritu no es solo para que lo disfrutemos nosotros, sino para darlo a los demás.

Cuanto más rápido camines, más rápido crecerás

Una de las cosas maravillosas del crecimiento espiritual es que no hay restricciones sobre qué tan rápido puedes crecer o

qué tan lejos puedes llegar en la vida cristiana. Permíteme terminar con una ilustración de lo que quiero decir.

Hace algún tiempo, mi difunta esposa, Lois, y yo estábamos en el aeropuerto, y teníamos un largo camino por recorrer hasta cambiar de avión. Decidí divertirme un poco con ella, así que me subí a uno de esos andenes automáticos mientras Lois seguía caminando. Yo caminaba "en el Espíritu" y descansaba mi peso sobre el andén, mientras ella caminaba "en la carne" por sus propios medios. Así que estaba llegando mucho más lejos en mucho menos tiempo (no dije que esta fuera una ilustración profundamente espiritual). Yo estaba relajado, mientras ella se quedaba sin aliento.

Mientras el andén automático me trasladaba, decidí darme la vuelta y saludar a Lois, pero he aquí que ella no estaba detrás de mí. Había desaparecido. Recuerdo haber pensado: *No pude haberla dejado tan atrás*. Miré hacia atrás otra vez, pero no la vi por ninguna parte.

En ese momento, escuché una voz que me llamaba por mi nombre: "¡Tony, Tony!". Miré a mi alrededor y era Lois, ¡solo que ella estaba delante de mí! Resultó ser que había hecho señas a un carrito del aeropuerto para que la llevara, y me estaba pasando.

Creo que puedes hacer tu propia aplicación práctica aquí. El Espíritu Santo te llevará tan lejos y tan rápido como estés dispuesto a depender de Él y a dejar de intentar vivir la vida cristiana por tus propios medios.

CAPÍTULO 8

Las Escrituras: El alimento de la vida en el reino

La anorexia es un trastorno alimentario prevalente entre las personas que desarrollan el deseo ardiente de estar delgados. Las personas que padecen anorexia ignoran la necesidad de alimentar su cuerpo y se mueren de hambre, porque han elegido anteponer su apariencia física a su salud. Muchos ponen su vida en peligro al no consumir, incluso, el alimento básico que necesitan para vivir.

Muchos cristianos están sufriendo de anorexia espiritual y se mueren de hambre, a pesar de que Dios les ha proporcionado un rico alimento espiritual en su Palabra. Debido al deseo de parecer atractivos al mundo, estos creyentes no consumen el alimento necesario para el crecimiento espiritual. La Biblia es alimento para el alma.

Jesucristo señaló explícitamente la relación que existe entre la salud espiritual y la Palabra de Dios cuando dijo: "No solo de pan vivirá el hombre, sino de toda palabra que sale de la boca de Dios" (Mateo 4:4). Dada la función esencial que desempeña la Palabra en la vida del reino, es una pena que la Biblia se haya

reducido hoy a un menú para estudiar, en lugar de una comida nutritiva para disfrutar.

Cuando aprender las Escrituras se convierte en un mero ejercicio académico, en realidad podemos aumentar nuestro conocimiento bíblico, pero retroceder en nuestra comprensión espiritual. Jesús advirtió a las personas de su época, que aunque eran diligentes en estudiar las Escrituras, su estudio no les hacía ningún bien, porque no los llevaba a creer en Él (Juan 5:39-40).

Necesitamos tener absolutamente claro que la Biblia es la revelación infalible de Dios y fue inspirada por Él (2 Timoteo 3:16; Mateo 5:17-18; Isaías 55:8-9). Sin embargo, su propósito no es solo transmitir información para nuestro intelecto, sino alimento para nuestra nueva naturaleza, a fin de que podamos vivir la vida en el reino al máximo. La Biblia es un libro para comer y digerir, no solo para leer y entender (Ezequiel 3:1-3).

La Biblia es un libro para comer y digerir, no solo para leer y entender.

La importancia de la leche espiritual

El apóstol Pedro ciertamente sabía qué ilustración emplear cuando quería instar a los creyentes a tener deseo por la Palabra de Dios. En 1 Pedro 2:2, leemos estas conocidas palabras: "Desead, como niños recién nacidos, la leche espiritual no adulterada, para que por ella crezcáis para salvación". Lo que la leche es para el cuerpo de un bebé, la Palabra de Dios lo es para el alma. Es el alimento que nutre el sano crecimiento espiritual, y tal como tus padres solían decirte, si quieres crecer, debes comer.

Me encanta la ilustración de Pedro, porque no está hablando de tomar un refrigerio ocasional de la Palabra de Dios. Un bebé

busca la leche con tanta pasión que no descansará hasta saciar su hambre. Y si eso significa que otras personas tienen que dejar de lado su comodidad y sus propios planes, que así sea. A un bebé recién nacido no le importa que su mamá haya estado despierta todo el día y esté cansada. Las tres de la mañana no significan nada para un recién nacido. Cuando un bebé necesita comer, el mundo se detiene.

Casi cada vez que predico en nuestra iglesia, al menos una madre tiene que escabullirse con su bebé para alimentarlo, no sea que el bebé tire la casa abajo. Tenemos salones en la parte trasera del santuario, conocidos como "salones de llanto", donde las madres pueden tener privacidad para alimentar a sus bebés y aun así escuchar y participar en el servicio.

A veces veo a una madre en un banco con su bebé tranquilo en brazos, mientras mama su chupete. Tú sabes que un chupete es básicamente comida falsa, diseñada para engañar a un bebé y hacerle creer que algo real está pasando. Algunos bebés maman el chupete bastante tiempo hasta que se dan cuenta del engaño, escupen el chupete y anuncian con un fuerte llanto: "Quiero alimento real". Cuando esto sucede, no pasa mucho tiempo antes que la madre se levante y se retire del servicio. Los salones de lactancia de nuestra iglesia tienen el nombre indicado, porque un bebé anunciará su hambre con un fuerte llanto si no se sacia rápidamente.

La importancia de su pureza

Pedro se refirió a la Palabra como leche espiritual "no adulterada", lo que significa sin diluir, la verdadera materia prima. La leche pura es lo opuesto a un chupete, que parece real, pero no alimenta. Me han dicho que, en los viejos tiempos, las madres envolvían azúcar en un paño y dejaban que los bebés lo

chuparan como sustituto para mantenerlos tranquilos en lugares como la iglesia, donde no era posible alimentarlos.

Demasiados cristianos están desnutridos hoy, porque se están alimentando de sustitutos. Se entretienen con chupetes en lugar de beber la leche pura de la Palabra. Ningún bebé creció alimentado con un chupete o un sustituto de azúcar. Esta cuestión del azúcar me resulta familiar, porque me gusta ir a la Feria Estatal de Texas, y cuando voy siempre veo manzanas acarameladas.

Las manzanas acarameladas son una contradicción, porque presentan una fruta que es buena para ti, bajo una capa de azúcar pura que anula todos los beneficios para la salud.

Una vez que sumerges una manzana en ese recubrimiento de azúcar, básicamente cancelas la nutrición de la manzana al combinar dos cosas que nunca debieron estar juntas. El recubrimiento de azúcar es todo para la apariencia, el sabor y el placer momentáneo, y mitiga el efecto saludable de la manzana.

Esto sucede no solo en las ferias con las manzanas, sino en muchas iglesias alrededor de este país con la Palabra de Dios. El resultado son cristianos desnutridos, que ni siquiera saben que están desnutridos, porque la capa de azúcar que reciben sabe muy bien. Demasiadas iglesias dan sermones azucarados e información que haga sentir bien a los oyentes. Sin embargo, Dios nos advierte que no nos dejemos engañar y no aceptemos cualquier cosa que no sea la auténtica verdad de las Escrituras sin diluir. Esta verdad de las Escrituras se diluye cuando se permite que pase inadvertida en nuestras vidas. La verdad de Dios no puede nutrirnos debido a la contaminación que debe atravesar.

La importancia de un horario de alimentación

Otros creyentes no se benefician de la Palabra como

deberían, no porque se estén alimentando de sustitutos, sino porque no desean la Palabra como los recién nacidos desean la leche, que es todos los días, día tras día. Estos cristianos han olvidado la importancia de un horario regular de alimentación para su crecimiento espiritual. Las Escrituras son el alimento que necesitamos regularmente para experimentar la vida en el reino.

Por lo que sé, los bebés no beben toda la leche que pueden en dos horas el domingo para poder pasar el resto de la semana sin comer. Los bebés quieren comer cada par de horas. ¿Por qué? Porque su cuerpo solo puede almacenar y utilizar cierta cantidad de comida a la vez. Esto también nos sucede a nosotros, de modo que necesitamos comer regularmente. No podemos atiborrarnos de comida el domingo, y vivir de eso hasta el próximo domingo, pero eso es lo que muchos cristianos tratan de hacer espiritualmente, y luego se preguntan por qué no crecen.

Los bebés comen regularmente por la sencilla razón de que tienen hambre. ¿Por qué no nos alimentamos más de la Palabra de Dios? La respuesta es simple: ya sea porque no tenemos hambre o porque hemos estado tratando de saciar nuestra hambre con chupetes y sustitutos del azúcar. Creemos que estamos llenos, pero lo único que hemos hecho es camuflar nuestra verdadera necesidad. El patriarca Job dijo: "Guardé las palabras de su boca más que mi comida" (Job 23:12).

Los creyentes que no se alimentan regularmente de la Palabra de Dios están desnutridos. No basta con escuchar las enseñanzas de la Biblia una vez por semana en la iglesia. También necesitamos leer la Palabra cada día por nosotros mismos. Cuando tú y yo queramos escuchar a Dios en su Palabra más de lo que queremos comer, estaremos en camino a desarrollar un hambre saludable por las Escrituras.

La importancia de su contenido

Tal vez ya te hayas hecho la pregunta: "¿Cuál es exactamente la leche de la Palabra que Pedro insta a los cristianos a desear?". La comparación con la leche de bebé nos muestra que es lo básico de la fe cristiana. La mejor descripción de esta verdad se encuentra en Hebreos 5, en medio de la amonestación del autor a los hebreos por no crecer en su fe.

Aunque estos individuos habían sido cristianos suficiente tiempo como para haber estado enseñando a otros, todavía necesitaban que se les volviera a enseñar "los primeros rudimentos de las palabras de Dios" (Hebreos 5:12), a los que el texto se refiere como la "leche" que necesita un "niño" (v. 13).

La leche en referencia a las Escrituras es lo que a menudo se ha llamado el ABC de la fe. De hecho, tenemos un buen resumen de estas verdades en el siguiente capítulo de Hebreos: "El fundamento del arrepentimiento de obras muertas, de la fe en Dios, de la doctrina de bautismos, de la imposición de manos, de la resurrección de los muertos y del juicio eterno" (Hebreos 6:1-2).

Ahora bien, no hay nada de malo con los fundamentos que componen esta lista. Todos necesitamos conocer estas doctrinas básicas y fundamentales sobre las cuales se construye nuestra fe. No puedes ir a la escuela secundaria y luego a la universidad hasta que hayas terminado la escuela primaria o, al menos, hayas aprendido los principios elementales de las disciplinas académicas.

Aprendes el abecedario en la escuela primaria, pero el objetivo no es solo poder reconocer las veintisiete letras. Aprendes el alfabeto para formar palabras y oraciones por medio de las cuales puedes comunicarte con otros, aprender de ellos y expresar tus ideas.

No veo a ningún adulto que se pavonee y haga alarde: "Conozco la letra *A*". Es bueno conocer la letra *A*. Es un compo-

nente importante en el proceso de aprendizaje que conduce a una comunicación adulta avanzada. La Biblia nunca reprende a los nuevos creyentes por necesitar leche o el ABC de la fe. Estas cosas son necesarias para ofrecernos algo sobre lo cual construir. No enseñes el alfabeto a un niño, y estará en una terrible desventaja en las etapas posteriores del aprendizaje. Los bebés no comienzan con alimentos sólidos. Necesitan leche hasta que su sistema digestivo esté listo para algo más. La leche es crucial para que un nuevo cristiano se alimente, pero no es la comida completa. Hay mucho más, lo que la Biblia llama "carne" o "alimento sólido".

Saborear la carne de la Palabra

Ahora bien, aquí es donde las cosas se ponen interesantes. Quiero mostrarte que la Biblia no solo hace una distinción entre la leche y la carne, o el alimento sólido, de la Palabra de Dios en términos de contenido y nivel de dificultad. Dios también señala lo que esta dieta más avanzada debería estar produciendo dentro de nosotros. Una comida compuesta de bistec y papas está diseñada para facilitar nuestro crecimiento y madurez en las cosas de Dios.

Adultos que todavía beben leche

Antes de llegar a la exposición de la Biblia sobre sus verdades más profundas como la carne de la Palabra, debemos reconocer una anomalía espiritual en relación con los cristianos y su apetito por las Escrituras, que no solo es posible, sino también demasiado frecuente. Esta es la enfermedad de los adultos que aún se alimentan de leche espiritual.

Pedro dirigió su rogativa a los cristianos bebés, aquellos que eran muy nuevos en la fe y cuyo sistema digestivo espiritual era

demasiado inmaduro para digerir alimentos sólidos. No hay nada de malo en que un bebé de tres meses se alimente con leche, pero cuando ves a un treintañero con un biberón en la boca, puedes estar seguro de que algo está mal. Los adultos que todavía siguen una dieta para niños tienen un problema emocional grave o algún problema con su capacidad para digerir alimentos sólidos.

La Biblia contiene varios ejemplos de cristianos que no eran bebés en términos de sus años en la fe, pero que todavía se alimentaban de la leche de la Palabra porque no habían crecido. El primer ejemplo son los mismos hebreos. En Hebreos 5, el escritor les estaba asando un buen y grueso bistec espiritual, al enseñarles acerca del sumo sacerdocio de Jesucristo en relación con el sacerdocio de Melquisedec en el Antiguo Testamento.

Sin embargo, de repente el escritor se dio cuenta de que sus lectores no eran lo suficientemente maduros para disfrutar de esa comida, por lo que dejó de enseñarles y les escribió: "Acerca de esto [de Melquisedec] tenemos mucho que decir, y difícil de explicar, por cuanto os habéis hecho tardos para oír" (v. 11). A riesgo de introducir otra idea aquí, ten en cuenta que "tardos para oír" significa "terco como una mula" en el idioma original. En otras palabras, estos individuos eran inmaduros debido a su terca negativa a aprender y crecer, no porque fueran cristianos bebés que necesitaran leche. Estos cristianos hebreos eran como treintañeros que se alimentan de un biberón, o adultos apretados en esos pupitres de la escuela primaria porque todavía están tratando de aprender el alfabeto.

Los corintios eran otro grupo que se comportaba de manera inmadura mucho más allá del tiempo apropiado para la infancia. Pablo tuvo que decirles: "De manera que yo, hermanos, no

pude hablaros como a espirituales, sino como a carnales, como a niños en Cristo. Os di a beber leche, y no vianda; porque aún no erais capaces, ni sois capaces todavía" (1 Corintios 3:1-2). Estos versículos no necesitan mucha explicación. Evidentemente, los corintios no tenían hambre por Dios y su verdad, y su sistema digestivo espiritual estaba seriamente subdesarrollado.

Desear alimentos sólidos

Estoy haciendo una suposición mientras escribo este capítulo, de hecho, todo este libro. Supongo que quieres más que leche en la vida cristiana y disfrutar el alimento de la santa Palabra de Dios para continuar adquiriendo el hábito regular de vivir en el reino. Entonces, averigüemos qué se necesita para pasar de beber leche a desear y digerir la carne de las Escrituras, de la que Dios, el Espíritu Santo, quiere alimentarnos.

La Biblia no presenta una lista de doctrinas que constituyan la carne o el alimento sólido. La doctrina es solo leche, información bíblica intelectual para que el creyente tenga la verdad bíblica básica sobre la cual edificar. Eso se debe a que el alimento sólido es más que doctrina. El alimento sólido se refiere a la comprensión espiritual y la aplicación práctica a la experiencia de la verdad que opera en la vida del creyente. Por eso Hebreos 5:14 hace esta importante declaración: "El alimento sólido es para los que han alcanzado madurez, para los que por el uso tienen los sentidos ejercitados en el discernimiento del bien y del mal". Los creyentes maduros tienen la capacidad de percibir la naturaleza espiritual de las cosas, y luego funcionar y tomar decisiones basadas en esa percepción espiritual. Cuanto más consistentemente vincules la doctrina (la leche) con el discernimiento espiritual y la aplicación práctica de la vida (la carne), más maduro serás. Con la madurez viene una mayor capacidad

de percibir la naturaleza espiritual de las cosas desde una perspectiva divina.

Cómo saber cuándo estás listo para los alimentos sólidos

La última mitad de este versículo nos da la clave para saber cuándo hemos crecido espiritualmente hasta el punto de estar listos para dejar el biberón de leche y profundizar en la carne de la Palabra de Dios. La respuesta no es solo cuando hemos memorizado suficientes versículos o acumulado cierta cantidad de conocimiento bíblico, aunque el conocimiento de las Escrituras es un componente definitivo de nuestro crecimiento espiritual. Se requiere más que conocer la Biblia.

Según Hebreos 5:14, sabemos que somos lo suficientemente maduros para ingerir alimento sólido cuando podemos tomar la verdad de la Palabra de Dios (la doctrina) y usarla hábilmente para vivir nuestra vida y tomar nuestras decisiones desde una perspectiva bíblica. Cuando tú y yo podemos filtrar todo lo que se nos presenta a través del filtro de la Palabra de Dios y discernir su voluntad y deseo para nosotros, y luego obedecer lo que Dios nos dice, estamos manifestando que tenemos un hambre más profunda y madura por el alimento del crecimiento espiritual. Los creyentes maduros pueden captar señales espirituales, que un cristiano inmaduro aún no tiene la capacidad de recibir, comprender e interpretar, aunque la persona inmadura pueda poseer e incluso ser capaz de comunicar hechos doctrinales.

Aquí hay una ilustración de la vida cotidiana. Digamos que eres un padre con una hija pequeña. Quieres mostrarle cuánto la amas, y una forma de hacerlo es darle cosas buenas. Quieres que tu hija responda con amor y confianza, y que venga corriendo a ti cuando tengas algo que darle. Sin embargo, también hay que enseñarle a no ir corriendo confiadamente cuando un

desconocido le ofrece un puñado de caramelos o alguna otra golosina a través de la ventanilla del coche.

¿Por qué? Porque sabes que su poder de razonamiento no es lo suficientemente maduro para distinguir automáticamente entre alguien que la ama y alguien que puede querer hacerle daño. Es posible que tu hija pueda repetir la información que le enseñas, pero sin madurez no podrá practicarla correctamente en una situación de la vida real.

Por lo tanto, te esfuerzas mucho en enseñar a tu hija a no acercarse a extraños, al mismo tiempo que tienes cuidado de no alarmarla indebidamente o inculcarle miedo de los adultos en general. Una vez más, debes hacer esto y seguir reforzándolo, porque tu hijo no siempre puede distinguir entre una situación buena y una mala. Algunas escuelas incluso tienen oficiales de policía que van y les enseñan a los niños qué hacer cuando un extraño intenta acercarse a ellos y ofrecerles algo.

Sin embargo, no ves policías que vayan a la comunidad para advertir a los adultos que no acepten dulces de un extraño. ¿Por qué? Porque nuestros sentidos deberían estar lo suficientemente entrenados para discernir el bien del mal, de modo que no seamos susceptibles a situaciones como esta.

Lo que digo es que las personas maduras pueden procesar datos y pasarlos por el filtro correcto para llegar a la conclusión correcta. Cuando se trata de la Palabra de Dios, los que comen carne son aquellos que pueden digerir la verdad para poder tener una respuesta celestial, en lugar de una terrenal, a los problemas que enfrentan en la vida. Son los que pueden convertir ese alimento en un sólido crecimiento espiritual.

La pregunta no es si la leche o los alimentos sólidos son los más importantes para nuestro crecimiento y desarrollo. Ambos son importantes en el momento adecuado, aunque sean

diferentes. La etapa de leche de nuestro crecimiento tiene más que ver con la verdad doctrinal que aprendemos, los elementos básicos que debemos tener para sentar una buena base para el crecimiento posterior. Nuestra iglesia tiene un plan de estudio básico que todo nuevo cristiano puede seguir para aprender lo esencial de la vida en el reino, incluidos todos los temas y las doctrinas principales de las Escrituras.

Sin embargo, una vez que las personas se han alimentado de la leche de la Palabra de Dios, queremos que avancen. El objetivo es alcanzar la madurez espiritual para que se pueda decir de nosotros: "El espiritual juzga todas las cosas" (1 Corintios 2:15). Queremos que las personas de nuestra iglesia desarrollen discernimiento espiritual.

Esta fue la esperanza que el escritor de Hebreos expresó a sus lectores: "Dejando ya los rudimentos de la doctrina de Cristo, vamos adelante a la perfección" (Hebreos 6:1). No hemos madurado en la fe hasta que demos ese salto de la leche a la carne. Y déjame decirte que la Biblia puede llevarte a ese nivel, porque es "es viva y eficaz, y más cortante que toda espada de dos filos; y penetra hasta partir el alma y el espíritu, las coyunturas y los tuétanos, y discierne los pensamientos y las intenciones del corazón" (Hebreos 4:12).

Una espada de dos filos corta de ambos lados, lo que significa que corta cuando entra y cuando sale. La Palabra de Dios es tan aguda e incisiva que puede penetrar hasta lo más profundo de nuestro ser. El alma es tu personalidad, la parte de ti que te hace ser el que eres. Tu espíritu se refiere a la nueva naturaleza que Dios puso en ti en el momento de la salvación. La Palabra puede aclarar las cosas en nuestra vida, incluso cuando estamos tan involucrados o confundidos que nuestros sentidos no pueden discernir el bien del mal. En otras palabras, el Espíritu Santo

puede usar la Biblia para ayudar a distinguir las cosas que no puedes distinguir. Si estás listo para cultivar un hambre intensa por las Escrituras, encontrarás todo el alimento que necesitas.

Pasar de la leche a la carne

Veamos cómo la Palabra de Dios puede convertirse en el alimento espiritual que necesitamos para pasar de ser cristianos que toman leche a aquellos que pueden digerir alimentos sólidos. Dios usa las pruebas para obligarnos a utilizar la doctrina (la leche) que hemos aprendido para profundizar nuestra relación con Él, lo que automáticamente mejora nuestra percepción espiritual, y lo que, a su vez, resulta en una mayor madurez. La forma de pasar de la leche a la carne es practicar las verdades de la Palabra de Dios para cultivar nuestra relación con Jesucristo. Cuando practicamos esta intimidad, especialmente durante los tiempos de pruebas, se produce un gran crecimiento en nosotros. Existe un fuerte vínculo entre la comida y la relación tanto en el mundo natural como en el espiritual.

La clave: Nuestra relación con Cristo

Esta relación se ve más fácilmente en la forma en que Dios diseñó que un bebé sea alimentado y nutrido. Durante la mayor parte de la historia humana, la lactancia materna ha sido el único método disponible para alimentar a un bebé. Muchas madres aún lo prefieren no solo por razones nutricionales, sino por el vínculo que les brinda con sus bebés. Es el llanto y las lágrimas de un bebé lo que alerta a la madre del dolor de hambre que está experimentando su niño. Mientras él toma la leche, la mamá lo tiene en sus brazos, lo acurruca, lo mece y le habla con ternura.

Mientras una madre amamanta a su bebé que necesita ali-

mentarse, ambos disfrutan de una experiencia de cercanía e intimidad. El bebé no solo toma la leche, sino que se acerca a su madre en la calidez de una relación amorosa. Podríamos decir que el bebé se está alimentando tanto relacional como nutricionalmente en medio de una dolorosa situación de hambre.

Y para que no pensemos que esto es solo sentimentalismo, recordemos los reveladores estudios realizados hace algunos años para determinar por qué morían los bebés en los orfanatos, a pesar de que se alimentaban regularmente. Se descubrió que se estaban muriendo por la falta de contacto y caricias, porque las asistentes estaban demasiado ocupadas para brindar a los bebés la atención individual que necesitaban. En otras palabras, estos bebés se estaban muriendo por falta de relación.

Incluso cuando los hijos pasan la infancia, la familia aún está diseñada para funcionar de tal manera que la alimentación se haga en un contexto relacional, mientras se reúnen en la mesa para comer. Muchas familias podrían testificar que las comidas que comparten resultan ser unos de los momentos familiares más importantes. En nuestra casa, Lois y yo criamos intencionalmente a nuestros hijos alrededor de la "mesa". Usábamos la hora de la comida para el tiempo devocional, para escuchar sobre cómo había sido el día de los niños y simplemente para establecer vínculos en general. El momento más íntimo que Jesús tuvo con sus discípulos fue alrededor de una mesa con una comida conocida como la Última Cena.

He oído hablar de personas que se enamoran por Internet antes de conocerse. Eso me parece un poco extraño, pero plantea una pregunta interesante. Si dos personas, que nunca se han visto, pueden enamorarse tan profundamente por medio de la palabra escrita, que terminan por casarse, ¿cuánto más deberíamos poder desarrollar una relación de amor con el Dios

invisible por medio de su Palabra viva que ha sido escrita para nuestro corazón?

Una relación de amor a la distancia no depende de la vista, sino de la influencia de las palabras. Cuando dos personas se relacionan de esta manera, van más allá del mero paso de información al significado detrás de la información. Demasiados cristianos ven la Biblia como una biblioteca de información para estudiar y aprender. Soy un gran creyente en el estudio de la Biblia, pero cuando te alimentas de la Palabra de Dios con el propósito de conocer a la Persona detrás de la página, todo cambia.

Puedo leer las palabras en un libro de medicina, pero cuando estoy enfermo quiero que haya un médico que me diga qué significan esas palabras y qué necesito para recuperarme. Y cuando tengo hambre, es bueno tener un menú para elegir, pero quiero un mesero frente a mí que me diga qué hay en las distintas comidas y qué ha probado y encontrado bueno del menú.

En otras palabras, quiero relacionarme con alguien que encarne la información que estoy recibiendo. Eso se debe a que el objetivo del tratamiento médico es la salud, no poder pronunciar las palabras de tu enfermedad. El objetivo de ir a un restaurante es la comida, no el menú. Cuando pasamos de la información a la intimidad personal, especialmente durante tiempos de necesidad espiritual, vamos camino a la madurez espiritual.

Conduje mi automóvil durante varios años antes de leer el manual del propietario. Eso cambió un día cuando mi auto se averió y tuve que llevarlo a reparar. El gerente de la tienda comenzó a mostrarme todo lo que mi auto estaba equipado para hacer. Ni siquiera sabía que la mitad de esas cosas estaban disponibles, porque nunca había leído el libro. Me dijo, por ejem-

plo, que el auto tenía un parlante incorporado para conversaciones telefónicas.

Escuché con asombro todo eso, y rápidamente decidí que lo mejor para mí sería leer el manual del propietario que venía con el automóvil. Sin embargo, no estoy leyendo ese manual solo para marcar cuántos capítulos leo o los pasajes que memorizo. Lo estoy leyendo para poder disfrutar de todos los buenos regalos que me dio el fabricante cuando compré mi auto. Mi relación con el concesionario durante una época de crisis hizo que el manual de mi automóvil cobrara vida, y ahora no solo conduzco de manera más segura, sino que también disfruto de otros beneficios.

La profundidad de tu relación con otra persona cambia la profundidad de la información que recibes. Jesús tuvo muchas personas a su alrededor, que fueron sus seguidores en un momento u otro. Por un tiempo, grandes multitudes lo seguían, pero Él sabía que la mayoría de ellos lo hacía por razones equivocadas, así que solo les enseñó en grupos grandes en lugar de pasar mucho tiempo con ellos de manera individual.

En una ocasión, Jesús envió a setenta discípulos (Lucas 10:1), pero no tenía una relación íntima con todos ellos. Estaba más cerca de los doce apóstoles, e incluso en este grupo se acercó más a Pedro, Santiago y Juan. E incluso entre estos tres, solo Juan disfrutó del tipo de relación cercana, que le permitió reclinarse sobre el pecho de Jesús durante la Última Cena (Juan 13:23-26). Fue desde esta posición de íntima comunión que Juan le preguntó a Jesús quién era el traidor. Pedro le hizo un gesto a Juan para que hiciera esta pregunta difícil, porque incluso Pedro se dio cuenta de que Juan estaba en mejor posición para hacer esa pregunta. Jesús podría haber susurrado simplemente la respuesta al oído de Juan, porque estaban cerca.

La prueba: Ser capaz de alimentarse a uno mismo y alimentar a otros

Es posible que hayas escuchado la conocida historia de la joven madre cansada de los pequeños que tironeaban de ella, a quien se le preguntó qué era lo que más deseaba. No dudó ni un minuto en responder. "Quiero ir a almorzar con personas que no me llamen 'mamá' y que se puedan cortar su propia carne". Esa respuesta es muy cierta, porque queremos que nuestros hijos pasen del biberón a los cubiertos. Es agradable cuando el bebé comienza a sostener el biberón y luego agarra la cuchara. Enseñar a los niños a alimentarse solos puede ser un proceso complicado que requiere mucha paciencia, pero la recompensa vale la pena, ¡a menos que quieras que un niño de treinta años siga tomando leche en un biberón!

En familias numerosas, es bueno que los niños mayores ayuden a alimentar a los más pequeños, así como a alimentarse ellos mismos. Eso es lo que Dios quiere para su familia también. La Biblia enseña que una característica de los cristianos que crecen y maduran es su capacidad para enseñar a otros (Hebreos 5:12). Sabes que estás llegando a un punto de crecimiento espiritual cuando puedes alimentarte de la Palabra de Dios, en lugar de que tengan que cortarte todo, preparártelo y llevártelo a la boca. Y cuando puedes ayudar a alimentar a otro con la Palabra, estás mostrando las marcas de un creyente maduro.

Para desarrollar madurez espiritual, se requiere leer la Palabra de Dios para saber lo que dice (Apocalipsis 1:3), estudiar la Palabra para saber lo que significa (2 Timoteo 2:15), memorizar la Palabra para poder usarla cuando la necesitemos (Salmos 119:11), y aprovechar cada oportunidad para escuchar la proclamación y enseñanza de la Palabra de Dios a fin de que podamos aprender a vivir y tomar decisiones basadas en ella (Hebreos 5:13-14). Cuando prestas este tipo de atención seria

a las Escrituras, el crecimiento espiritual es inevitable. (Jesús llamó a la Palabra "una comida que comer" en Juan 4:32).

Déjame decirte otra cosa importante. Alimentarse de la Palabra no significa que todo lo que consumas te guste. A veces la Palabra es dulce como la miel, y otras veces es una dosis desagradable de medicina muy necesaria.

Mi madre creía que el aceite de ricino era la cura para todo.

—Mamá, me duele el estómago.

—Trae el aceite de ricino.

—Mamá, me duele la cabeza.

—Ve a buscar el aceite de ricino.

No importaba cuál era el malestar, teníamos aceite de ricino. No me gustaba su sabor. Era desagradable para mí, pero a mi madre no le interesaba mi opinión ni mis preferencias. Ella buscaba mi salud, por lo que su respuesta siempre fue: "Abre la boca y bebe esto. Te hace bien".

Amigo, la Palabra de Dios es buena para ti. Si estás en buena forma en este momento, será dulce como la miel para nutrir tu alma. Si tienes un corazón extraviado, una mente confundida o relaciones rotas, toma la Palabra porque es buena para lo que sea que te aflija. A veces te va a gustar y a veces no, porque no es lo que quieres escuchar en ese momento.

No obstante, si bebes la leche pura de la Palabra infalible de Dios y digieres su alimento sólido, descubrirás que te hace bien, porque crecerás en la gracia y el conocimiento de nuestro Señor Jesucristo. Entonces podrás decir con el profeta Jeremías: "Fueron halladas tus palabras, y yo las comí; y tu palabra me fue por gozo y por alegría de mi corazón; porque tu nombre se invocó sobre mí, oh Jehová Dios de los ejércitos" (Jeremías 15:16).

Capítulo 9

La oración: El acceso a la vida en el reino

Quiero comenzar el tema de la oración con la misma ilustración que di al inicio de un capítulo anterior. Es decir, si la nueva naturaleza que Dios puso en nosotros cuando fuimos salvos es como un costoso refrigerador que tiene todas las piezas necesarias para funcionar correctamente, y si el Espíritu Santo que habita en nosotros es la fuente de poder que hace que este nuevo "aparato" funcione como fue diseñado que lo haga, entonces la oración es como los cables y conectores a través de los cuales fluye este poder y llega a los componentes de nuestra nueva naturaleza.

O puedo decirlo así: la oración es lo que hace que todas las partes de la vida cristiana se relacionen adecuadamente entre sí, porque la oración es el medio principal por el cual nos relacionamos con Dios. Defino la oración del reino como una *comunicación relacional con Dios,* que sirve como punto de acceso para vivir en el reino.

La palabra clave aquí es *relacional,* con lo que quiero decir que la oración es un diálogo entre dos personas que están íntimamente relacionadas, no un monólogo en el que una persona

habla y la otra escucha. La oración no es un ritual de palabras que debemos decir en el orden correcto o un deber para quitarnos de en medio antes que termine el día, tal como nos cepillamos los dientes antes de acostarnos. Jesús claramente rechaza este entendimiento externo de la oración basado en el desempeño (Mateo 6:5-7). La oración es parte de una relación con Dios que hay que cultivar.

A menudo usamos muchas palabras floridas cuando empezamos a hablar de la oración, pero el hecho es que para muchas personas la oración tiene poco que ver con las realidades de la vida. Algunas personas piensan en la oración como si cantaran el himno nacional en un partido: un lindo ritual de apertura que no tiene nada que ver con lo que sucede en el campo de juego. Otras personas tratan la oración como un amuleto de buena suerte, como una pata de conejo para sacar y frotar cuando las cosas se ponen difíciles. Creen que una oración al día mantendrá alejado al diablo.

> *La oración es parte de una relación con Dios que hay que cultivar.*

Incluso es posible que los creyentes aborden la oración de manera muy superficial, lo que puede explicar por qué muchos de nosotros no crecemos más en nuestro caminar con el Señor. Dios nos ha hecho de tal manera que el poder del Espíritu Santo fluye a lo largo de los cables de la oración, lo que hace que la oración sea absolutamente vital y central para toda nuestra vida, incluido nuestro crecimiento espiritual. La oración es tan importante, que la Biblia nos exhorta a "[orar] sin cesar" (1 Tesalonicenses 5:17).

La oración no es un acto que haces solo de vez en cuando o

una bengala que disparas durante una crisis. Podríamos ilustrar la centralidad de la oración para el cristiano si reemplazáramos la palabra *orar* por *respirar* en el versículo anterior: "Respirar sin cesar". ¿Te parece una buena idea? ¡A mí sí!

No respiramos solo cuando nos parece bien. No decimos: "Hoy no necesito oxígeno", y dejamos de respirar. No nos frustramos con la respiración, y decimos: "Esto no me lleva a ninguna parte. No voy a respirar nunca más". No, nos aferramos a la respiración en nuestro cuerpo como si fuera la vida misma, porque la respiración es esencial para vivir en este mundo. Dios quiere que la oración sea esencial en nuestras vidas, porque, así como el proceso de la respiración es el punto de contacto o el vínculo con nuestra existencia terrenal, la oración es el vínculo con nuestra existencia celestial, que implica al poder del Espíritu Santo para nuestro crecimiento y madurez en Cristo.

La oración nos da acceso al cielo

Sabemos que vivimos "en los lugares celestiales en Cristo" porque Dios lo establece (Efesios 1:3). Más que eso, estamos sentados con Cristo en esos mismos lugares celestiales (Efesios 2:6). El cielo es donde vive nuestro Padre, y la oración es el medio por el cual nos relacionamos y comunicamos con Él. El objetivo de la oración es entrar en la presencia de nuestro Padre, así como un hijo llega confiado a un padre que sabe que lo ama.

La oración como comunicación relacional con Dios es un concepto maravilloso, pero si somos sinceros, también tendríamos que admitir que a veces sentimos que el mundo espiritual es como una tierra extraña para nosotros.

Estamos entrando a un mundo diferente

Cuando vas a un país extranjero, puedes sentirte incó-

modo y un poco perdido, porque no hablas el mismo idioma y todo es diferente a lo que estás acostumbrado. El lenguaje del mundo celestial es la oración, y dado que el mundo celestial es la fuente de nuestro poder, victoria, paz, gozo y todo lo demás que necesitamos para crecer, es esencial que aprendamos a hablar el lenguaje de la oración. La oración nos da acceso a esta nueva tierra de la que ahora somos parte.

El objetivo de la oración es entrar en la presencia de nuestro Padre, así como un hijo llega confiado a un padre que sabe que lo ama.

La buena noticia es que tenemos al Maestro perfecto para esa tarea, al mismo Espíritu Santo. Una de las tareas del Espíritu es enseñarnos el lenguaje de la oración y guiarnos para que aprendamos a orar. Es tan bueno en esta tarea, que la Biblia dice que el Espíritu Santo puede traducir nuestras oraciones a Dios incluso cuando no sabemos qué decir.

Pablo escribe: "Pues qué hemos de pedir como conviene, no lo sabemos, pero el Espíritu mismo intercede por nosotros con gemidos indecibles" (Romanos 8:26). El Espíritu Santo entiende las oraciones que no podemos expresar adecuadamente y da sentido a los pensamientos que ni siquiera nosotros mismos entendemos, porque Él conoce el lenguaje de la oración y puede interpretárnoslo. Necesitamos orar sin cesar, porque la oración es el vínculo entre el mundo físico y el espiritual, y dado que el mundo espiritual controla el mundo físico, conectarse con el mundo allí arriba afecta tu funcionamiento en el mundo aquí abajo.

Debido a que la oración es relacional, el Espíritu Santo nos

comunica el corazón de Dios al conectarse con nuestro espíritu humano para que escuchemos a Dios hablar con nosotros en lo más profundo de nuestro ser. Esta es la razón por la que la oración no puede ser solo un deber apresurado, y también por la que la meditación es tan importante. La oración permite que el Espíritu Santo nos comunique los pensamientos de Dios para que comencemos a tener sus propios pensamientos en nuestra mente (1 Corintios 2:12-13).

La oración cambia nuestra percepción

Esta comunicación espiritual con Dios ayuda a convertir lo que era una tierra extraña y desconocida en un maravilloso mundo nuevo. En otras palabras, la oración cambia nuestra percepción del reino celestial. Déjame darte un ejemplo que puede parecer un poco fantasioso al principio, pero sigue leyendo porque ya verás a qué me refiero.

Si alguna vez estuviste en un parque de diversiones con tu familia, sabes que estos parques están diseñados para transportarte a otro mundo completamente alejado de tu vida cotidiana. Cada detalle del parque te recuerda la temática que se está comunicando. Todo es atractivo y brillante, y muchas de las personas están vestidas con trajes apropiados para el parque temático. Y todos esos maravillosos personajes sobre los que tú y tus hijos leen en los libros están allí ante tus propios ojos, en tamaño real. El objetivo de toda la experiencia es ayudarte a perderte en la alegría y la maravilla de ese mundo mágico.

La ilustración no es perfecta, pero eso es lo que el Espíritu Santo quiere hacer por nosotros, y el eslabón del proceso es la oración. Cuando oramos somos transportados a otro mundo que es completamente distinto a nuestro mundo cotidiano. Ahora bien, un parque temático es todo ilusión y fantasía, y

después de un día o dos tienes que dejar ese mundo ficticio y volver al mundo real.

Sin embargo, no hay ninguna fantasía en la oración, ya que ella nos lleva al mundo real del reino espiritual, donde Jesús está sentado a la diestra de Dios, y nosotros estamos sentados con Él. La oración nos posiciona en la postura adecuada para escuchar a Dios, de modo que nuestra nueva naturaleza espiritual esté lista para que el Espíritu Santo nos hable. Entonces estamos listos para escuchar la voz de Dios y aplicar su Palabra a nuestras necesidades y circunstancias específicas.

> *La oración nos ayuda a dejar de pensar en nosotros mismos y concentrarnos en Dios para poder hacer su voluntad.*

El diablo no quiere que entiendas cuán poderosa es la oración, porque una vez que lo haces, pierde su habilidad para disuadirte de orar. Satanás no puede evitar que ores, pero lo que hace es tratar de hacerte sentir incómodo, frustrado e impotente en la oración para que te rindas más fácilmente.

Y admitámoslo, la verdadera oración requiere mucho trabajo. No estoy aquí para decirte que la oración eficaz es tan fácil como correr y divertirse en un parque de diversiones. Todos sabemos lo que es arrodillarse con la mejor de las intenciones; pero luego nos quedamos dormidos, nos quedamos sin palabras o nos damos cuenta de que nuestra mente divaga después de solo un par de minutos. La oración cambia las cosas, como dice el viejo refrán, pero primero tiene que cambiarnos a nosotros y reorientar nuestra percepción del mundo en que vivimos. La oración nos ayuda a dejar de pensar en

nosotros mismos y concentrarnos en Dios para poder hacer su voluntad.

Jesús nos enseñó a orar

Jesús habló mucho acerca de la oración durante su ministerio en la tierra. Una de esas ocasiones fue durante el Sermón del Monte, cuando Jesús enseñó algunos principios vitales de la oración. Estos principios nos ayudan a trasladar la oración del ámbito de una tierra extranjera a la vida íntima de los hijos en relación con su padre. Jesús dijo:

> Y cuando ores, no seas como los hipócritas; porque ellos aman el orar en pie en las sinagogas y en las esquinas de las calles, para ser vistos de los hombres; de cierto os digo que ya tienen su recompensa. Mas tú, cuando ores, entra en tu aposento, y cerrada la puerta, ora a tu Padre que está en secreto; y tu Padre que ve en lo secreto te recompensará en público. Y orando, no uséis vanas repeticiones, como los gentiles, que piensan que por su palabrería serán oídos (Mateo 6:5-7).

Estas pocas palabras ponen de manifiesto la percepción común de la oración en los días de Jesús, que dijo que la oración no debía ser una demostración pública de nuestra piedad, ni se trataba de decir todas las palabras correctas en el orden correcto. La naturaleza íntima de nuestra comunicación con Dios se ilustra al entrar a nuestro cuarto secreto y cerrar la puerta para orar. ¿Por qué cerrar la puerta? Porque se trata de ti y tu Padre en una conversación familiar.

Ahora bien, esto no significa que nunca podamos orar en público. El tipo de oración que Jesús condenó era la que se hacía para impresionar a otras personas y provocar su admiración o

asombro. Jesús también condenó las "vanas repeticiones" (v. 7), la fórmula ritual de ciertas palabras pronunciadas en cierto orden sin un significado sincero. Incluso aunque no leamos las oraciones rituales de un libro, aun así, podemos caer en nuestra propia jerga de oración. Me he dado cuenta de que cuando algunas personas manifiestan que no saben cómo orar, lo que realmente quieren decir es que no saben cómo orar de la manera en que escuchan orar a otras personas. No conocen todas la "jerga cristiana" que solemos usar los que somos mayores en el sistema espiritual.

Jesús señaló que no tienes que preocuparte por decir bien todas las palabras "porque vuestro Padre sabe de qué cosas tenéis necesidad, antes que vosotros le pidáis" (Mateo 6:8). Ahora bien, Dios aun así quiere que ores, pero debido a que Él es tu Padre, escucha tu corazón tanto o más que tus palabras. Veremos más adelante que el autor de Hebreos describió la oración como un acercamiento a Dios, lo que sugiere intimidad y relación. No tenemos que sentir vergüenza al orar a nuestro Padre, porque Él no nos califica según lo bien que nos expresamos.

Anteriormente, comparamos la oración con la respiración porque la Biblia nos exhorta a orar sin cesar. La mayor parte del tiempo, respiramos sin que le prestemos atención consciente o, incluso, sin que nos demos cuenta de que lo estamos haciendo. Es la expresión natural de nuestra dependencia continua del oxígeno. Es así como Dios quiere que tratemos nuestra comunicación con Él. Quiere que la oración sea el aire que respiramos, el ambiente en el que vivimos.

Nuestras oraciones pueden tomar muchas formas

La Biblia contiene ejemplos de todo tipo de oración, tanto formales como informales. Cuando Salomón dedicó el templo

que había construido, reunió a la nación de Israel y celebró un servicio formal de dedicación, durante el cual se arrodilló y ofreció una de las oraciones formales más poderosas de la Biblia (1 Reyes 8:1-54). Sin embargo, cuando Pedro trató de caminar hacia Jesús sobre el agua y comenzó a hundirse, gritó: "¡Señor, sálvame!" (Mateo 14:30). No fue una oración formal, sino que apeló a la necesidad del momento.

La oración puede tomar diversas formas, incluidas oraciones en que no se pronuncian palabras. Una vez que te das cuenta de que puedes orar en tu mente y tu espíritu sin tener que hablar en voz alta, entonces comprendes cómo es posible orar sin cesar.

Todos conocemos el poder de la comunicación tácita. Muchos de nosotros crecimos en hogares donde nuestros padres no tenían que decir una sola palabra para hacerse oír alto y claro. Puede haber sido la forma en que inclinaban su cabeza, la mirada en sus ojos o alguna otra señal; pero fuera lo que fuera, sabíamos exactamente lo que nos estaban comunicando y cómo esperaban que respondiéramos.

Este es un ejemplo de conversación recíproca, que es cercana e íntima. Ahora bien, esto es lo que hace que la oración, como comunicación relacional con Dios, sea tan importante. El objetivo de la oración es mantener una relación tan estrecha con el Señor, que podamos comunicarnos sin importar la situación, la hora del día o cualquier otra cosa. No tenemos que gritar ni usar las palabras correctas en el orden correcto, porque nuestro corazón está en sintonía con el corazón de Dios.

Esta relación nos aleja mucho del tipo de pensamiento en que podemos caer si no tenemos cuidado. Me acuerdo del niño que quería una bicicleta para Navidad. Estaba orando una noche a voz en cuello, y le comunicaba a Dios en voz alta el tipo y

color de bicicleta que quería, y las características que esperaba que tuviera.

Su madre lo escuchó orar y le dijo:

—Hijo, ¿por qué hablas tan fuerte? No necesitas gritar para que Dios te escuche.

—Lo sé, mamá —respondió—; pero necesito orar en voz alta así la abuela me escucha y me compra esa bicicleta para Navidad.

No necesitamos gritar para que Dios nos escuche, y tampoco necesitamos tratar de hacer que suceda nuestra propia respuesta a la oración. Jesús dijo que nuestro Padre sabe lo que necesitamos antes que se lo pidamos. Él nos da lo que le pedimos debido a nuestra relación con Él, no porque se lo digamos a voz en cuello para que nos escuche.

La oración eficaz es posible gracias a Cristo

Quiero darte una palabra de aliento sobre la oración, que espero te impulse a un mayor crecimiento no solo en tu vida de oración, sino en cada área de tu experiencia cristiana. No puedo pensar en un mejor pasaje para animarte que Hebreos 4:14-16, tres versículos llenos de poder sobre la oración que, irónicamente, se escribieron para un grupo de cristianos que habían dejado de crecer y, en realidad, estaban retrocediendo en su experiencia espiritual.

Puedes leer Hebreos 4:1-13 para ver cómo el autor de este libro advierte contra los peligros de la incredulidad y el apartarse del Señor. Los hebreos estaban a punto de darse por vencidos, pero el mensaje del libro es que no se rindan, que sigan adelante y, en lugar de retroceder en incredulidad, que se acerquen a Dios. En este contexto, leemos:

> Por tanto, teniendo un gran sumo sacerdote que traspasó los cielos, Jesús el Hijo de Dios, retengamos nuestra profesión.

> Porque no tenemos un sumo sacerdote que no pueda compadecerse de nuestras debilidades, sino uno que fue tentado en todo según nuestra semejanza, pero sin pecado. Acerquémonos, pues, confiadamente al trono de la gracia, para alcanzar misericordia y hallar gracia para el oportuno socorro (Hebreos 4:4-16).

Quiero mostrarte cuatro grandes verdades de este pasaje, que pueden transformar la vida de oración inactiva de cualquier persona, en una vida de oración dinámica. Todas estas verdades están centradas en la Persona y obra de Cristo como nuestro gran Sumo Sacerdote, que nos ayuda en nuestras oraciones.

Tenemos un Intercesor en la Persona de Cristo

El escritor de Hebreos nos revela desde el principio el hecho más importante acerca de nuestro Sumo Sacerdote, que es su identidad. "Jesús el Hijo de Dios" es un gran título para nuestro Señor, que indica tanto su humanidad como Jesús y su deidad como Hijo de Dios. Jesús es único en la eternidad y en la historia porque es el Dios-hombre. Como hombre, puede sentir lo que sentimos, y como Dios, puede remediar lo que está mal y nos hace sentir de esa manera.

Me gusta lo que expresó el patriarca Job. Mientras sus amigos lo acusaban, y Job trataba de defenderse, dijo: "Porque [Dios] no es hombre como yo, para que yo le responda, y vengamos juntamente a juicio. No hay entre nosotros árbitro que ponga su mano sobre nosotros dos" (Job 9:32-33). Job estaba buscando a alguien que tomara su mano y se identificara con él, pero también necesitaba a alguien que pudiera tomar la mano de Dios e identificarse con Él, y unirlos a los dos.

Job sintió que Dios estaba fuera de su alcance. No tenemos que sentirnos así, porque Jesús ha cerrado la brecha entre el

hombre y Dios. Él puede entender lo que estás sintiendo cuando clamas a Él, y tiene el poder de Dios para actuar. Un sacerdote representa al pueblo ante Dios y Dios ante el pueblo, y tenemos un Sumo Sacerdote que entiende perfectamente ambos lados. Jesús es único en su Persona.

Tenemos acceso a Dios por medio de la posición de Cristo

Jesús también es único en la posición que ocupa. Él "traspasó los cielos" (Hebreos 4:14). Una vez al año bajo el antiguo pacto, el sumo sacerdote de Israel atravesaba las dos áreas exteriores del templo y pasaba del otro lado de la cortina que daba al lugar santísimo en el día de la expiación, para expiar los pecados del pueblo. Había muchos sacerdotes, pero solo el sumo sacerdote podía hacer esto.

La Biblia señala que Jesús traspasó los cielos y entró al lugar santo del templo celestial para presentarse en sacrificio una vez y para siempre por nuestros pecados (Hebreos 9:24-26). Traspasó los cielos terrenales, o la atmósfera, que es el primer cielo; el cielo estrellado o espacio, que es el segundo cielo, hasta la presencia de Dios en gloria, o el tercer cielo.

Ahora bien, si estás viviendo en la tierra, lo que quieres hacer en oración es ir al tercer cielo, donde está el trono de Dios. El problema es que tú y yo no podemos llegar allí a menos que alguien nos lleve. ¿Por qué? Porque nadie jamás ha ido desde la tierra hasta el tercer cielo, excepto Jesús, nuestro Sumo Sacerdote, que atravesó los cielos y ahora está orando por nosotros en el tercer cielo, en el mismo templo y sala del trono de Dios.

Entonces, cuando oramos en el poder del Espíritu Santo, Jesucristo como nuestro Sacerdote e Intercesor se asegura de que nuestra oración llegue al lugar adecuado, la presencia de Dios, donde se atienden nuestras necesidades y preocupacio-

nes. Debido a que Jesús, el Hijo de Dios, tiene una relación con el Padre, puede sortear todos los obstáculos que nos impiden el paso a ti y a mí. Por eso cuando oramos, lo hacemos en el nombre de Jesús.

Tenemos un Sacerdote compasivo gracias a la Pasión de Cristo

Un tercer aspecto del ministerio sumo sacerdotal de Jesús, que encontramos en Hebreos 4, es lo que llamo la Pasión de Cristo o su compasión por nosotros. Leímos anteriormente, en el versículo 15, que Él se compadece de nuestras debilidades porque ha experimentado todas las tentaciones que enfrentamos, excepto que Jesús nunca pecó.

¿Por qué necesitamos un Sumo Sacerdote que sepa lo que es ser tentado, sentirse cansado, hambriento y triste, y todos los demás sentimientos y emociones que experimentamos? Porque Él puede representar e interpretar estos sentimientos a Dios Padre. Continúa leyendo, porque es una verdad importante.

Dios Padre conoce todo lo real y lo potencial. No hay hechos de los que Él no sea plenamente consciente. Su conocimiento es total, y nos hay dudas de eso. Sin embargo, aunque Dios Padre tiene pleno conocimiento de todo, no tiene plena experiencia de todo. Por ejemplo, Dios el Padre nunca ha sido tentado a pecar de la forma en que nosotros lo somos. Él sabe todo lo que hay que saber sobre el pecado, pero nunca ha experimentado la tentación a ceder ante Satanás.

Sin embargo, Dios el Padre quería relacionarse con nosotros en el nivel de los sentimientos. Así que envió a su precioso Hijo a la tierra, y le dio un cuerpo humano y emociones como las nuestras para que el Hijo pudiera vivir entre nosotros y sentir todo lo que nosotros sentimos. Y debido a que Jesús hizo eso,

puede interpretar nuestros sentimientos y nuestras necesidades a su Padre.

No importa qué tentación o prueba estés enfrentando, Jesús sabe lo que estás sintiendo porque lo experimentó como Dios-hombre. Entonces, cuando oras y abres tu corazón a Dios, Jesús actúa como tu gran Sumo Sacerdote ante su Padre y declara: "Padre, sé lo que siente esta persona. Sé lo que es estar bajo presión para pecar. Conozco el dolor de la pérdida y el hambre. Me compadezco de este hijo tuyo que necesita nuestra ayuda". Tenemos un Sumo Sacerdote que entiende nuestras debilidades, y ve nuestras lágrimas y nuestra lucha.

Ahora bien, puede que digas: "Sí, pero Jesús no tenía pecado, así que no puede sentir realmente mi pecado como yo lo siento". Sí, Él puede. De hecho, debido a su pureza, Él siente aún más el dolor del pecado.

Tenemos un Sumo Sacerdote que entiende nuestras debilidades, y ve nuestras lágrimas y nuestra lucha.

Hay una ilustración que ayudará a explicar lo que quiero decir. En este mundo y en la vida cotidiana, vivimos con gérmenes a nuestro alrededor e incluso sobre nosotros todo el tiempo. Debido a que no estamos en un ambiente estéril, no notamos los gérmenes y aprendemos a vivir con todo tipo de microorganismos. Por supuesto, esto cambia en medio de una pandemia, pero en reglas generales sigue siendo lo mismo.

Sin embargo, es una historia completamente distinta en la sala de operaciones de un hospital. Allí, cualquier contaminación por gérmenes o bacterias es un problema grave que amerita la atención de todo el personal. De modo que en esa sala

esterilizan todo, porque las bacterias en una sala de operaciones son un problema mayor. La pureza de la habitación exige una atención especial a la presencia de la más mínima impureza que podría provocar una infección potencialmente mortal para el paciente. La separación de Jesús del pecado no disminuye su capacidad de compadecerse de nosotros.

Podemos acercarnos gracias a la providencia de Cristo

Finalmente, Hebreos 4:16 dice que podemos acercarnos "confiadamente al trono de la gracia, para alcanzar misericordia y hallar gracia para el oportuno socorro". No tenemos que inhibirnos en la oración. No tenemos que preguntarnos si estamos perdiendo el tiempo o si sirve de algo.

¿Entiendes lo que significa la invitación a acercarte a Dios, a subir hasta su trono? El pueblo de Dios no podía hacer esto en los días del Antiguo Testamento. Solo el sumo sacerdote podía acercarse a Dios una vez al año. Todos los demás tenían que retroceder y esperar para ver si Dios aceptaba el sacrificio del sumo sacerdote y expiaba sus pecados por otro año. Sin embargo, Jesús satisfizo las demandas de Dios para que podamos tener acceso directo a Él.

Hace años, durante la temporada de fútbol americano universitario, fui a ver a mi hijo Jonathan jugar para los *Bears* de la Universidad de Baylor. Jonathan recibió un pase de veinticinco yardas y además lanzó y anotó un *touchdown,* así que fue un gran partido. Me habían programado una charla con el equipo de Baylor antes del partido y me acompañaban dos amigos, que no tenían autorización para entrar al vestuario, que está muy restringido estos días con toda la seguridad adicional.

Sin embargo, cuando cruzamos la puerta y me identifiqué, le comuniqué al personal de seguridad que esos hombres estaban

conmigo. Sus nombres no estaban en la lista, pero obtuvieron acceso con mi autorización. Entraron al vestuario con la misma confianza que yo, porque tenían una relación conmigo. Cuando entré a la sala de reunión del equipo, ellos entraron conmigo. Y cuando entré a la oficina de los entrenadores, entraron conmigo. Mis amigos pudieron moverse libremente, porque alguien debidamente autorizado para entrar fue delante de ellos y les abrió el camino.

Dios declara que has sido debidamente autorizado para entrar en el salón de su trono en virtud de tu relación con Cristo. Y ten en cuenta que es un trono de gracia. No es un trono donde se halla juicio, sino gracia y misericordia. Es un trono porque Aquel que se sienta en él es el Soberano del universo. Aquí es donde reside todo el poder y la autoridad que necesitas. Aquí es donde Dios da a sus hijos e hijas lo que nosotros nunca podríamos darnos a nosotros mismos. Todo esto te lo ha proporcionado Jesucristo, que te invita a acercarte con confianza.

Dios nos da lo que no merecemos y nunca podríamos obtener de un trono que nunca se queda sin suministros, y todo está ligado a que nos acerquemos en oración. Dios tiene toda la gracia que necesitamos, pero tenemos que ir al trono para pedir esta gracia. Por lo tanto, un cristiano sin oración es un cristiano sin gracia. Los cristianos que no oran como una forma de vida no crecen en su vida espiritual, porque no están ante el trono que dispensa gracia. Niegan a su nueva naturaleza el acceso al reino donde se siente más a gusto.

La gracia que recibimos en el trono de Dios está diseñada para darnos "oportuno socorro". Lo hemos dicho antes, pero es necesario repetir que la gracia se otorga en función de la necesidad del momento. Dios no te dará la gracia de mañana hasta que llegue mañana; pero no te preocupes, porque el suminis-

tro de gracia que tenemos en Cristo no se acabará mañana, ni nunca. No puedes ir a Dios en demasía. Jesús pasó por todo lo que pasó en la tierra para que tú y yo podamos conocerlo como Salvador y acercarnos a Él como nuestro gran Sumo Sacerdote.

La gracia que necesitamos me recuerda a una ambulancia que llega a un lugar para tratar a alguien que tiene una emergencia médica. Los paramédicos llegan al lugar y ofrecen asistencia a la víctima, a menudo ahí mismo donde yace acostado. Los paramédicos dispensan gracia inmediata para atender los síntomas más graves. Luego ponen al paciente en una camilla y lo introducen en la ambulancia, que está equipada con más gracia, más instalaciones médicas, para tratar el problema. Y a medida que los paramédicos administran más gracia al paciente, la ambulancia conduce a toda velocidad hacia el hospital, donde le espera aún más gracia. Y una vez que internan al paciente, el hospital continúa dispensando gracia para satisfacer la necesidad hasta que se soluciona el problema y el paciente puede volver a casa.

Un día, Jesucristo escuchó nuestro llamado de emergencia: "Soy un pecador y necesito un Salvador". Bajó a la tierra, vio que nos estábamos muriendo en nuestro pecado y se inclinó para salvarnos. Y como nuestro Sumo Sacerdote, Él también nos transportó de donde estábamos a un lugar que tiene toda la gracia que necesitamos en esta vida, hasta que finalmente nos restaure por completo en la resurrección y vayamos al hogar con Él.

¿Cómo puedes tener un Salvador y Sumo Sacerdote como este y no acercarte a Él en oración? Cuando aproveches el poder de la oración, comenzarás a crecer a pasos agigantados a medida que tu nueva naturaleza se fortalece en el entorno espiritual para el que fuiste creado. Tal vez digas: "Es que estoy cansado".

Está bien. Solo acércate.

"Pero tú no entiendes. Siento dolor y tengo ganas de tirar la toalla".

Puede que yo no entienda, pero Jesús sí. Acércate a Cristo. Él te levantará y te llevará donde Él está ante el trono que dispensa gracia.

Un día, durante la guerra civil, un soldado con aspecto angustiado se sentó en un banco afuera de la Casa Blanca. Un niño pequeño se acercó y le preguntó qué le pasaba. El soldado dijo que necesitaba ver al presidente Lincoln, pero los guardias no lo dejaron entrar.

Al escuchar esto, el niño pequeño tomó al soldado de la mano y lo condujo más allá de los guardias directamente a la oficina del Presidente. "Padre —dijo—, este soldado realmente necesita hablar con usted". Ese niño era el hijo del Presidente, que tenía acceso directo y continuo a su padre.

No importa lo que pueda estar sucediendo en tu vida, Jesús, el Hijo de Dios, está listo para guiarte directamente a la presencia de su Padre, donde hay gracia ilimitada para satisfacer tus necesidades.

Capítulo 10

La iglesia: El contexto de la vida en el reino

Debido a todos los programas de televisión sobre la naturaleza y los animales, ahora podemos observar el mundo animal de cerca y vivirlo en carne propia de una manera que antes no era posible. Lo interesante es que muchos de estos programas confirman lo que ya sabíamos sobre la forma en que viven muchos animales.

Por ejemplo, Dios ha diseñado a la mayoría de los animales para que vivan en comunidad, ya sea para la procreación, protección y crianza de sus crías o alguna combinación de las tres. Estos animales rara vez alcanzan su máximo potencial si están separados del grupo. También se convierten en presas más fáciles para los depredadores, como los leones, que intentan atemorizar y dispersar a la manada para atrapar al animal rezagado o al cachorro que está solo e indefenso ante el ataque.

El concepto de comunidad es un principio importante tanto en el mundo físico como en el espiritual. Dios diseñó a los cristianos para que nacieran, se protegieran y crecieran en el contexto de una comunidad conocida como iglesia. La Biblia señala que nuestro enemigo, el diablo, "como león rugiente, anda

alrededor buscando a quien devorar" (1 Pedro 5:8). Una de las personas más fáciles de devorar es el cristiano que ya no funciona dentro del contexto de cuidado y protección de la iglesia.

La iglesia es la entidad más emocionante que Dios ha puesto en esta tierra, precisamente porque es el sistema de apoyo vital para cada cristiano. Es fundamental que lleguemos a comprender el papel que desempeña la iglesia en nuestras vidas, porque Dios nos ha dado la iglesia para que sirva como contexto para la vida en el reino.

La iglesia es la entidad más emocionante que Dios ha puesto en esta tierra, precisamente porque es el sistema de apoyo vital para cada cristiano.

Así como nadie espera que un bebé crezca solo, Dios nunca quiso que creciéramos y nos desarrolláramos espiritualmente separados de otros creyentes. El crecimiento espiritual es un esfuerzo grupal, lo que debería ser una buena noticia para ti, porque significa que no tienes que hacerlo todo por ti mismo. Los cristianos crecen mejor en un contexto familiar saludable donde están rodeados de padres, madres, hermanos y hermanas espirituales que los ayudan.

El hecho de que Adán estuviera solo fue la única parte de la creación que Dios dijo que "no [era] bueno" (Génesis 2:18). La creación de Eva tuvo implicaciones más allá del matrimonio. Al crear a Eva para Adán, Dios estaba declarando un principio fundamental: Él creó a los seres humanos para que existieran en comunidad. Este principio alcanza su máxima expresión en la iglesia.

La Biblia usa varios términos para ilustrar este aspecto comu-

nitario o corporativo de la iglesia. Uno de estos términos, por supuesto, es la familia. De hecho, uno de los sinónimos que emplea Pablo para la salvación es adopción, el acto mediante el cual Dios recibe a todos los creyentes en su familia (Gálatas 4:5; Efesios 1:5). Lo mejor del programa de adopción de Dios es que ningún creyente se queda fuera. Puede haber decenas de miles de niños a la espera de ser adoptados en todo el mundo, pero ningún hijo de Dios se queda sin una familia.

A menudo me preguntan: "¿Por qué tengo que ir a la iglesia y ser parte de la familia de Dios?". En realidad, si eres cristiano, *eres* parte de la familia de Dios. Esa es una verdad bíblica y teológica; pero en términos prácticos, muchos hijos de Dios tratan de vivir como si no necesitaran de nadie más. Los creyentes que no funcionan como parte de una iglesia local viven de manera egoísta y pecaminosa. Están fuera de la voluntad de Dios, lo que significa que están socavando su propio desarrollo espiritual.

La respuesta a la pregunta de por qué necesitamos ser miembros funcionales de la iglesia no es solo para que podamos ir y escuchar sermones. Necesitamos ser parte de la iglesia porque es el contexto que Dios ha creado para nuestro máximo crecimiento espiritual. La iglesia es la comunidad de los redimidos que colectivamente participa de los beneficios y las bendiciones del nuevo pacto (2 Corintios 3:5-8). Separados de la iglesia, nuestro crecimiento espiritual se atrofia. Quiero mostrarte cuán estrechamente ha vinculado Dios nuestro crecimiento individual como cristianos con el ministerio del Cuerpo más grande de Cristo en la iglesia.

Las verdades que vamos a considerar son ciertas tanto para la Iglesia universal, que se compone de todos los creyentes del mundo, como para la iglesia local, que se compone de los

creyentes de un solo lugar. La iglesia local es la expresión y manifestación del Cuerpo universal de Cristo en una comunidad en particular.

Algunas personas te dirán que creen en la iglesia como concepto, pero que no están interesadas en unirse a un cuerpo local de creyentes. Lo siento, pero el cristianismo no funciona de esa manera. Es como el hombre que dijo: "Amo a la humanidad. Lo que no soporto es la gente".[2] Jesucristo está tan comprometido con esta familia llamada Iglesia que murió y resucitó para redimirnos, y ha invertido todos los recursos del cielo en la vida de la iglesia. Nuestra relación con el cuerpo corporativo de creyentes es tan vital que no existe tal cosa como el máximo crecimiento y desarrollo para nosotros como cristianos separados de la iglesia. Déjame ser claro al respecto. Los cristianos que se niegan a convertirse en miembros activos de una iglesia local viven en pecado y no tienen comunión con Dios, porque viven en desobediencia (Hebreos 10:24).

El papel vital de la iglesia en el crecimiento espiritual

La iglesia no es solo un salón de clases para la instrucción espiritual, sino un organismo vivo y en crecimiento para mejorar nuestro desarrollo espiritual. Ninguna porción de las Escrituras enseña la importancia de la iglesia para el desarrollo espiritual de sus miembros mejor que el libro de Efesios. Pablo hizo una declaración fundamental acerca de la iglesia cuando escribió:

> Así que ya no sois extranjeros ni advenedizos, sino conciudadanos de los santos, y miembros de la familia de Dios, edificados sobre el fundamento de los apóstoles y profetas,

2 Linus Van Pelt pronuncia esta frase en la tira cómica de *Peanuts* del 12 de noviembre de 1959, de Charles Schulz.

> siendo la principal piedra del ángulo Jesucristo mismo, en quien todo el edificio, bien coordinado, va creciendo para ser un templo santo en el Señor; en quien vosotros también sois juntamente edificados para morada de Dios en el Espíritu (Efesios 2:19-22).

Estas palabras revelan que somos parte de algo más grande que cualquiera de nosotros. Y cuando Pablo concluye este pasaje, señala que la casa de Dios, de la que todos somos miembros, está "creciendo". No veo ninguna mención aquí del crecimiento individual separados de la iglesia. Los pronombres son todos en plural. Crecemos a medida que tenemos comunión, porque es la iglesia unida, no los grandes creyentes a título personal, la que experimenta la presencia única de Dios (Efesios 3:10, 17-21).

Bendiciones que no puedes obtener en ningún otro lugar

Hay cosas que Dios hará por ti solo porque eres uno de sus hijos. Todo creyente es salvo, está sellado con el Espíritu Santo y tiene el cielo asegurado. Todo creyente ha sido bautizado por el Espíritu Santo en el Cuerpo de Cristo (1 Corintios 12:13). No obstante, hay muchas otras cosas que Dios solo hará por ti cuando seas un miembro funcional de su Cuerpo y no sigas tu propio camino. El crecimiento espiritual es una de las bendiciones que solo pueden recibirse íntegramente en el contexto de la iglesia.

La primera vez que hubo películas en videos disponibles para alquilar, sobrevino una gran preocupación a Hollywood de que este nuevo negocio perjudicaría la asistencia a los cines. Después de todo, según el razonamiento, cuando una familia puede pagar muy poco para ver una película en la comodidad de su propio hogar, ¿por qué viajaría hasta el cine y pagaría muchas veces más por las entradas para ver la película, y ni hablar de las palomitas de maíz?

Esos temores resultaron ser infundados. Aunque la gente comenzó a hacer fila en masa para alquilar películas, la industria cinematográfica hizo un descubrimiento asombroso. Lejos de disminuir, la asistencia al cine en realidad aumentó, incluso cuando aumentaron los alquileres y las ventas de videos. Un análisis de esta sorprendente tendencia mostró que una de las razones por las que la gente seguía asistiendo al cine era que en un cine lleno de gente pasaban cosas que no pasaban en la sala de estar de la casa.

Lo que ofrecía el cine era la dinámica de grupo en un conjunto de personas que se ríen, se asustan o lloran juntas. Sabes que es más fácil y agradable reírse de una actuación divertida cuando todos los que te rodean también se ríen. Casi no puedes evitarlo, porque el entorno influye en ti.

Hay momentos cuando necesitamos ir a la privacidad de nuestro cuarto de oración, pero hay otras cosas que solo podemos experimentar en el contexto del pueblo de Dios reunido como iglesia. La iglesia es la morada corporativa del Espíritu Santo, según Efesios 2:22. Cuando las personas en quienes habita el Espíritu se reúnen para adorar, alabar, aprender, recibir aliento y servir, el Espíritu Santo aparece de manera poderosa, y crecemos a medida que experimentamos su presencia.

El compromiso de Cristo con la Iglesia

En Efesios 4, Pablo profundiza en la relación vital entre el crecimiento y la Iglesia como Cuerpo de Cristo. Establece el contexto en los primeros versículos al hablar de "la unidad del Espíritu" (v. 3) y la unidad de nuestra fe y nuestro Señor (vv. 4-6).

Luego habla de la obra única de Cristo por medio de la cual otorgó dones espirituales a su pueblo y personas dotadas a su Iglesia (vv. 7-11). Nos ocuparemos de los dones espirituales en el próximo capítulo, ya que se relacionan con tu llamado. Lo

que quiero que veas aquí es que Jesucristo fue de la cruz y a las profundidades del infierno para dar origen a la Iglesia, y no podemos ignorar lo que le costó comprar su Cuerpo, la Iglesia.

Cristo murió en la cruz el Viernes Santo para pagar por nuestros pecados. Se levantó de entre los muertos el Domingo de Pascua, y en el medio descendió en su espíritu al Hades para declarar su victoria y llevar a las almas justas del lado del paraíso en Hades al cielo. Condujo a estas personas a través del dominio de Satanás, y no había nada que Satanás pudiera hacer al respecto. De eso se trata Efesios 4:9-10.

Una de las razones por las que vamos a la iglesia es para celebrar la victoria de Cristo. El mundo y las circunstancias pueden golpearnos toda la semana y hacernos sentir inferiores, pero cuando nos reunimos con otros miembros del Cuerpo de Cristo, se nos recuerda que estamos del lado ganador. Es difícil celebrar solo. Cuando tienes algo que vale la pena celebrar, reúnes a otras personas para que puedan compartir tu alegría. Jesucristo está tan emocionado por su victoria, que ha convocado a su Iglesia para celebrar lo que logró en la cruz. La celebración, como el crecimiento espiritual, es un proyecto de grupo.

Se cuenta la historia de un incidente en las Olimpiadas Especiales, que ilustra bellamente la forma en que la iglesia está diseñada que funcione. Los competidores se alinearon para correr los cien metros llanos lo mejor que pudieron con sus limitaciones. Todos comenzaron la carrera, pero uno de los corredores se cayó y comenzó a llorar. Todos los demás corredores se detuvieron, regresaron y ayudaron al corredor caído a levantarse, luego lo abrazaron mientras todos cruzaban juntos la línea de meta.

Ahora bien, te puedo garantizar que nada de esto sucederá en los Juegos Olímpicos regulares. Hace algunos años, una revista deportiva publicó la foto de una famosa corredora, la

favorita para ganar la carrera, mientras sostenía su pierna en agonía después de caer en la pista y los otros competidores pasaban al lado de ella corriendo.

¿Qué hizo que los corredores de las Olimpiadas Especiales retrocedieran y ayudaran a la persona que se había caído? Se dieron cuenta de que todos tenían debilidades y defectos, y sabían que podría haber estado cualquiera de ellos caído en la pista. Así que se acercaron al atleta caído y, en un sentido muy real, todos los corredores ganaron la carrera ese día.

Si los otros corredores de los Juegos Olímpicos regulares hubieran ido hasta la persona que se cayó para ayudarla a levantarse, y luego todos hubieran cruzado la línea de meta juntos, es posible que no hubieran ganado medallas individuales; pero podemos afirmar sin temor a equivocarnos, que ese día habrían crecido como seres humanos. Dios está más interesado en nuestro crecimiento, que en las medallas que podamos ganar para nosotros mismos.

Los siervos con dones que Pablo menciona en Efesios 4:11 son dados a la iglesia a fin de capacitarnos para el servicio y "la edificación del cuerpo de Cristo" (v. 12). Esto habla de crecimiento, donde Pablo asocia la victoria de Cristo con la iglesia y el crecimiento de sus miembros. Edificar es crecer y desarrollarse, que es lo que Cristo quiere que la iglesia haga hasta alcanzar la estatura de "un varón perfecto [maduro]" (v. 13). La meta de esta madurez es la semejanza a Cristo (v. 15).

La unidad antes del crecimiento

Puede que alguien diga: "Pero pensé que estábamos hablando de mi crecimiento individual como cristiano". Precisamente de eso estamos hablando, pero de un crecimiento entre vínculos en lugar de un crecimiento independiente. Por eso el uso del

cuerpo humano como símbolo de la iglesia es tan importante. En el cuerpo, se trata de trabajar y crecer juntos. El único lugar donde las partes del cuerpo separadas crecen y prosperan es en las películas de terror.

Estamos destinados a crecer como parte del Cuerpo

La iglesia como concepto puede ser etéreo y difícil de comprender porque nuestro vínculo con otros creyentes es invisible. Sin embargo, podemos comprender el concepto de cuerpo, porque todos tenemos uno y podemos ver cómo funciona. El cuerpo humano no es un objeto inanimado, sino un organismo vivo, en crecimiento y constante cambio. Las partes de nuestro cuerpo tienen que permanecer unidas al cuerpo para poder funcionar y crecer. Muchos de nosotros estamos estancados en nuestro crecimiento espiritual porque nos hemos separado del Cuerpo.

> *Como Cuerpo de Cristo, todos debemos permanecer unidos y seguir edificándonos unos a otros.*

Esto sucedió hace años, pero tal vez recuerdes la increíble historia (que luego convirtieron en película) del joven alpinista en Utah, que se amputó su propio brazo para liberarse después de caer y quedar atrapado entre las rocas. Una parte sorprendente de la historia es que los rescatistas fueron al área donde había quedado atrapado para ver si podían localizar el brazo amputado y traerlo de vuelta, para que pudieran reinsertárselo. Ese intento fracasó, pero la reinserción de extremidades se ha realizado suficientes veces para poder demostrar que el cuerpo humano tiene poderes increíbles para suministrar

flujo de sangre y restaurar la vida a un miembro que ha sido amputado. El Cuerpo de Cristo tiene el mismo poder para restaurar sus miembros separados.

Como Cuerpo de Cristo, todos debemos permanecer unidos y seguir edificándonos unos a otros "hasta que todos lleguemos a la unidad de la fe" y a "un varón perfecto [maduro]" (v. 13). La idea es no permitir que nadie se separe para que no deje de crecer.

La iglesia nos proporciona el fuego que necesitamos

El escritor de Hebreos tenía esta palabra importante para la iglesia: "Y considerémonos unos a otros para estimularnos al amor y a las buenas obras; no dejando de congregarnos, como algunos tienen por costumbre, sino exhortándonos; y tanto más, cuanto veis que aquel día se acerca" (Hebreos 10:24-25). Nada estimula más el crecimiento espiritual, que cuando experimentamos el amor del pueblo de Dios, nos unimos a otros creyentes para servir al Señor y recurrimos a Cristo y a otros para animarnos regularmente.

No debemos abandonar la asamblea, la iglesia, porque es el contexto donde se estimula nuestro crecimiento y desarrollo espiritual.

De modo que no debemos abandonar la asamblea, la iglesia, porque es el contexto donde se estimula nuestro crecimiento y desarrollo espiritual. No sé tú, pero yo tengo días cuando necesito que me animen. La vida tiene una forma de desanimarnos y desmoralizarnos, y necesitamos un lugar donde podamos edificarnos. La palabra empleada para "estimular" en Hebreos 10:24 significa "incentivar"

o "avivar". Es la imagen de un fuego que arde con más intensidad y por más tiempo, y emite más calor cuando se apila mucha leña junta, en lugar de una sola leña que pronto se quemará. Un cristiano no puede permanecer apasionado por Dios mientras se mantiene alejado de su familia.

El crecimiento debe ser mutuo

Si le dijeras a alguien: "¿Te gustaría venir a un lugar donde serás amado, cuidado, animado, ministrado y atesorado como una persona valiosa?", la mayoría de la gente aceptaría el trato. Esa es la forma en que la iglesia debe tratar a sus miembros, pero no pases por alto algo importante aquí. El crecimiento simbiótico es aquel que ocurre entre dos organismos cuando ambos se benefician de la relación. El crecimiento parasitario ocurre cuando un organismo se alimenta de otro sin devolverle nada.

Me temo que la iglesia tiene demasiadas personas que solo quieren alimentarse y crecer y no dar nada a cambio. La única parte del Cuerpo que les preocupa son ellos mismos. Entonces, si son un dedo del pie, por ejemplo, y se golpean con la vida, quieren que todo el Cuerpo reaccione y corran a ellos para aliviar su dolor. Sin embargo, cuando un dedo está sufriendo y se pide ayuda al dedo del pie, estas personas no tienen el tiempo ni la energía para ocuparse de alguien más.

La Biblia aborda este problema en 1 Corintios 12:12-31, otro pasaje clásico sobre el Cuerpo de Cristo. Después de discutir cómo todas las partes del Cuerpo se necesitan mutuamente, Pablo manifestó que el objetivo de Dios era que "no haya desavenencia en el cuerpo, sino que los miembros todos se preocupen los unos por los otros" (v. 25). El crecimiento espiritual es mutuo, aunque ciertamente hay momentos en que una persona necesita ser ministrada y crecer antes de poder ayudar a otros a crecer.

Lo que necesitamos para crecer

Cuando Pablo describió el objetivo o resultado del crecimiento espiritual como la madurez, nos dio una norma. Debemos crecer "a la medida de la estatura de la plenitud de Cristo" (Efesios 4:13).

Necesitamos la norma correcta

Si quieres saber a dónde nos llevará nuestro crecimiento espiritual, solo mira a Jesucristo. La meta que consumía a Pablo era conocer a Cristo (Filipenses 3:10).

Este es un proceso de toda la vida, porque nunca llegaremos totalmente a esta meta hasta que estemos cara a cara con Cristo. Sin embargo, el crecimiento debe ser evidente en nuestras vidas a medida que pasamos de la infancia a la edad adulta. Una manera de saber que estás creciendo es cuando tu vida adquiere estabilidad espiritual, como se describe en Efesios 4:14, "para que ya no seamos niños fluctuantes, llevados por doquiera de todo viento de doctrina". Una característica de los niños es cómo saltan de esto a aquello y cambian de un minuto a otro. No se necesita mucho para distraer a los niños o molestarlos. Se los puede engañar y confundir fácilmente.

Si vieras a un niño de cinco años saltar en la iglesia sin poder quedarse quieto, es posible que no pienses demasiado en eso; pero si vieras a un hombre de cuarenta y cinco años con el mismo problema, pensarías que algo anda mal. Es así como viven muchos cristianos. Cada pequeña lucha los destruye, pero Dios quiere que superemos esta etapa en nuestro camino hacia la madurez en Cristo.

Necesitamos la verdad y el amor para crecer adecuadamente

Para que se produzca este crecimiento, deben estar presentes en nuestras vidas al menos dos cosas, y ambas se encuentran en

el contexto de la iglesia. En lugar de ser hijos inestables, Pablo señala en el versículo 15: "Crezcamos en todo en aquel que es la cabeza, esto es, Cristo". Los elementos que producen este tipo de madurez se encuentran al comienzo del versículo: "siguiendo la verdad en amor". La verdad y el amor deben estar presentes para que se produzca un crecimiento real.

Hemos mencionado la importancia de la verdad, una norma fija por la cual se mide todo lo demás. El ministerio del Espíritu Santo en la iglesia es clave para el crecimiento del Cuerpo, pero el Espíritu Santo solo obra en el contexto de la verdad. Jesús lo llamó "el Espíritu de verdad" (Juan 14:17). La obra del Espíritu es revelar la verdad de la Palabra de Dios y confirmarla en nuestros corazones, y la iglesia es el centro donde se promueve, proclama y defiende la verdad de Dios (1 Timoteo 3:15).

Sin embargo, la verdad debe operar en armonía con el amor, porque la iglesia debe estar "[arraigada] y [cimentada] en amor" (Efesios 3:17). No es lo uno o lo otro, sino ambas cosas. Muchos cristianos son como autos cuyas llantas se desgastan de manera desigual porque no están alineadas. Algunas iglesias y algunos cristianos enfatizan solo la verdad, el contenido doctrinal de nuestra fe. Saber esto es vital, pero necesitamos más que conocimiento, incluso conocimiento bíblico, para crecer en Cristo. Otros enfatizan el amor y excluyen la verdad, lo que conduce a una atmósfera blanda donde "todo vale", que socava el ministerio de la iglesia como un faro de la verdad de Dios.

Ninguno de los extremos es saludable, como podemos ver en una familia humana. El hecho de que los padres les digan la verdad a sus hijos no significa que sea un hogar feliz. El hecho de que un esposo le diga la verdad a su esposa no significa que estén felizmente casados. La información dada sin amor puede ser dura y restrictiva. Una persona puede crecer

en conocimiento mientras se marchita en términos de crecimiento espiritual.

Lo contrario también es cierto, porque en una familia donde los padres enfatizan únicamente el amor sin contenido, se termina criando niños egocéntricos e indisciplinados con poca o ninguna estructura que les permita hacer juicios morales sólidos.

Pablo señaló que el conocimiento sin amor "envanece" o nos hacer enorgullecer, mientras que "el amor edifica" o nos fortalece (1 Corintios 8:1). El amor se sacrifica por el bien de otros y las necesidades de los demás (1 Juan 4:7-12). Tal amor y edificación mutua están específicamente diseñados para ocurrir en el contexto de la iglesia local (Efesios 4:15).

Para que la verdad estimule el crecimiento, debe tratarse y comunicarse con un espíritu de amor.

Una persona puede usar la Biblia como un martillo para quebrantar a otras personas o como un látigo para mantenerlas a raya. Eso no implica que haya algo malo con la Biblia, sino que el problema está en la mano que la sostiene. Para que la verdad estimule el crecimiento, debe tratarse y comunicarse con un espíritu de amor y preocupación por las personas destinatarias de dicha verdad.

Esto explica por qué las Epístolas hacen tanto énfasis en el aspecto relacional de "los unos con los otros" del ministerio de la iglesia. Romanos 12:4-16 es un gran ejemplo, ya que Pablo instó a los creyentes de Roma a amarse los unos a los otros. El papel indispensable de la iglesia en esta obra es evidente por el hecho de que las Epístolas del Nuevo Testamento se escribieron para las iglesias locales o para personas que las supervisaban.

Eso nos dice que Dios trabaja con nosotros de manera individual, ya que somos parte de su comunidad espiritual llamada Iglesia.

Por eso les digo a las personas de nuestra iglesia que no importa a dónde viaje, no hay lugar donde prefiera estar que, en Dallas, con el cuerpo de Cristo de *Oak Cliff Bible Fellowship*. No solo porque me encanta predicar, ya que recibo muchas invitaciones para predicar. Puedo predicar en cualquier lugar, pero amo a la familia de nuestra iglesia y hago lo que Dios me ha llamado a hacer como su pastor para enseñarles, animarlos y estimularlos a crecer en Cristo. Esto requiere tiempo y participación en sus vidas, que es de lo que se trata el ministerio de la iglesia. Es fácil predicar a personas que probablemente nunca volverás a ver, pero otra cosa es decir la verdad en amor a personas con las que convives todos los días, para ayudarlas a crecer en Cristo en todos los aspectos de sus vidas.

Necesitamos de cada miembro del Cuerpo

Me encanta el último versículo de este pasaje de Efesios 4, que trata sobre el crecimiento espiritual, porque define muy bien la verdad de que el crecimiento espiritual no es un acto individual, sino un proyecto grupal que requiere de cada parte del Cuerpo.

El versículo continúa la frase que comenzó en el versículo 15 cuando Pablo habló de Cristo, "de quien todo el cuerpo, bien concertado y unido entre sí por todas las coyunturas que se ayudan mutuamente, según la actividad propia de cada miembro, recibe su crecimiento para ir edificándose en amor" (v. 16).

Es imposible no comprender la idea aquí. La Iglesia como el Cuerpo de Cristo crece cuando cada miembro individual hace su trabajo y contribuye al todo. El crecimiento de la Iglesia no es

más que el crecimiento de sus miembros, ya que es un organismo vivo compuesto de miembros vivos. Del mismo modo, la falta de crecimiento de algunos miembros afecta a todo el Cuerpo.

Cuando te duele el estómago, puedes tomar algún medicamento y acostarte para ayudar a aliviar el dolor. Tu estómago no se acuesta solo. Se lleva todo el cuerpo consigo y nada sucede hasta que tu estómago está mejor.

El santuario de nuestra iglesia tiene cientos de luces en el techo y, por un tiempo, algunas de ellas dejaron de alumbrar. Utilicé este ejemplo para enseñar a nuestra congregación, que debido a que cada luz de la iglesia fue diseñada e instalada por los constructores para iluminar un área en particular, no se necesitarían muchos bombillos de luz fundidos para que parte del santuario se oscureciera y afectara a las personas sentadas allí.

Muchos cristianos son como bombillos de luz fundidos. Les gusta pasar el rato en la iglesia y dan la impresión de que están haciendo una contribución por el solo hecho de ocupar un lugar. Sin embargo, a menos que permitamos que el Espíritu de Dios nos use para iluminar al Cuerpo de Cristo, necesitaremos ser transformados. Tu parte individual es decisiva para el conjunto, y cuando estés cumpliendo tu parte, Dios se asegurará de que crezcas.

Nada en la tierra puede compararse con un grupo de creyentes de una iglesia local que están bajo el control del Espíritu Santo y usan los dones que Dios les ha dado para ministrar al Cuerpo. Cuando esto sucede, el Cuerpo se edifica en amor, como declara la última parte de Efesios 4:16. Cuando los creyentes crecen juntos en unidad y amor, se solucionan muchos problemas antes que empeoren, porque el Cuerpo se está sanando a sí mismo. Un cuerpo sano, que funciona de la manera en que fue diseñado, crecerá y cada miembro de ese cuerpo se beneficiará.

La iglesia no existe únicamente para el beneficio de la iglesia.

Más bien, la iglesia es la *ekklesía* (el término original dado en las Escrituras). Una *ekklesía* es un cuerpo de personas que han sido investidas con autoridades de gobierno. Nosotros, como la Iglesia de Jesucristo, debemos ocuparnos del avance del proyecto de su reino en la tierra. Debemos legislar la autoridad del cielo en la historia de la humanidad. Solo podemos hacer esto cuando trabajamos juntos para promulgar una influencia positiva del reino en nuestra cultura.

Cuando Dios creo el cuerpo humano, lo hizo para que cada miembro fuera vital para el funcionamiento de todos los demás miembros. La iglesia funciona de la misma manera. Si no estás en una iglesia donde se enseña la Palabra de Dios en una atmósfera de amor, necesitas encontrar una donde el Cuerpo funcione como Dios desea. Lo necesitas por la contribución que haces al avance de su reino, y lo necesitas para tu propio crecimiento en Cristo.

Cómo encontrar una iglesia local

Dado que la participación en una iglesia local es vital para tu salud y desarrollo espiritual, necesitas encontrar una asamblea de creyentes e identificarte con ella si es que aún no eres parte de una iglesia de enseñanza bíblica. Dios tiene una iglesia para ti, pues "Dios ha colocado los miembros cada uno de ellos en el cuerpo, como él quiso" (1 Corintios 12:18). Él desea colocarte en una iglesia que pueda satisfacer tus necesidades espirituales mientras tú también contribuyes a su desarrollo. Permíteme darte algunas pautas para encontrar una iglesia así en tu comunidad. Hay cuatro características clave que debes buscar en una iglesia conforme a Hechos 2:42-47, donde encontramos a la iglesia de Jerusalén comprometida con el ministerio para la transformación de vidas.

La primera es una adoración que honre a Dios, alabar a Dios por quién es y por lo que ha hecho. Una iglesia bíblicamente sólida da prioridad a la adoración a Dios.

En segundo lugar, una instrucción bíblica de calidad. ¿La iglesia que estás considerando cree, honra y enseña la Palabra de Dios de tal manera que conoces la Biblia y sabes cómo practicarla en tu vida? Recuerda que no puedes crecer más allá de tu conocimiento.

Una tercera característica de una buena iglesia es la comunión o compartir la vida de Cristo entre los miembros. Esto va más allá de tomar un café en el salón de confraternidad o asistir a las cenas de la iglesia. La comunión bíblica ocurre cuando los miembros participan de la vida de los demás y se cuidan, se animan, se corrigen, se aman y comparten los unos con los otros. La iglesia debe proporcionar a cada miembro un sentido significativo de pertenencia.

En cuarto y último lugar está el ministerio de extensión de la iglesia. Una iglesia que quiere crecer no puede crecer solo hacia dentro. La iglesia con la que te identifiques debe brindarte oportunidades para usar tus dones y talentos para tocar otras vidas, al tiempo que enfatice la importancia de que testifiques de tu fe en palabras y buenas obras a quienes te rodean. En otras palabras, la influencia de la iglesia debe extenderse más allá de sus muros. La iglesia debe participar intencionalmente en la extensión del reino.

Cuando encuentres una iglesia donde ofrezcan regularmente estas prioridades y experiencias en un ambiente saturado de gracia, sabrás que has encontrado una iglesia sólida del Nuevo Testamento.

Capítulo 11

El dar: La generosidad de la vida en el reino

Un hombre adinerado disfrutaba de hacerle regalos inusuales y exóticos a su padre para la Navidad. Dado que el costo no era un problema, el hombre hacía todo lo posible para conseguir el regalo indicado para su padre. Un año le compró un automóvil antiguo, y otra Navidad le regaló un equipo de ala delta.

No obstante, una Navidad en particular, este hombre encontró un regalo realmente único para su padre: un loro parlante que podía hablar cinco idiomas y cantar "La rosa amarilla de Texas" parado en una sola pata. Este loro era tan extraordinario y talentoso que le costó diez mil dólares, pero no le importó, porque sintió que su padre era digno de tan exótico regalo. Así que compró el loro y se lo envió a su padre para la Navidad.

Unos días después, el hombre fue a la casa de su padre para ver si estaba disfrutando de su regalo exclusivo y costoso. Llamó a su puerta y dijo:

—Papá, ¿recibiste mi regalo?

—Claro que sí —respondió su padre.

—¿Qué te parece?

—¡Estaba delicioso!

El padre obviamente no tuvo consciencia de que se trataba de un regalo especial de su hijo, y trató de común y corriente algo que era muy especial.

Con demasiada frecuencia, así tratamos los dones que Dios nos da. Pablo hizo esta pregunta retórica: "¿Qué tienes que no hayas recibido?" (1 Corintios 4:7). La respuesta es nada. Todo lo que tenemos, incluido el aliento en nuestros pulmones, es una dádiva de Dios. Para comprender la idea central, Santiago escribió: "Toda buena dádiva y todo don perfecto desciende de lo alto, del Padre de las luces" (Santiago 1:17). No podemos hablar de mayordomía sin antes recordar que *se nos ha dado* todo, incluido el dinero que Dios nos confió. De modo que cualquier cosa que demos a Dios es, simplemente, devolverle una pequeña parte de lo que Él nos ha dado y abrir las puertas a la generosidad, para que sirva como canal para vivir en el reino.

Vivimos como mayordomos en el reino de Dios. Un reino siempre tiene tres aspectos diferentes: un Rey, sus reglas y aquellos a quienes Él gobierna. Hemos sido colocados bajo Dios para cumplir el propósito de su reino (el avance de su gloria mediante la proclamación y práctica de sus reglas) en nuestra vida. En su mayor parte, hacemos esto por medio de nuestra mayordomía o nuestra forma de administrar lo que Él nos ha dado.

Un mayordomo es un administrador, no un propietario. Es el que supervisa la propiedad de otro. Dios es dueño de todo (Salmos 24:1); sin embargo, Él nos ha dado a cada uno de nosotros tiempo, talentos y tesoros a fin de que los administremos para Él hasta que regrese (Mateo 25:14-30). En este capítulo, quiero abordar específicamente la mayordomía de nuestros recursos, ya que hemos tratado las demás áreas en otros segmentos.

Estoy convencido de que demasiados cristianos no solo no comprenden la idea de que lo que damos a Dios no es más que

en respuesta a lo que Dios nos ha dado. Tampoco logran hacer la asociación vital que la Biblia hace una y otra vez acerca de nuestra actitud hacia el dinero y las posesiones en general. El dar, en particular, se presenta en las Escrituras como el indicador más grande de nuestra temperatura espiritual.

A lo largo de los Evangelios, Jesús recurrió al dinero más que a cualquier otro tema para enseñarnos acerca de la vida cristiana e ilustrar lo que significa seguirlo. Y algunos de los mayores elogios que el apóstol Pablo tenía para los creyentes a los que ministraba estaban relacionados con sus ofrendas. Alguien ha dicho que la última parte de nosotros que se salva es nuestra cuenta bancaria, y la magnitud de esta realidad nos ayuda a explicar por qué muchos cristianos no crecen más rápido en la gracia. Mi objetivo en este capítulo es ayudarte a hacer una asociación entre el ministerio de dar y tu crecimiento espiritual.

Un poderoso indicador de crecimiento espiritual

Nuestra actitud hacia el dar es muy parecida a las luces del tablero de un automóvil. Cuando se enciende una luz indicadora, está advirtiendo que algo sucede debajo del capó, que necesita atención antes que se produzca una avería. Cuando Dios enciende la luz indicadora del dinero y la generosidad en nuestra vida, no es que esté necesitando dinero; sino que está viendo algo profundo en nuestro corazón que no podemos darnos el lujo de ignorar, porque Él quiere tratar con eso.

En el fondo algo funciona mal

Hoy muchos cristianos sufren de una enfermedad que podríamos llamar "cirrosis del dador". Esta es una enfermedad espiritual debilitante, que ha existido desde los primeros días de la Iglesia, claramente diagnosticada por primera vez alrededor

del año 34 d.C. en una pareja llamada Ananías y Safira, que se volvieron codiciosos con las dádivas de Dios y sufrieron las consecuencias (Hechos 5:1-11).

La cirrosis del dador es una condición aguda. Aquellos que la padecen muestran síntomas que incluyen una parálisis repentina e incapacidad de alcanzar su billetera o cartera, cuando pasa frente a ellos el plato de la ofrenda en la iglesia. Este extraño síntoma suele desaparecer en las tiendas, el campo de golf o al cenar en buenos restaurantes, pero aparece regularmente en la iglesia.

Algunos han intentado tratar esta condición con el ofrecimiento de deducciones fiscales por las donaciones caritativas, pero a juzgar por la prevalencia del problema, este incentivo no ha tenido grandes resultados. El padecimiento de la falta de generosidad continúa plagando a la familia de Dios. Digo esto basado en las cifras más recientes, que revelan que el cristiano promedio en los Estados Unidos da solo el 2.5% de sus ingresos al reino de Dios.[3] Esto incluye también a los evangélicos, aquellos de nosotros que decimos que creemos en la Biblia de tapa a tapa. En general, apenas damos un modesto anticipo de nuestro diezmo para la obra de Dios. Este es un indicador de que algo funciona mal "bajo el capó" de la iglesia en los Estados Unidos. Nuestras prioridades espirituales están fuera de lugar.

Para ayudarnos a poner en orden esas prioridades, debemos analizar por un momento 2 Corintios 8–9, dos de los capítulos más importantes de la Biblia sobre el tema del dinero y las ofrendas. Quiero que veas la relación entre el dar y tu crecimiento espiritual. Esto resulta evidente en lo que Pablo escribió a los corintios para instarlos a terminar de recolectar una

3 Mike Holmes, "What Would Happen if the Church Tithed?", *Relevant Magazine*, 15 de junio de 2021, https://relevantmagazine.com/faith/church/what-would-happen-if-church-tithed/.

ofrenda especial que habían prometido enviar a los cristianos de Jerusalén debido a que estaban en gran necesidad financiera.

Dar es nuestra respuesta a la gracia de Dios

Para instar y animar a los corintios a ofrendar, Pablo mencionó el ejemplo de los creyentes macedonios. Observa la relación que hizo Pablo entre "la gracia de Dios que se ha dado a las iglesias de Macedonia" (2 Corintios 8:1) y la "generosidad" de sus ofrendas, a pesar de "su profunda pobreza" (v. 2). Estas personas no solo "han dado conforme a sus fuerzas, y aun más allá de sus fuerzas", sino que pidieron "con muchos ruegos que les [concediesen] el privilegio de participar en este servicio para los santos" (vv. 3-4). Y luego encontramos el factor decisivo en el versículo 5: "Y no como lo esperábamos, sino que a sí mismos se dieron primeramente al Señor, y luego a nosotros por la voluntad de Dios".

Los macedonios estaban ansiosos por ofrendar, porque entendían que le pertenecían al Señor y que todo lo que tenían era un regalo de su gracia. Tenían sus prioridades en orden a la hora de ofrendar, porque ya se habían entregado al Señor, con sus billeteras incluidas. Pablo dijo que la forma en que supo que los macedonios habían entregado sus vidas al Señor fue que rogaban por el plato de la ofrenda.

Esto es un verdadero reto para nosotros. ¿Cuándo fue la última vez que fuiste a la iglesia ansioso por que llegara el momento de la ofrenda y no podías esperar para dar? Una persona de nuestra iglesia me dijo hace poco lo emocionante que era dar para ella. Cuando le pregunté por qué, su respuesta fue: "Porque Dios ha sido muy bueno".

Una vez que asocias el dar con la gracia de Dios, entonces das no porque el predicador ruega por las ofrendas, te sientes

culpable o estás tratando de hacer un trato con Dios; sino por la sobreabundante bondad de Dios. A pesar de su pobreza y sus aflicciones, los macedonios experimentaban una "abundancia de su gozo" (v. 2) en el Señor, que se manifestaba en su voluntad de dar. Es clave recordar esto, porque en la Biblia el dar está asociado con nuestra vida espiritual, no solo con nuestro dinero, y cuanto más hagamos esta asociación, más crecimiento espiritual tendrá lugar en nuestras vidas.

La gracia de Dios y el dar están tan vinculados, que las palabras *gracia* u *obra de gracia* se usan al menos cinco veces en el capítulo 8 de 2 Corintios. Reiteradamente, la Biblia asocia nuestra voluntad de dar con el fluir de la gracia de Dios hacia nosotros. Pablo incluso vinculó el dar con el sacrificio de Cristo en la cruz, al señalar que, aunque Cristo tenía a su disposición las riquezas del cielo, se despojó de todo y se empobreció al hacerse carne y morir por nosotros (2 Corintios 8:9).

Comprender cuán misericordioso es Dios con nosotros es importante, porque muchas personas le dan de lo que les sobra. Si les queda algo después de pagar las cuentas y hacer todo lo que querían hacer, le dan. Sin embargo, debemos saber que, aunque demos a Dios un millón de dólares, si es de lo que nos sobra, lo habremos deshonrado (Malaquías 1:6-9).

Muchas personas son, lo que yo llamo, "re-dadores". Estas son personas que reciben un regalo que no quieren, entonces lo envuelven de nuevo y se lo regalan a otra persona. Algunos tienen armarios enteros llenos de regalos que no quieren, y cuando necesitan regalar algo, hurgan en ese armario en busca de un artículo. En realidad, no regalaron nada, sino que dieron un regalo que les sobraba y que, de todos modos, no planeaban usar. Es así como algunos creyentes manejan su ofrenda a Dios, y es una deshonra para Él.

En el Nuevo Testamento, no encuentras mendicidad, ventas u otros trucos para recaudar dinero para la obra de Dios. Lo que ves son personas como los macedonios que respondían a la gracia, porque conocían al Dios al que servían. Todo lo que Dios creó estaba destinado a dar. Creó el sol para que alumbrara de día, y la luna y las estrellas para que alumbraran de noche. Creó flores para que dieran semillas. Incluso Adán y Eva enseñaron a sus hijos a dar, porque la Biblia declara que Abel dio de las primicias de su rebaño a Dios (Génesis 4:4).

Dios es dador: "Porque de tal manera amó Dios al mundo, que ha dado..." (Juan 3:16). Cuando comprendes la gracia, las circunstancias pasan a un segundo plano. Nuestras ofrendas no están determinadas por la relación deuda-ingreso, los índices financieros, los principales indicadores económicos o la tasa tributaria. Más bien, están gobernadas por la gracia.

Los principios de la siembra y la cosecha

Después de sentar las bases para las ofrendas en la gracia de Dios, Pablo continuó escribiendo 2 Corintios 9. Allí instó a la iglesia de Corinto a preparar su ofrenda antes que él llegara, para que cuando llegara, él y la iglesia no se avergonzaran si no tenían una ofrenda (vv. 1-5). Luego, en el versículo 6, el apóstol comenzó a explicar un concepto clave sobre el principio de la generosidad al dar.

Debemos sembrar para cosechar

Para ilustrar el concepto, Pablo usó el ejemplo de un agricultor, con el que sus lectores podrían identificarse fácilmente. "Pero esto digo: El que siembra escasamente, también segará escasamente; y el que siembra generosamente, generosamente también segará" (2 Corintios 9:6). En otras palabras, la persona

que da poco recibirá poco y la persona que da con generosidad recibirá mucho.

No soy agricultor, pero sé que la cosecha depende de la siembra. Nunca verás a un agricultor que se niegue a sembrar y espere una cosecha abundante. Ese agricultor puede ser un cristiano que asiste fielmente a la iglesia, tiene sus devocionales todos los días y da testimonio a los perdidos, pero no obtendrá una cosecha si primero no siembra. La ley de la siembra y la cosecha está incorporada en la creación.

Hay algo más que un agricultor no hará si espera una cosecha. No se comerá la semilla que debería sembrar. En otras palabras, un agricultor debe comenzar con su semilla, no con su necesidad, si tiene alguna esperanza de obtener una cosecha. Este hecho básico es fundamental para el ministerio de dar, porque la mayoría de las personas lo abordan desde el punto de vista de la necesidad. Su razonamiento es: "No puedo dar al Señor porque necesito pagar estas cuentas" o cualquiera que sea la situación. Dicho en términos agrícolas, lo que están diciendo es: "No puedo sembrar esta semilla, aunque dará una buena cosecha, porque en este momento tengo hambre".

Ahora bien, aquí es precisamente donde la fe debe entrar en acción. Cuando un agricultor siembra su semilla en lugar de comérsela, es un acto de fe en que el sol brillará y las lluvias vendrán y convertirán la semilla en una cosecha. Un agricultor que siembra cuenta con el respaldo de la naturaleza, porque todo lo que hace al sembrar es colocar la semilla en el lugar indicado para que crezca. Sin la luz del sol y la lluvia adecuadas, no sucederá nada, lo que significa que la agricultura conlleva fe.

El dar es también un acto de fe en nuestro Dios grandioso. Cuando Él nos exhorta a sembrar con generosidad para que podamos cosechar en abundancia, nuestra disposición o re-

nuencia a hacerlo revela si tenemos en alta estima a Dios y sus promesas.

Cosechamos lo que hemos sembrado

Otro claro principio de la siembra y la cosecha es que cosecharemos lo que hemos sembrado. No podemos cosechar manzanas si hemos sembrado naranjas. Nuestra cosecha será de la misma naturaleza que nuestra semilla.

Este principio no aplica solo a nuestras donaciones financieras, sino también a nuestras actitudes. Si buscas amor, ¿cuánto amor estás sembrando? Si esperas recibir una mano amiga cuando la necesites, ¿cuántas semillas de bondad y ayuda estás sembrando en la vida de otras personas? Jesús dijo: "Bienaventurados los misericordiosos, porque ellos alcanzarán misericordia" (Mateo 5:7). Debes sembrar lo que quieras cosechar, porque las semillas que siembres se reproducirán fielmente según su especie, para bien o para mal (Gálatas 6:7-9).

Es asombroso ver cuántas personas quieren sembrar hierbas malas y obtener rosas en su actitud hacia la vida. Muy a menudo, la persona que se apresura a juzgar a los demás es la primera en suplicar misericordia y comprensión cuando se equivoca. Un agricultor no se asombra si cosecha maíz de la semilla de maíz. Sin embargo, muchas veces estamos sorprendidos y nos preguntamos por qué Dios no nos bendice con una cosecha, y nos olvidamos de que, en realidad, no hemos sembrado la semilla correcta.

Cosechamos más de lo que sembramos

Hay un principio más de la siembra y la cosecha, que podemos extraer del capítulo 9 de 2 Corintios. No solo cosechamos lo que sembramos, sino que siempre cosechamos más de lo que sembramos. Leemos en los versículos 7-11 que Dios bendecirá

nuestra ofrenda y la multiplicará en una gran cosecha, e incluso, nos dará más semilla para sembrar. Jesús señaló en Lucas 6:38: "Dad, y se os dará; medida buena, apretada, remecida y rebosando darán en vuestro regazo".

Un agricultor que se come su semilla en lugar de sembrarla puede tener comida para algunos días, pero perderá el alimento de toda una temporada que habría obtenido de una cosecha.

Las expectativas de Dios para su pueblo

Antes de continuar con 2 Corintios 9, debemos entender exactamente lo que Dios espera de nosotros a la hora de dar. Ya tenemos la ley de la siembra y la cosecha en nuestro haber, así que analicemos en qué debe consistir la semilla a la hora de dar. La Biblia tiene dos palabras para expresar lo que Dios espera de nosotros: diezmos y ofrendas.

Dar el diezmo

Ahora bien, sé que muchos cristianos se desaniman cuando se menciona el diezmo, porque creen que estaba limitado a la ley del Antiguo Testamento. Es cierto que el concepto del diezmo estuvo prescrito en la ley de Moisés (Levítico 27:30), y es cierto que no estamos bajo la ley; pero en realidad el diezmo es anterior a la ley, porque Abraham dio el diezmo a Melquisedec (Génesis 14:20), y en el libro de Hebreos leemos que Jesucristo es sumo sacerdote según el orden de Melquisedec. De hecho, Hebreos 7:8 indica que la línea sacerdotal de Melquisedec continúa recibiendo diezmos, lo que significa que debemos dar nuestros diezmos a Jesucristo. De modo que el diezmo sigue vigente en el Nuevo Testamento, no como un mandamiento de la ley, sino como nuestra respuesta adecuada a la gracia de Dios manifestada a nosotros en su Hijo.

La palabra *diezmo* significa "décimo". Los israelitas debían diezmar de todos sus animales y frutos, y tampoco podía ser el décimo de cualquier cosa. Debían dar el diezmo a Dios primero, por lo que se lo llama "primicias" (Levíticos 23:17). Esto lo convertía en un acto de fe en lugar de una idea tardía o algo que le sobraba al pueblo. Dar a Dios el primer diez por ciento de tus bienes significa que confías en que Él hará estirar el otro noventa por ciento restante para suplir tus necesidades (Proverbios 3:9-10).

El diezmo estaba prescrito en el Antiguo Testamento, pero la ofrenda era una donación voluntaria por encima del diezmo. Se daba en agradecimiento a Dios por su generosidad y sus bendiciones, y era una expresión más de amor y confianza en Él (hay algunos buenos ejemplos en 1 Crónicas 29:6, 9, 14, 17). Si en los días del Antiguo Testamento, el pueblo de Dios daba ofrendas de gratitud por sus bendiciones, ¿cuánto más deberíamos nosotros, como creyentes de este lado de la cruz, abrir nuestro corazón y darle con abundante generosidad por la abundancia de su gracia?

Algunas personas aseveran "le di a Dios una ofrenda", cuando todo lo que han hecho es contribuir con su diezmo. No has dado una ofrenda hasta que hayas dado todo el diezmo. La ofrenda es adicional al diezmo, no su reemplazo.

Cómo robamos a Dios lo que le corresponde

¿Qué tan serio es Dios con respecto a nuestra voluntad de honrarlo con nuestros diezmos y ofrendas? Lo encontramos en Malaquías 3, donde Dios, a través del profeta, reprende a su pueblo por su codicia y negligencia hacia Él.

Cuando se trataba de las ofrendas del pueblo, Dios tenía una pregunta. "¿Robará el *hombre* a *Dios*?" (v. 8). El asunto es: "¿No te das cuenta de a quién le estás robando? ¿De verdad crees que puedes salirte con la tuya y robarme? ¿Pensaste que no te vería

o no me enteraría? ¿Quién crees que eres?". En otras palabras, ¿creemos que podemos entrar al banco de Dios, estafarlo y no quedar grabados en video?

Las personas de la época de Malaquías se hicieron los tontos y preguntaron: "¿En qué te hemos robado?" (v. 8). Dios respondió en el mismo versículo: "En vuestros diezmos y ofrendas". Es decir que estaban usando la porción que le pertenecía a Dios para sus propios fines.

Permíteme explicar cómo robamos a Dios hoy día. Algunos cristianos se visten, conducen automóviles y se van de vacaciones con los diezmos y las ofrendas de Dios. Algunos viven en casas que solo pueden pagar porque roban la parte que le corresponde a Dios para saldar la cuota de la hipoteca cada mes. Sin embargo, Dios afirma que eso es robarle.

Y para que no pensemos que el problema es solo financiero, considera lo que Dios dijo a Israel: "Malditos sois con maldición, porque vosotros, la nación toda, me habéis robado" (Malaquías 3:9). Esto nos lleva a una dimensión espiritual, porque Dios ha puesto una maldición sobre aquellos que tratan de robarle. Vivimos bajo la gracia y no bajo la ley, pero Dios no permitirá que pisoteemos su gracia y abusemos de ella sin pedirnos cuentas. Eso significa que muchos hoy viven en maldición, conducen una maldición y visten una maldición. Dios señala que, si le estamos robando en nuestros diezmos y ofrendas, no debemos pensar que estamos siendo bendecidos o que nos hemos salido con la nuestra. Por el contrario, estamos bajo una maldición.

Cuando escuchamos la palabra *maldición*, tendemos a pensar en muñecos de vudú y hechizos mágicos. Eso no es lo que Dios quiere decir. Su maldición es la nube de su desagrado. Esa podría ser la razón por la que esa nueva casa no es un verdadero hogar, sino un lugar de constante discusión y

conflicto. Básicamente, es como si Dios dijera: "Mantendré tu casa en conflicto, porque querías enriquecer tu vida a costa de empobrecer mi reino".

Ningún padre que conozco le dará palmaditas en la espalda a su hijo cuando acaba de robar algo, y le dirá: "Está bien, mami entenderá". No, cuando tu hijo roba, tú tratas con el problema. Eso es lo que Dios estaba haciendo con el pueblo de Israel en los días de Malaquías.

Quiero ser muy claro en esto. Los cristianos tienen que entender que tener muchas cosas no significa que no estemos bajo maldición. El hecho de que obtuviste esa promoción y más dinero no significa automáticamente que Dios te esté recompensando. El asunto es qué estás haciendo con lo que Él te ha dado.

Una maldición es tener cosas sin la capacidad de disfrutarlas. Una maldición es que siempre se rompa algo u ocurra alguna catástrofe que vacíe tu cuenta bancaria de manera que nunca pareces ponerte al día.

¿Cómo saber cuándo algo es de Dios? La Biblia declara: "La bendición de Jehová es la que enriquece, y no añade tristeza con ella" (Proverbios 10:22). Eso no significa que nunca tendrás facturas de reparaciones o que a veces tendrás dificultades para llegar a fin de mes; sino que incluso en los tiempos difíciles, disfrutarás de una sensación de estar bajo el favor y la bendición de Dios. "No añade tristeza" es otra forma de afirmar que Dios te da contentamiento, ya sea que tengas poco o mucho (ver Filipenses 4:11 para una excelente declaración de esta verdad).

Reconocer la bendición de Dios

Tú dices: "Tony, quiero la bendición de Dios. ¿Cómo la consigo?". La respuesta está en Malaquías 3:10: "Traed todos los diezmos al alfolí y haya alimento en mi casa; y probadme ahora

en esto, dice Jehová de los ejércitos, si no os abriré las ventanas de los cielos, y derramaré sobre vosotros bendición hasta que sobreabunde".

Dios dice: "Si tienes miedo, pruébame ahora en esto". En otras palabras, no esperes hasta que hayas pagado los impuestos o hayas hecho las compras navideñas. Presenta tus temores al Señor y ponlo a prueba al darle tus diezmos y ofrendas, incluso cuando no sepas cómo vas a hacer. Cuando des este paso de fe, Dios abrirá las ventanas de los cielos, otra forma de decir que Él derramará sus bendiciones, que por ahora permanecen detrás de ventanas cerradas y con llave.

Trata de comprender la idea. No abrimos nuestras ventanas cuando sabemos que un ladrón ronda por el vecindario. Dios tampoco abre las ventanas de los cielos para aquellos que ignoran o abusan de su gracia. No puedes crecer espiritualmente y ser un ladrón al mismo tiempo.

Aclaremos algo aquí mismo para no confundirnos. Una bendición es más que tener más posesiones. La multitud que cree "lo que pides, recibes" puede enseñarte que debes ir a Dios, pedirle lo que necesitas y Él está obligado a dártelo porque lo pediste "con fe"; pero Él nunca prometió eso.

Me encantaría poder decirte que, si comienzas a dar para Dios como Él establece, te dará una nueva casa o un nuevo auto. Me encantaría decirte que, si das fielmente, todos tus problemas desaparecerán; pero no puedo hacerte esa promesa, y cualquiera que piense que puede hacerlo se equivoca.

No obstante, lo que te puedo asegurar es que Dios te bendecirá, te dará la capacidad de disfrutar, beneficiarte y crecer con lo que Él te dé (Proverbios 10:22). Una bendición es la presencia de Dios en medio de todo lo que Él te ha dado. Se cuenta la historia de un cristiano pobre, que en una humilde choza miró

su pan y agua que iba a comer y exclamó: "¡Todo esto, y Cristo también!". Eso es bendición.

Reprender al devorador

Hay otro aspecto de la bendición que viene cuando damos a Dios lo que Él se merece en nuestros diezmos y ofrendas. Según Malaquías 3:11, "Reprenderé también por vosotros al devorador, y no os destruirá el fruto de la tierra, ni vuestra vid en el campo será estéril, dice Jehová de los ejércitos".

Cuando eres fiel a Dios, Él le ordena al devorador que te deje en paz. Los agricultores de Israel recogían sus cosechas y se negaban a dar a Dios las primicias para quedarse con todo. Miraban sus campos y pensaban que se habían salido con la suya, y luego llegaban al campo las langostas para devorar y destruir sus cosechas.

Como dijimos antes, a veces pensamos que somos bendecidos porque tenemos más, pero si nos guardamos los diezmos que pertenecen a Dios y Él envía al devorador, tan pronto como consigamos ahorrar algo de dinero, el devorador se lo llevará. Creemos que finalmente hemos encontrado la felicidad, pero el devorador llega a nuestras vidas y las destruye. A menos que Dios reprenda al devorador, no podemos aferrarnos a nada, y la forma de escapar del devorador es poner a prueba a Dios con nuestros diezmos y ofrendas.

La importancia de nuestra actitud

Ahora bien, sé lo que puedes estar pensando en este momento. Hablar de las expectativas de Dios y la maldición del devorador hace que dar parezca un asunto bastante sombrío. No, no lo es en absoluto. Dios tiene expectativas con su pueblo, pero está más interesado en la actitud de tu corazón cuando das tus

diezmos y ofrendas que en calcular porcentajes. Volvamos a un conocido versículo que quiero que veas bajo una luz nueva.

Dios ama al dador alegre

Al continuar con su instrucción sobre el dar, Pablo escribió: "Cada uno dé como propuso en su corazón: no con tristeza, ni por necesidad, porque Dios ama al dador alegre" (2 Corintios 9:7). Si la única forma en que demos nuestros diezmos y ofrendas es que alguien nos tuerza el brazo por la espalda o nos haga sentir culpables, Dios señala que preferiría que lo olvidemos, porque no le gusta cuando damos de mala gana.

Esto no debería sorprendernos, porque la mayoría de nosotros tampoco queremos que nos regalen algo de mala gana. Imagina que alguien viene a tu cena de cumpleaños, te da un regalo y te dice: "Toma, tómalo. La verdad es que no quería regalártelo; lo hice porque lo tenía que hacer". Eso quitará la alegría de cualquier regalo.

Tú y yo podemos dar con alegría cuando entendemos que la única razón por la que tenemos algo que dar es que Dios nos lo ha dado. "De Jehová es la tierra y su plenitud; el mundo, y los que en él habitan", declaró el salmista (Salmos 24:1). Deuteronomio 8:18 afirma que es Dios quien nos da el poder para hacer las riquezas. Cuando entiendas que Dios es la fuente de todo, no tendrás ningún problema en dar con alegría. Y cuanto más crezcas en la gracia, más alegre serás como dador.

El emocionante vínculo entre el dar y la gracia

Ahora bien, manifesté que quería establecer la relación de 2 Corintios 9:7 con su contexto. Así que déjame ayudarte a establecer una relación que revolucionará tu forma de dar y te llevará a un nivel completamente nuevo de la vida en el reino.

Digamos que te has convertido en el tipo de dador alegre que la Biblia dice que Dios ama. En otras palabras, Él está complacido con tus ofrendas y con la actitud de tu corazón al dar. Estás tan entusiasmado con la oportunidad y el privilegio que tienes de mostrar a Dios cuánto lo amas y cuán agradecido estás, que no puedes esperar para dar tus ofrendas en la iglesia o configurar tus ofrendas recurrentes en línea. Das con alegría porque sabes que, sin la bondad de Dios hacia ti, ni siquiera tendrías la oportunidad de devolverle tus diezmos y ofrendas.

Si esta es tu actitud, el próximo versículo de este capítulo es para ti, y resulta que es el versículo más maravilloso sobre la gracia en la Biblia. "Y poderoso es Dios para hacer que abunde en vosotros toda gracia, a fin de que, teniendo siempre en todas las cosas todo lo suficiente, abundéis para toda buena obra" (v. 8).

Dios señala que cuando ve a un dador alegre, abre las compuertas de su gracia y la deja fluir sin obstáculos. Hemos aprendido que la gracia es todo lo que Dios hace por nosotros que no podemos hacer por nosotros mismos. No podemos ganarnos la gracia de Dios ni añadirle algo, pero podemos restringir su flujo por nuestras actitudes pecaminosas, que en este caso es la falta de voluntad para dar. La gracia de Dios fluye libremente cuando damos con alegría. Por eso Jesús dijo: "Más bienaventurado es dar que recibir" (Hechos 20:35).

Esto es más que un eslogan para usar en Navidad. Es una verdad para toda época del año, porque cuando todo lo que haces es recibir, eso es todo lo que recibirás. Sin embargo, cuando das, abres un canal de la gracia que fluye hacia ti y a través de ti para bendición de tu vida y la vida de otros.

Y jamás pienses que tu ofrenda será más grande que la gracia de Dios. Pablo continúa escribiendo: "Y el que da semilla al que

siembra, y pan al que come, proveerá y multiplicará vuestra sementera, y aumentará los frutos de vuestra justicia" (2 Corintios 9:10). La gracia de Dios siempre es más grande que lo que das. ¿No sucede esto en el ámbito de la agricultura? Un agricultor siembra una semilla de maíz, pero no recoge ni un grano ni una mazorca, sino que cosecha un tallo entero de maíz de esa pequeña semilla. Y ese tallo no solo le proporciona comida, sino que también le proporciona más semillas para sembrar y poder repetir el proceso. En otras palabras, la gracia de Dios seguirá llegando.

Cuando mis hijos eran pequeños, les traía un pequeño juguete o alguna otra cosa cuando llegaba a casa después de una conferencia. Al principio estaban sumamente agradecidos y decían: "Ay papá, gracias" y me daban abrazos y besos. Sin embargo, después de un tiempo esperaban mis regalos, y querían saber cuándo me iría de nuevo para que pudiera traerles algo de regalo.

Es así como muchas veces tratamos a nuestro Padre celestial. "Dios, date prisa y dame algo para que pueda tener mi juguete nuevo". Sin embargo, cuando llega el momento de dar para Él, de repente estamos agotados. Lo que Dios busca son personas que lo amen y lo valoren y que le den por amor.

Dar es un acto espiritual y un ingrediente clave de la vida en el reino. Pablo indicó a los corintios que separaran una parte del dinero "cada primer día de la semana" (1 Corintios 16:2). Ese es el domingo, el día del Señor. En otras palabras, dar es parte de nuestra adoración. Debe ser sistemático, y "según [Dios te] haya prosperado", lo que significa que nuestra ofrenda debe reflejar su generosidad para con nosotros. Dar tiene que convertirse en una forma de vida para nosotros como creyentes, y nunca tenemos que preocuparnos de que Dios se vaya a equivocar o se olvide de nosotros.

Aquí tengo un desafío que presenté a los miembros de nuestra iglesia. La próxima vez que recojan la ofrenda en tu iglesia, imagina que el ujier es Jesús y que mientras te acerca el plato de la ofrenda, puedes ver las cicatrices de los clavos que perforaron sus manos cuando murió por ti. ¿Afectaría esto tu ofrenda o lo harías como de costumbre?

Jesucristo merece tus ofrendas, pero Él no quiere que le des solo por lo que significa para Él. Lo importante es lo que significa para ti en términos de tu crecimiento espiritual y la bendición sobre tu vida. Me encanta cómo lo expresó Pablo cuando agradeció a los filipenses por sus dádivas: "No es que busque dádivas, sino que busco fruto que abunde en vuestra cuenta" (Filipenses 4:17).

Lo sorprendente del ministerio de la ofrenda bíblica es que el principal beneficiario no es el que recibe sino el que da, que acumula un tesoro eterno en el cielo cada vez que da. Cuando das con un corazón generoso, acumulas una recompensa eterna mientras, simultáneamente, aceleras tu crecimiento espiritual en la tierra. Este crecimiento se produce porque, según Jesús expresó, "donde esté vuestro tesoro, allí estará también vuestro corazón" (Mateo 6:21).

¿Tienes miedo de poner a prueba a Dios con tus diezmos y ofrendas y de confiar en que Él suplirá tus necesidades si le das a Él primero? Entonces te insto a comenzar a dar ahora, porque tu miedo solo se disipará cuando lo reemplaces por la fe. Y tienes la promesa de Dios de que Él cuidará de ti cuando respondas a su amor y le des de tu tiempo, tus talentos y tus tesoros.

Capítulo 12

Las pruebas: El test de la vida en el reino

Cuando era niño, solía exasperarme cada vez que interrumpían mi programa de televisión favorito para dar lugar a una señal de prueba del sistema de transmisión de emergencia. Esos test siempre parecían llegar en el peor momento, durante la mejor parte del programa.

El locutor comunicaba lo que ya sabía que iba a suceder: que se suspendería temporalmente la "programación habitual" para dar lugar a un test del sistema de emergencia. A continuación, la transmisión de mi programa se interrumpía y aparecía una señal de prueba en la pantalla del televisor, junto con esos sonidos ensordecedores que duraban unos treinta segundos más o menos. Finalmente, cuando el test terminaba, se reanudaba la transmisión de mi programa, y la vida me volvía a sonreír una vez más.

Esos test del sistema de emergencia se parecen mucho a las pruebas que llegan a nuestras vidas. Las pruebas son interrupciones no previstas y, por lo general, no deseadas, en el desarrollo normal de nuestra vida, que siempre parecen llegar en el peor momento. Estás haciendo tu vida lo mejor que puedes,

cuando de repente una señal de prueba aparece en la pantalla de tu vida, que queda interrumpida.

Sin embargo, a diferencia de los test de la televisión, las pruebas de la vida no duran treinta o cuarenta segundos y luego desaparecen. Pueden durar días, semanas o incluso años, y es posible que nunca entendamos a ciencia cierta el motivo de su aparición. Las pruebas pueden hacernos sentir impotentes, pero tenemos control sobre un elemento decisivo: cómo respondemos a ella.

> *Las experiencias difíciles revelan de qué estamos hechos.*

Quiero centrarme en esto, porque, como sugiere el título de este capítulo, las pruebas a menudo vienen a ser como el test de la vida en el reino. De hecho, sin pruebas no podemos crecer, por mucho que nos gustaría poder hacerlo. Las experiencias difíciles prueban nuestro temple espiritual y revelan de qué estamos hechos.

La necesidad de las pruebas para nuestro crecimiento

Sé que muchos no quieren escuchar que las pruebas son necesarias para la vida en el reino, pero es la verdad. Yo no soy el que lo ha dicho. Solo soy el mensajero aquí. La Biblia enseña que los tiempos difíciles que enfrentamos en la vida son tan importantes para nuestro crecimiento, que debemos darles la bienvenida.

Definamos los términos antes de continuar. Desde la perspectiva bíblica, una prueba se puede definir como *un conjunto de circunstancias adversas de tu vida, ya sea que Dios las permita o las envíe, para que crezcas espiritualmente.* Cada parte de esta definición es importante, porque no queremos pasar

por alto o negar que una prueba es una adversidad. Las pruebas no son fáciles de atravesar. Duelen y pueden ser costosas, pero Dios está detrás de nuestras pruebas, lo que significa que no somos víctimas de un destino fortuito. Y debido a que Dios tiene el control, nuestras pruebas tienen un propósito bueno, que es hacernos crecer y madurar espiritualmente.

Esta es una perspectiva que el mundo no tiene, lo que ayuda a explicar por qué el objetivo principal de algunas personas en la vida es evitar todo sufrimiento y sinsabor. Sin embargo, el mensaje para nosotros como cristianos es: "Hermanos míos, tened por sumo gozo cuando os halléis en diversas pruebas" (Santiago 1:2).

Ahora bien, sé sincero. Tal vez hayas leído este versículo y te preguntaste si Santiago vivía en el mismo planeta que tú. Santiago 1:2 puede ser uno de los mandamientos más difíciles de obedecer de todas las Escrituras. Podría resultarnos mejor si nos dijera que tengamos gozo en las pruebas sin usar ningún modificador, pero especificó que tengamos "sumo gozo" cuando estemos atravesando alguna prueba. Esto significa un gozo puro sin adulterar. En otras palabras, considérate dichoso cuando tu vida se vea interrumpida por un problema o una circunstancia que no planeaste o no viste venir.

Sin duda, enfrentaremos pruebas

Tendemos a pensar en las pruebas como la excepción y no como la norma en la vida; pero la realidad nos muestra que estamos en una prueba en este momento, o que estamos saliendo de una prueba o bien que nos dirigimos hacia la próxima prueba. Las pruebas son tan comunes que la Biblia se refiere a ellas como "diversas", que es una palabra griega peculiar que significa "multicolor" o "multifacética". No te aburrirás en las

pruebas que enfrentes, porque vienen en todas las variedades que puedas imaginar.

Las pruebas son como parte del correo que recibimos en nuestra casa, que solo está dirigido al "morador". Todo lo que tienes que hacer para pasar por pruebas es estar vivo y morar en un espacio de este planeta.

Sabemos que las pruebas son ineludibles, porque Santiago usó la palabra "cuando" y no "si" al hablar de los tiempos difíciles que enfrentamos. No tienes que hacer nada para hallarte en una prueba.

Me gusta la palabra *halléis* en Santiago 1:2, porque sugiere que estas pruebas no son de nuestra propia creación. La Biblia no nos dice que tengamos gozo cuando nos equivoquemos y nos metamos en problemas. Dios puede usar nuestros fracasos para hacernos crecer, pero este no es el tipo de prueba que Santiago tenía en mente.

Las pruebas que enfrentamos vienen en todas las variedades. Algunas son circunstanciales, en el sentido de que las cosas no van bien. Todos hemos tenido esos momentos cuando nada parece salir bien. Por lo general, no es una cosa gigante, sino muchas pequeñas cosas que salen mal. También podemos hallarnos en pruebas físicas, financieras, relacionales o emocionales, que nos dejan sin aliento e interrumpen nuestra vida.

Cualquiera que sea el color o la forma de nuestras pruebas, no hay ningún lugar al que podamos ir para escapar de la prueba de nuestra fe. Tratar de evitar las pruebas es como cambiar de escuela con la esperanza de escapar de un examen. La nueva escuela también tendrá pruebas e, incluso, pueden ser más difíciles que las pruebas de la escuela que acabamos de dejar.

Job dijo: "Pero como las chispas se levantan para volar por el aire, así el hombre nace para la aflicción" (Job 5:7). Jesús señaló:

"En el mundo tendréis aflicción" (Juan 16:33). Tenemos el deseo natural como seres humanos de escapar de los problemas, pero no podemos huir de las pruebas que Dios ha ordenado para nosotros. Él sabe dónde encontrarnos.

Las pruebas siempre tienen un propósito

Los cristianos no somos las únicas personas que tenemos problemas, pero hay una gran diferencia entre las pruebas que experimentamos como creyentes y los problemas de un no cristiano. Para el cristiano, no existe tal cosa como una prueba sin propósito. Cada dificultad que se nos presenta como creyentes en Jesucristo, sin importar cuán severa o dolorosa sea, tiene una razón. Las pruebas son una experiencia dolorosa con un propósito, diseñadas para llevarnos al siguiente nivel espiritual.

> *Para el cristiano, no existe tal cosa como una prueba sin propósito.*

Esto se debe a que ninguna prueba viene a tu vida sin pasar primero por las manos de Dios. Job es el ejemplo perfecto. El diablo estuvo bajo el control de Dios primero, antes que le permitiera afligir a Job (Job 1—2). Dios nos envía las pruebas directamente de su mano o bien las permite, todo con una razón.

La razón por la que enfrentamos pruebas

Estoy usando la palabra *razón* en singular aquí a propósito. Puede haber una miríada de razones individuales para las pruebas que enfrentamos, pero todas se encuentran bajo la razón general que se menciona en Santiago 1:3-4 (LBLA). El apóstol señala que podemos regocijarnos en nuestras pruebas porque

sabemos algo importante: "que la prueba de [nuestra] fe produce paciencia, y que la paciencia [tiene] su perfecto resultado, para que [seamos] perfectos y completos, sin que [nos] falte nada".

Dios quiere que seamos cristianos maduros

La razón de nuestras pruebas es hacernos crecer en madurez espiritual, como queda reflejado en la palabra *perfecto*, que se usa dos veces en el versículo 4 para dar énfasis. Esta palabra significa madurar, crecer. La madurez espiritual es el proceso hasta llegar a ser más semejante a Jesucristo, hasta manifestar más de su vida en nuestra vida. Según palabras de Pablo, "hasta que Cristo sea formado en vosotros" (Gálatas 4:19). Es como el orfebre a quien un observador le preguntó, mientras refinaba el oro:

—¿Cómo sabes cuándo el oro ya ha sido refinado y está listo?

—Cuando puedo ver mi reflejo en él —respondió el orfebre.

Las pruebas están destinadas a refinarnos para que Cristo se refleje en nosotros.

Ahora bien, puede que estés diciendo: "No sé, Tony. La prueba que estoy atravesando ahora parece que me está hundiendo en lugar de edificarme". No estoy aquí para decirte que el dolor no es real. La declaración que hace Santiago sobre el propósito de las pruebas es algo que a veces tenemos que tomar por fe, pero también es una promesa del Dios cuya Palabra nunca falla. También tenemos el testimonio de innumerables santos que han salido victoriosos de infinitas pruebas a lo largo de los siglos, para decirnos que Dios es fiel para sacar algo bueno, incluso de nuestros momentos más difíciles.

Lo interesante de nuestras pruebas es que están hechas a medida. Tus pruebas tienen tu nombre en ellas. Una de las cosas más difíciles que Pablo tuvo que soportar fue su "aguijón en la

carne" (2 Corintios 12:7), al que, dicho sea de paso, denominó un mensajero de Satanás y, a la vez, como algo enviado por Dios.

¿Por qué Dios hizo a la medida esta aflicción que al parecer era muy humillante para Pablo? El apóstol explica que fue "para que… no me exaltase desmedidamente" (v. 7) debido a la grandeza de las revelaciones que había recibido del cielo (vv. 2-4). No obstante, sigue leyendo, porque Pablo señala que, en lugar de hundirlo, su prueba llegó a producirle "gozo" (v. 10). ¿Por qué? "Porque cuando soy débil, entonces soy fuerte".

El camino hacia el verdadero poder espiritual pasa por las pruebas.

Dios sabía lo que Pablo necesitaba, y Él sabe lo que tú necesitas. Dices querer que el poder de Dios descanse sobre tu vida. El camino hacia el verdadero poder espiritual pasa por las pruebas. Como un hábil sastre, que toma las medidas a un cliente para hacerle un traje que le quede perfecto, Dios Espíritu Santo hace a medida las pruebas que enfrentamos para que se ajusten a nuestra necesidad espiritual.

Las pruebas evalúan nuestra preparación para la vida

Recuerdo que una vez le dije a una maestra: "Estoy listo para el examen". Su respuesta fue: "Ya veremos". ¡La maestra me conocía bastante bien!

Una cosa es sentarse en un banco de la iglesia y cantar sobre el poder de Dios que nos ayuda a pasar cualquier prueba. Otra cosa es sentarse a la hora del examen y aprobarlo. Santiago explica que las pruebas representan "la prueba de vuestra fe". Las pruebas llaman tu fe al estrado de los testigos, para ver si real-

mente crees lo que afirmaste al cantar esa canción y al confesar "amén" en el sermón del domingo pasado. Todos queremos crecer, pero no siempre queremos dar el examen.

Solía detestar cuando el maestro decía: "Despejen el pupitre. Y saquen una hoja y un lápiz". Eso significaba que íbamos a tener un examen sorpresa, que siempre temía porque no daba la oportunidad de prepararme para él. Solo era cuestión de *estar* preparado para cada clase, pero hay una gran diferencia entre ambas cosas. Al menos los exámenes de medio término y los finales tenían fechas establecidas que me permitían estudiar para ellos toda la noche previa. Sin embargo, esos exámenes sorpresa eran difíciles, porque ponían a prueba lo que realmente sabía, no lo que podía guardar en mi cerebro la noche anterior.

No debemos rendirnos en las pruebas

La prueba de nuestra fe produce paciencia, según Santiago 1:3. La paciencia es la capacidad de resistir hasta que la prueba termine y hayamos pasado el examen en nuestro camino hacia el siguiente nivel de madurez espiritual. Sin embargo, esto implica no rendirnos a la mitad de la prueba. Es una tentación, en especial si la prueba es extremadamente difícil.

Puedo afirmar que, para la mayoría de los estudiantes del Seminario Teológico de Dallas, yo incluido, los exámenes de hebreo fueron las pruebas más difíciles que tuvimos que tomar. Escuché de jóvenes que se frustraban tanto, que se daban por vencidos y entregaban su examen sin completar. Había estudiantes del seminario que debían volver el quinto y sexto año para obtener una maestría de solo cuatro años, porque no podían aprobar el examen de hebreo. No tengo ninguna duda de que algunos se dieron por vencidos y no volvieron nunca más.

El problema de abandonar un examen es que tendrás que volver y enfrentarlo de nuevo en algún momento si quieres progresar. Y por lo general, los exámenes cuestan más la segunda vez, porque estás pagando la matrícula nuevamente.

Algunos de nosotros hemos estado sentados en el mismo pupitre, en términos espirituales, tomando el mismo examen durante años, porque nos seguimos rindiendo antes que termine. Según Santiago 1, no estamos permitiendo que la paciencia haga su obra perfecta para que podamos llegar a ser perfectos o maduros.

Si estás desertando de una prueba que Dios ha enviado para tu crecimiento espiritual, Él te volverá a probar hasta que la pases. Y Él tiene mucho más tiempo que tú.

Rendirnos en medio de una prueba que está diseñada para nuestro crecimiento, retrasa nuestro progreso. Cuando estaba en octavo grado, teníamos un estudiante de diecinueve años en nuestra clase porque nunca había podido pasar el examen. Básicamente, era un adulto sentado en pupitres hechos para niños delgados de trece años, lo cual era una imagen bastante triste de ver.

> *El gozo tiene que ver con nuestro bienestar interior sin importar lo que suceda exteriormente.*

Cuando repruebas un año en la escuela, tienes que repetirlo, sin importar tu edad, y cuando no dejas que la paciencia tenga su obra perfecta en tus pruebas, puedes terminar siendo un adulto que continúa sentado en la clase de octavo grado. Recuerda que Dios tiene su mano en el proceso y sabe cuándo descontinuar una prueba, porque su propósito se ha cumplido.

Mientras tanto, Él nos da una gran promesa: Su presencia consoladora en la prueba (Isaías 43:2-5).

Qué se requiere para soportar las pruebas victoriosamente

Ahora bien, si Dios permite que las pruebas nos hagan crecer, esto plantea una pregunta muy práctica: ¿Cómo podemos soportar estos tiempos difíciles y, muchas veces, dolorosos para cosechar la bendición de la madurez espiritual? En su magistral discurso sobre las pruebas en Santiago 1:2-12, el apóstol incluyó varios factores importantes que nos ayudarán a soportar las pruebas para experimentar el resultado victorioso que Dios quiere para nosotros. Estas verdades funcionan sin importar la naturaleza de cualquier prueba en particular. Lo primero que ayudará a determinar cómo superarás una prueba es tu actitud hacia ella.

Nuestra actitud determina nuestro contentamiento

Quiero volver a Santiago 1:2 y al mandato: "Tened por sumo gozo cuando os halléis en diversas pruebas". Este versículo es similar a Romanos 8:28, donde lo que no dice es tan importante como lo que dice. Romanos 8:28 no dice que todo lo que nos sucede es bueno, sino que Dios hace que todas las cosas redunden para el bien de sus hijos. Santiago no dice que las pruebas sean causa de gozo en sí mismas, sino que podemos gozarnos en ellas por lo que Dios va a hacer por medio de ellas.

También está claro que el gozo que Santiago tiene en mente aquí no es circunstancial. Alguien ha dicho que la felicidad se basa en lo que sucede. Es contentamiento por nuestras circunstancias. La mayoría de las personas estarían felices si obtuvieran un aumento de sueldo o un ascenso, o si ganaran mucho

dinero. Sin embargo, si su mundo gira en torno a estas cosas, *no* estarían felices si perdieran el trabajo o no tuvieran fondos en la cuenta bancaria. La felicidad fluctúa según las circunstancias.

En cambio, el gozo tiene que ver con nuestro bienestar interior sin importar lo que suceda exteriormente. El gozo que podemos tener en el fuego de las pruebas es la firmeza de espíritu que viene de Dios y se basa en la verdad revelada en su Palabra.

Sabemos algo muy importante

Lo que Dios nos ha revelado es el propósito de nuestras pruebas. Hablamos de esto antes, pero quiero que veas la declaración de Santiago 1:3 otra vez. Al continuar con el pensamiento del versículo 2, Santiago escribe: "Sabiendo que la prueba de vuestra fe produce paciencia". Para tener gozo en nuestras pruebas, necesitamos ver a dónde nos está llevando Dios en ellas. El diablo no quiere que sepas que Dios puede usar tus tiempos de prueba para hacer nacer algo maravilloso en ti, que es la perseverancia que conduce al crecimiento y la madurez que tanto Dios como tú desean.

El problema es que el parto implica dolor. Cuando una mujer está en trabajo de parto, sentirá un dolor extremo, pero nunca se rendirá en medio del proceso. La razón por la que no se rinde es porque sabe algo. Sabe que cuando pase el dolor, por mucho que tarde, su hijo habrá nacido. Y la expectativa de ese maravilloso resultado le da alegría, incluso en el dolor.

El dolor en sí no fue causa de alegría, pero cuando la mamá carga a su bebé recién nacido, ella es la primera en afirmar que valió la pena todo el dolor y los pujos para traer al bebé al mundo. De hecho, la alegría de tener un hijo supera tanto al dolor, que muchas mujeres deciden tener varios hijos a pesar del dolor del proceso de parto.

Ahora bien, sé que es posible que hayas estado resistiendo tu prueba, no solo durante horas, sino días, semanas o incluso meses. Sigue pujando, porque vas a parir. El gozo proviene de saber que Dios está usando la prueba para hacerte crecer. Pedro aprendió la verdad sobre las pruebas, y dio a conocer su sabiduría en estos magníficos versículos de su primera carta: "En lo cual [la seguridad de nuestro futuro con Dios] vosotros os alegráis, aunque ahora por un poco de tiempo, si es necesario, tengáis que ser afligidos en diversas pruebas" (1 Pedro 1:6).

Pedro no negó que las pruebas sean estresantes. Incluso hizo referencia a ellas como el "fuego de prueba" (1 Pedro 4:12); pero observa el énfasis en la alegría y el gozo a pesar del fuego. Volviendo al capítulo 1, señaló que el propósito de las pruebas es examinar y demostrar el valor de nuestra fe. Por eso podemos "[alegrarnos] con gozo inefable y glorioso" (v. 8). Pedro añadió a esto más adelante, cuando nos exhortó a gozarnos en el fuego de la prueba: "por cuanto [somos] participantes de los padecimientos de Cristo" (4:13).

Nuestro ejemplo de paciencia y perseverancia en las pruebas es Jesús mismo. Me encanta Hebreos 12:2, donde el escritor declara de Jesús: "Por el gozo puesto delante de él sufrió la cruz". El gozo y la muerte en una cruz son dos conceptos que no van juntos en la mente de la mayoría de las personas. Sin embargo, Jesús pudo ver más allá de la cruz, porque sabía que le esperaba la gloria cuando regresara a su Padre y liberara a los que había redimido.

Ahora bien, no pases por alto algo muy importante aquí. Aun así, Jesús sintió la agonía de su prueba de tal modo que oró en el huerto: "Padre mío, si es posible, pase de mí esta copa" (Mateo 26:39). Sin embargo, la Biblia también señala que Él mantuvo sus ojos fijos en el resultado de la cruz, que era la redención

para nosotros y la resurrección y gloria para Él. Jesús sabía que Dios iba a usar el Viernes Santo para traer el Domingo de Resurrección, por eso soportó la prueba.

Las palabras *tened por* en Santiago 1:2 son un término contable. Significan sumar todo y llegar a la conclusión correcta, que es que Dios utiliza nuestras pruebas para darnos el crecimiento de la paciencia que conduce al buen resultado de la madurez espiritual (v. 4).

Dios tiene sabiduría para nuestras pruebas

Me alegro mucho de que Santiago haya incluido el versículo 5 en su discurso sobre las pruebas. Una razón por la que me alegro es que las personas tienden a acudir a su pastor después de un sermón sobre pasajes como Santiago 1 y le dicen: "Pastor, escuché su predicación. Ahora dígame exactamente lo que necesito hacer para crecer en mis pruebas".

> *La sabiduría que necesitamos para atravesar nuestras pruebas de una manera piadosa proviene solo de Dios.*

El problema es que no tengo todas las respuestas para estas personas, y nadie las tiene. La sabiduría que necesitamos para atravesar nuestras pruebas de una manera piadosa proviene solo de Dios. Por eso me encanta esta promesa: "Y si alguno de vosotros tiene falta de sabiduría, pídala a Dios, el cual da a todos abundantemente y sin reproche, y le será dada" (Santiago 1:5).

Ya hemos hablado de lo que estos conocidos versículos no significan, ahora déjame decirte lo que creo que Santiago 1:5 no dice. Esta no es una invitación para que interroguemos a Dios

sobre el porqué de nuestras pruebas. Es información que tú y yo nunca conoceremos de este lado del cielo. Si Dios nunca le reveló a Job la única razón de sus increíbles pruebas, es probable que tampoco nos revele la razón a nosotros. Preguntar por qué es otra de nuestra respuesta humana natural, pero no suele ser muy productiva.

En lugar de preguntar por qué, debemos preguntar a Dios el cómo y el qué, como por ejemplo: "Amado Señor, ¿cómo quieres usar esta prueba en mi vida para hacerme crecer espiritualmente y qué quieres que haga para colaborar contigo en esta prueba y poder cosechar los beneficios?". Este es el tipo de preguntas que Dios siempre responderá, y lo hará sin que te sientas necio por preguntar.

No obstante, no solo es cuestión de hacer las preguntas correctas. También necesitamos pedir con el espíritu correcto. Según Santiago 1:6-8, es posible pedir sabiduría a Dios y luego perder el tiempo en tratar de decidir si tenemos la intención de obedecerlo o no. Santiago las define como personas de "doble ánimo", y es claro acerca del resultado: "No piense, pues, quien tal haga, que recibirá cosa alguna del Señor. El hombre de doble ánimo es inconstante en todos sus caminos" (vv. 7-8). Cuando pides sabiduría a Dios, tu respuesta debe ser: "Habla, Señor, que tu siervo escucha".

No desperdiciemos nuestras pruebas

La razón por la que necesitamos la sabiduría de Dios para soportar nuestras pruebas es para no desperdiciar estas oportunidades de crecimiento espiritual. Cuando somos de doble ánimo en Dios y comenzamos a vacilar entre las perspectivas divina y humana, no hacemos ningún progreso en nuestra vida.

Si miras tus pruebas solo a través de los ojos humanos, ten-

drás una reacción humana y te vas a amargar en lugar de madurar. Estarás enojado con el mundo y descargarás tu frustración con quienes te rodean. Con el tiempo, también te enojarás con Dios y comenzarás a tener rabietas. Entonces estarás en un lío porque una rabieta solo te meterá en más problemas.

Muchos de nosotros queremos ver nuestras pruebas de la misma manera que vemos la televisión o los medios digitales. Tal vez hayas visto esas aplicaciones de TV o teléfono que tienen una imagen dentro de una imagen, una función que te permite ver una segunda imagen en la esquina del canal que estás mirando, para que puedas dividir tu visión y ver dos programas o partidos de fútbol a la vez.

Muchos de los cristianos quieren seguir superponiendo su punto de vista humano en la pantalla de la obra de Dios en sus vidas. Van a la iglesia para conocer la perspectiva divina, pero luego se van a su casa y abren esa segunda pantalla para poder sacar su propia conclusión. No desperdicies tus pruebas por tratar de que se ajusten a tu visión y comprensión limitadas.

La sabiduría evitará que nos desanimemos

No puedo pensar en nada que nos desanime más rápido en medio de una prueba que tratar de enfrentarla desde la perspectiva humana. De hecho, no solo te desanimarás, sino que te volverás loco. Cuánto mejor es descansar en la sabiduría de Dios y tomar en serio su Palabra. Permíteme darte una perspectiva espiritual sobre las pruebas, que evitará que te doblegues ante tus circunstancias cuando los tiempos sean difíciles. Esto no es de Santiago 1, pero complementa bien aquí:

> Por tanto, no desmayamos; antes aunque este nuestro hombre exterior se va desgastando, el interior no obstante se renueva de día en día. Porque esta leve tribulación mo-

mentánea produce en nosotros un cada vez más excelente y eterno peso de gloria; no mirando nosotros las cosas que se ven, sino las que no se ven; pues las cosas que se ven son temporales, pero las que no se ven son eternas (2 Corintios 4:16-18).

¿Captaste la perspectiva de Pablo? Cuando vemos nuestras aflicciones, otra palabra para pruebas, desde el punto de vista eterno, nuestro espíritu se renueva para poder seguir adelante y recibir lo que Dios tiene preparado para nosotros. Lo opuesto es verlo desde el punto de vista humano y enfocarse en el hecho de que nuestro "hombre exterior" se va desgastando. Esta es la fórmula perfecta para el desánimo.

Cuando mi hijo Anthony era pequeño, sufría de asma y tenía que llevarlo al médico para que le pusieran una inyección. Esas agujas duelen, así que antes de la inyección, el médico le daba un chupachup. Anthony lamía su chupachup y la vida le sonreía, hasta que el médico le ponía la inyección. Entonces, Anthony gritaba de dolor y empezaba a llorar.

El dolor hacía que Anthony se olvidara de su chupachup por un minuto, pero muy pronto lo volvía a sostener con fuerza y lo lamía mientras las lágrimas corrían por sus mejillas. Ahora bien, sigue conmigo aquí. Jesús es dulce y gratificante, y si te aferras a Él y te alimentas de Él, soportarás el dolor de tus pruebas por el gozo de su presencia.

Cómo recibir la corona de la vida

En este punto, es posible que quieras ver cómo es cuando alguien se goza y es sabio mientras está atravesando una prueba. Esto es importante porque hay una gran recompensa, una recompensa maravillosa por ser fiel en las pruebas. Creo que Santiago nos estaba dando estos ejemplos cuando escribió los

versículos 9-11 de su primer capítulo. Hay dos personas, una pobre y una rica, lo que cubre bastante bien ambos extremos de la experiencia humana y también habla de todas las personas que están entre estos dos extremos. Santiago nos explica cómo es una reacción piadosa ante las pruebas.

Dos maneras piadosas de atravesar las pruebas

La primera persona es el pobre o "de humilde condición", a quien le exhorta a "[gloriarse] en su exaltación" (v. 9). En nuestro contexto actual, esta persona podría tener pocos recursos porque lo despidieron de su trabajo, no le alcanza el dinero y está cansado de estar en la ruina. No parece haber ninguna salida financiera, y en este contexto es fácil que un creyente se enoje con Dios porque Él no lo ayuda, y ya no le quedan ahorros.

¿Por qué le diría Santiago a una persona en esta situación que se "gloríe" o se alegre, y cuál vendría a ser su exaltación? Ya hemos aprendido que, incluso cuando la situación es difícil, podemos tener gozo al saber que Dios ha permitido esa situación para ayudarnos a crecer en Él, y cuando la prueba termine y hayamos sido fieles, Él nos dará algo glorioso.

Quizás Dios permitió que no te alcance el dinero, porque quiere que te concentres en tus riquezas en Cristo, que vendría a ser tu exaltación. Si estás en una situación así en este momento, no te enojes con Dios. Permite que tu prueba te acerque más a Él mientras aprendes a dejar de ver lo físico y concentrarte en lo espiritual.

¿Qué pasa con los ricos? Ellos también tienen una lección que aprender. "El que es rico, en su humillación; porque él pasará como la flor de la hierba. Porque cuando sale el sol con calor abrasador, la hierba se seca, su flor se cae, y perece su her-

mosa apariencia; así también se marchitará el rico en todas sus empresas" (Santiago 1:10-11).

Si el término "rico" te describe, podría ser que nunca hayas tenido que confiar en Dios porque siempre contaste con American Express. Entonces, el Dow Jones se desploma, el NASDAQ cae en picada, la inflación se dispara y ves que tus riquezas se esfuman. ¿Por qué? Porque Dios quiere que entiendas que las riquezas son como una flor marchita que es hermosa hoy y mañana desaparece. Dios puede ponerte en un lugar de dependencia, no para que entres en pánico, sino para que veas dónde están tus verdaderas riquezas y aprendas a confiar en Dios como nunca antes.

En otras palabras, tanto los pobres como los ricos necesitan aprender que Dios, y no otra cosa, es la fuente de su seguridad. Los pobres pueden alegrarse de que son ricos en Cristo, y los ricos pueden alegrarse de haber aprendido a no confiar en la bolsa de valores o en su cuenta privada de retiro. Cuando aprendemos estas lecciones, se produce nuestro crecimiento espiritual.

Así como la ostra, que se irrita con un grano de arena, la sigue rodeando con una secreción que luego se convierte en una perla valiosa, así necesitamos rodear la irritación de nuestras pruebas con una secreción de alabanza y adoración. Cuando lo hagamos, veremos a Dios convertir las pruebas en algo valioso.

Disfrutaremos una nueva experiencia de Dios

La recompensa por ser fieles en el fuego de la prueba se encuentra en Santiago 1:12. "Bienaventurado el varón que soporta la tentación; porque cuando haya resistido la prueba, recibirá la corona de vida, que Dios ha prometido a los que le aman".

La corona de vida parece algo que recibirás más adelante en el cielo. Sin embargo, es una recompensa que puedes disfrutar hoy, porque la corona de la que habla Santiago es la vida misma.

Cuando Dios nos corona de vida, no es solo la vida física, aunque ciertamente es un regalo de Él. La corona de vida es una nueva y gloriosa experiencia de Dios y su gloria, que puede cambiar la forma en que vivimos hoy, así como "un eterno peso de gloria" cuando estemos con el Señor en la gloria (2 Corintios 4:17-18).

Cuando Dios te da la corona de la vida, te está diciendo que pasaste la prueba y ahora Él va a invadir tus circunstancias con un nuevo nivel de su poder y su gloria, que te hará sentir más vivo que nunca.

¿Recuerdas esa sensación maravillosa cuando tomaste el examen más difícil de tu vida y saliste sabiendo que lo habías aprobado porque estudiaste mucho y pagaste el precio de prepararte? Es similar a la experiencia de la que estamos hablando, excepto que es en un nivel mucho más alto. Quiero la corona de la vida, y creo que tú también. Pues bien, el camino a la corona está lleno de pruebas que pueden ser irritantes y dolorosas, pero Dios siempre está tramando algo bueno cuando trae una prueba a nuestra vida.

La mayoría de nosotros somos como algunas aves bebés, que nunca dejarían el nido si tuvieran todo lo que quisieran. A veces, la mamá ave tiene que dejar que tengan un poco de hambre, y acercarse al nido con tentadores bocados de comida. Cuando les llega el momento de volar y dudan demasiado, la madre quiere que abandonen el miedo y se lancen a volar en su afán por una buena comida.

Dios quiere que nos elevemos espiritualmente, pero para hacerlo necesita sacarnos del cómodo nido en que estamos. ¿Estás sintiendo el hambre y la incomodidad de tus circunstancias? Tal vez signifique que es hora de que te muevas y aprendas a volar.

Capítulo 13

La tentación: La batalla de la vida en el reino

Se cuenta la historia de un hombre con sobrepeso, que decidió bajar los kilos que le sobraban. Así que tomó la decisión radical de cambiar su ruta al trabajo para no pasar por su tienda de donas favorita que, en gran medida, había contribuido a su sobrepeso. Estaba tan decidido a adelgazar, que les contó a sus compañeros de trabajo su compromiso de renunciar a sus donas.

Sin embargo, no mucho después, llegó al trabajo una mañana con una enorme bolsa de donas. Cuando sus compañeros le preguntaron qué estaba pasando, respondió:

—Estas no son donas comunes. Son del Señor.

—¿De qué rayos estás hablando? —le preguntaron.

—Pues bien, es simple. Hoy, de camino al trabajo, pasé accidentalmente por mi tienda de donas favorita y vi todos los pasteles en la vitrina. Sabía que tenía que orar para tener fuerzas, así que dije: "Señor, si quieres que coma alguna de estas delicias, te pido que me des un lugar para estacionar justo en frente de la tienda. Si haces esto, sabré que quieres que me coma algunas". Y efectivamente, después de dar ocho vueltas por las calles

alrededor, ¡encontré un espacio para estacionar justo en frente de la tienda de donas!

Es fácil encontrar razones espirituales para ceder a la tentación. La tentación es tan persuasiva, que viene en todas las formas, tamaños, colores y conveniencias. Todos enfrentaremos tentaciones mientras estemos vivos. Es parte de la batalla espiritual que debemos librar si queremos crecer en la gracia y el conocimiento de Jesucristo, y experimentar la vida en el reino. Los incrédulos también son tentados, pero básicamente están indefensos porque no tienen armas espirituales con que luchar. Los cristianos no estamos en absoluto indefensos contra la tentación, pero necesitamos entender qué es y cómo funciona para enfrentarla con éxito.

La realidad de la tentación

La Biblia es muy clara acerca de la naturaleza de la tentación y la forma en que funciona, así que vamos a recurrir a su sabiduría. Un buen punto de partida es el discurso del apóstol Santiago, que comienza de esta manera: "Cuando alguno es tentado, no diga que es tentado de parte de Dios; porque Dios no puede ser tentado por el mal, ni él tienta a nadie; sino que cada uno es tentado, cuando de su propia concupiscencia es atraído y seducido" (Santiago 1:13-14).

Estos versículos vienen inmediatamente después de la enseñanza de Santiago sobre las pruebas, que estudiamos en el capítulo anterior. La relación es importante, porque la misma palabra griega básica traducida como "pruebas" en Santiago 1:2 se usa en la forma verbal "tentado" en el versículo 13. De hecho, este es el caso en todo el Nuevo Testamento, que enseña que el mismo hecho puede ser una prueba o una tentación, depende de su propósito y de cómo respondamos a ella.

La diferencia es que Dios envía o permite la prueba para for-

talecernos en la fe y promover nuestro crecimiento espiritual, mientras que la tentación es una persuasión o incitación al mal que proviene del diablo y sus demonios. Es una invitación a desobedecer o rebelarnos contra Dios con el objetivo de sofocar nuestro crecimiento espiritual y limitar nuestra capacidad de dar más gloria a Dios. Una prueba está diseñada para desarrollarte; una tentación está diseñada para derrotarte.

Satanás quiere derrotarte

Debes comprender que Satanás puede convertir una prueba en una tentación para derrotarte y detener tu crecimiento. Podemos ver cómo funciona esto en el huerto del Edén, cuando Dios puso un árbol en medio del huerto y dijo a Adán y Eva: "Mas del árbol de la ciencia del bien y del mal no comerás; porque el día que de él comieres, ciertamente morirás" (Génesis 2:17). Esta era una prueba, una prueba de su voluntad de obedecer a Dios.

> *Una prueba está diseñada para desarrollarte; una tentación está diseñada para derrotarte.*

Sin embargo, Satanás apareció y convirtió esa prueba en una oportunidad para el mal, al tentar a Eva con el deseo de ser como Dios y poner en su mente el pensamiento de que Dios le estaba ocultando algo. Dios diseñó la prueba, pero Satanás la convirtió en una tentación para el mal.

Hay muchos otros ejemplos que podríamos sacar de la vida diaria. Si estás experimentando dificultades financieras, por ejemplo, podría ser una prueba que Dios te ha enviado. Si estás jugando a la lotería en un intento de ganar mucho dinero y liquidar tus deudas, has permitido que Satanás convierta una

prueba que Dios ha ordenado en una tentación para encontrar una solución rápida y fácil.

En otros momentos, las pruebas y las tentaciones son muy diferentes. No hay forma de que una tentación al pecado sexual sea una prueba enviada por Dios. Él no nos expone al pecado para probar nuestra fe. El hecho de que tu teléfono sea un punto de acceso fácil a películas pornográficas no significa que Dios apruebe que las mires, ya que, si no lo aprobara, no te habría permitido conseguir ese teléfono.

Ninguna invitación a hacer el mal viene de nuestro Dios.

Es como la niña cuya madre la encontró sentada en una banqueta alta de la cocina, comiendo las galletas con chispas de chocolate que la madre le había dicho que no comiera.

—¿Qué estás haciendo ahí arriba? —le preguntó la madre—. Te dije que no comieras esas galletas.

—Lo sé, mamá, pero déjame explicarte. Me subí a la banqueta para oler las galletas y se quedaron atrapadas en mis dientes.

Ese es el tipo de razonamiento que los cristianos usan a veces, aunque sea de manera inconsciente, pero no funciona así. La tentación se diferencia de las pruebas en su fuente, propósito y resultado. La tentación es obra del enemigo de principio a fin.

Dios no te tienta

Santiago sabía que nos sentiríamos tentados a culpar a Dios por nuestras tentaciones, por eso negó tal idea en el capítulo 1, versículo 13. Dios no nos tienta, punto. Él nos prueba para que perseveremos en ella y salgamos fortalecidos, y hasta puede permitir que Satanás nos tiente como parte de nuestro crecimiento

espiritual. Sin embargo, ninguna invitación a hacer el mal viene de nuestro Dios.

La razón es que Dios es totalmente santo y está exento de pecado. Jesús dijo: "Viene el príncipe de este mundo, y él nada tiene en mí" (Juan 14:30). No hay nada en Dios que pueda responder al mal en absoluto y, por lo tanto, Él no puede ser la fuente del mal ni traer el mal a nadie. Dios es la fuente de todo lo bueno en nuestras vidas (Santiago 1:17). Veremos más adelante que la fuente de la tentación y el pecado viene de otra parte.

Dios no te hará pecar y, por cierto, el diablo no puede hacerte pecar. Él puede ofrecerte una tentación y hacer que parezca atractiva, pero no te puede forzar a pecar. Tienes que cooperar. El poder del diablo es influencia y engaño, no coerción.

El avance de la tentación

Santiago 1:14-15 son dos versículos que debes saber de memoria y tener a mano, porque explican claramente el avance descendente de la tentación, que va desde una idea o un pensamiento hasta una acción y sus consecuencias.

Comienza con un deseo

Una tentación comienza cuando cada uno "de su propia concupiscencia es atraído y seducido" (v. 14). La palabra *concupiscencia* significa "fuerte deseo". Hay deseos legítimos que pueden convertirse en fines ilegítimos cuando comienzan a dominar tu pensamiento y tus acciones. Puedes desear comida para alimentar tu cuerpo o puedes codiciar la comida hasta el punto de vivir solo para comer, lo cual es el pecado de la glotonería.

Es importante entender que casi todas las tentaciones a pecar se basan en un deseo legítimo dado por Dios. Si una tentación no fuera de alguna manera deseable para nosotros, no nos mo-

lestaría. Satanás sabe cómo tomar las buenas dádivas de Dios y mezclarlas con engaño y promesas vacías para seducirnos.

El atractivo de la tentación se describe gráficamente con la palabra *seducir* en Santiago 1:14. Describe a un pescador que pone un gusano en el anzuelo y lo arroja al agua para atraer a un pez y hacer que lo muerda. El pez busca un bocado, no convertirse en la cena del pescador. Ningún ratón va en busca de una ratonera. Lo que quiere el ratón es el queso que está en la trampa; pero su concupiscencia por el queso engaña al ratón y le hace creer que el queso está ahí para comerlo, y la trampa se cierra.

Satanás sabe cómo tomar las buenas dádivas de Dios y mezclarlas con engaño y promesas vacías para seducirnos.

La mayoría de nosotros estamos endeudados debido al engaño. Tenemos el deseo de comprar algo que no podemos pagar o que no necesitamos, pero que se presenta de tal manera que llegamos a creer que no podemos vivir sin eso. Entonces caemos en la trampa de la deuda al olvidarnos de que pagaremos las compras del momento durante muchos meses e incluso años a una alta tasa de interés.

El deseo produce desobediencia

El siguiente paso descendente en la tentación se da cuando el deseo, alimentado por la tentación de Satanás, nos lleva a la desobediencia. "Entonces la concupiscencia, después que ha concebido, da a luz el pecado" (Santiago 1:15a). Observa que el pecado no llega hasta que aceptamos la tentación y actuamos en consecuencia. Es una buena noticia saber que no es pecado ser tentado.

La Biblia declara que Jesús "fue tentado en todo según nuestra semejanza, pero sin pecado" (Hebreos 4:15). Así que no dejes que el diablo te haga sentir culpable por haber sido tentado. Las únicas personas que no son tentadas están en el cementerio. Nuestra respuesta determina si una tentación se convierte en pecado. Jesús advirtió que cualquiera que "mira a una mujer para codiciarla" ya cometió pecado (Mateo 5:28). Eso es mirar y luego mirar de nuevo con el propósito específico de codiciar. En este punto, la voluntad queda comprometida y la mirada se convierte en un deseo pecaminoso. Es un acto deliberado de la voluntad.

La desobediencia produce la muerte

Santiago enseña que hay un paso más en el avance de la tentación cuando pasamos del deseo a la desobediencia. Ese paso final es la muerte. "El pecado, siendo consumado, da a luz la muerte" (v. 15b). El pecado nunca se detiene hasta que produce muerte, ya sea la muerte eterna para los no salvos o una ruptura en la comunión del creyente con Dios, que es la esencia de la muerte.

Ahora bien, no caemos muertos físicamente cada vez que pecamos, pero sobreviene la muerte cada vez que pecamos. Dios dijo a Adán y Eva que morirían el día que comieran del árbol prohibido, y eso es lo que sucedió. Su comunión con Dios se obstruyó, y la muerte espiritual y física entró a la raza humana. Para el cristiano, el resultado de ceder a la tentación es la pérdida de la comunión con Dios y un retraso en el crecimiento espiritual, razón por la cual la confesión del pecado es muy importante.

El problema con el pecado es que el diablo usa publicidad falsa. El pecado casi nunca viene con una etiqueta que diga: "Advertencia: causará la muerte". El pecado se ve atractivo y el

precio a pagar parece razonable, pero siempre cuesta más que el precio anunciado. Es rara la persona que, como Moisés, puede ver más allá de "los deleites temporales del pecado" (Hebreos 11:25) y pasarlos por alto para obedecer a Dios.

El pecado siempre te llevará más lejos de lo que querías ir y te costará más del precio que querías pagar. Al principio nos hace exclamar: "¡Guau!", pero al final nos hace exclamar: "¡Uy!". Nada impide el crecimiento más que la muerte, y nada impide el crecimiento espiritual más que permitir que la tentación engendre el pecado y la muerte.

La fuente de la tentación

Puesto que todos somos susceptibles a la tentación, y dado que ceder a ella tiene un precio muy alto, es mejor que averigüemos de dónde viene para poder resistirla, tal como Dios nos pide que hagamos.

El diablo es el tentador

El diablo es el jefe de una red extremadamente sofisticada, cuyo objetivo es tentar a los cristianos y llevarnos a la ruina. Satanás sabe que ha perdido la batalla por nuestras almas eternas, porque estamos seguros para siempre en Cristo. Sin embargo, puede causar estragos en nuestra vida si se lo permitimos.

El diablo es el tentador. La Biblia incluso lo llama por ese nombre en Mateo 4:3, cuando fue a Jesús en el desierto para tentarlo. Ahora bien, hagamos una pausa aquí y observemos que el Espíritu Santo llevó a Jesús al desierto (Mateo 4:1). Si Dios permitió que Satanás tentara a su propio Hijo, permitirá que Satanás nos tiente a ti y a mí. Dios ha dado al diablo acceso a este mundo por el momento.

Satanás como el tentador es el maestro del pensamiento. Tra-

baja en el reino de la mente. Puede plantarnos un pensamiento que tal vez nunca tengamos. Bajo la apariencia de la serpiente, Satanás dio a Eva la idea de comer el fruto que Dios le había prohibido. Le sugirió que ella podría ser como Dios. Eva no estaba parada allí tratando de averiguar cómo podía desobedecer a Dios.

Si eres cristiano, tienes que entender que el pensamiento inicial de hacer el mal no siempre es tuyo. A la nueva naturaleza que tienes de Dios no se le ocurriría eso, porque es perfecta. Tu naturaleza pecaminosa puede aparecer, pero muchas veces el pensamiento inicial de desobedecer a Dios proviene del maligno. A veces respondemos porque nuestra nueva naturaleza todavía vive en nuestra vieja carne pecaminosa, que es parte del enemigo del que estamos hablando.

El diablo es un maestro para la tentación porque te estudia y te conoce, de la misma manera que un entrenador de fútbol estudia la película de cómo juegan sus oponentes. El diablo conoce tus predisposiciones y puntos débiles. Él sabe lo que es más probable que hagas y qué tentación tendría más posibilidades de éxito contra ti. Así como se asignan ángeles santos a cada creyente, también se asignan demonios a los creyentes para que estudien la película de cómo jugamos y lo informen al entrenador. El diablo no es omnisciente ni todopoderoso, por lo que no puede controlarnos, pero puede influenciar y plantar pensamientos y atacarnos donde somos más débiles.

Ahora bien, antes que empieces a sentirte indefenso ante las tentaciones de Satanás, hay un excelente versículo para repasar y aprender de memoria. La Biblia nos asegura: "No os ha sobrevenido ninguna tentación que no sea humana; pero fiel es Dios, que no os dejará ser tentados más de lo que podéis resistir, sino que dará también juntamente con la tentación la salida, para que podáis soportar" (1 Corintios 10:13).

Dios no permitirá que una tentación que excede tu capacidad de resistir termine por derrotarte. Cuando estás en medio de una tentación, podrías sentir que no puedes soportarla. No obstante, si enfrentas una tentación, es de suponer que ha pasado por la revisión del cielo y Dios sabe que tienes la capacidad de resistirla.

La forma de saber que puedes soportar una tentación es que Dios te da junto con ella la "salida". Dios abre una puerta trasera en cada tentación y coloca sobre ella un letrero luminoso que dice "salida". La palabra clave aquí es "con". La salida viene *con* la tentación, al mismo tiempo.

Alguien podría decir: "Pero no veo ninguna señal de salida". Eso es porque la persona está concentrada en la tentación en lugar de buscar la salida. La promesa de Dios de darnos la salida no significa que no tendremos que perseverar y ser fieles a Él; sino que cuando se haya cumplido el propósito de Dios y tengamos victoria sobre la tentación y crecimiento espiritual por medio de ella, Él nos dará la salida.

Satanás no puede controlarte ni ponerte en un lugar del que no puedas salir, pero te puede sugerir, seducir y proponer un trato atractivo. Eso es lo que hizo con Jesús durante la tentación en el desierto (Mateo 4:1-11). Quiero resumir este encuentro y mostrarte cómo Satanás le ofreció a Jesús medios ilegítimos para cumplir deseos legítimos.

Lo primero que Satanás ofreció a Jesús fue satisfacción. Jesús tenía hambre y Satanás lo tentó a convertir las piedras en pan, pero eso era satisfacción sin Dios, porque el plan de Dios era que sus ángeles alimentaran a su Hijo.

Luego Satanás ofreció éxito a Jesús, pero nuevamente sin Dios. Satanás llevó a Jesús a la parte superior del templo y le dijo algo así como: "Salta. Dios te protegerá y todos creerán que

eres el Mesías". En otras palabras, Satanás le estaba sugiriendo una manera en que Jesús podría tener éxito sin la necesidad de morir en la cruz. Era una salida fácil, pero Jesús sabía que tenía que soportar la cruz para llegar a donde Dios quería llevarlo.

Por último, Satanás ofreció a Jesús tener trascendencia sin Dios al ofrecerle los reinos del mundo y su gloria si se inclinaba ante él. Sin embargo, Jesús reprendió a Satanás con el recordatorio de las Escrituras de que solo Dios es digno de adoración.

Eso es todo un conjunto, porque nuestros deseos de satisfacción, éxito y trascendencia vienen de Dios, pero Satanás quiere que busquemos estas cosas sin Dios. Como el tentador, Satanás es la cabeza del imperio del mal.

El mundo es la red del diablo

Nuestro segundo enemigo en la tentación es el mundo, que es como la sofisticada red del diablo, su sistema. La Biblia declara: "No améis al mundo, ni las cosas que están en el mundo. Si alguno ama al mundo, el amor del Padre no está en él" (1 Juan 2:15). Esta es una seria advertencia, por lo que debemos preguntarnos qué quiere decir Dios con el mundo. La palabra griega para mundo es *cosmos*, la base de la palabra *cosmética*. Esta palabra significa "arreglar" o "poner en orden", así que cuando las mujeres dicen que se van a maquillar con el uso de cosméticos, esto es lo que quieren decir.

Cuando esta palabra se usa en un sentido negativo como en 1 Juan 2, no se refiere a nuestro planeta, sino a un sistema que deja fuera a Dios. Hablamos del mundo de la política o del mundo de las finanzas. Estos no aluden a territorios, sino a orientaciones o modalidades en torno a un foco central. En términos espirituales, la orientación del mundo está lejos de Dios y busca sustraer el reino de Dios de la ecuación de la vida.

Ahora bien, tú y yo tenemos que vivir en este mundo, pero no tenemos que amarlo. Satanás dispone de una red que consiste en individuos que son sus secuaces y llevan a cabo su voluntad, se den cuenta o no. Como Satanás lleva la voz cantante, el mundo es hostil hacia Dios y hacia nosotros también. Él trata de atormentarnos con todo lo que el mundo tiene para ofrecer, y con demasiada frecuencia los creyentes caen en la trampa.

Nadie dijo que el mundo no tenía nada que ofrecer. Este mundo busca deslumbrarnos con "los deseos de la carne, los deseos de los ojos, y la vanagloria de la vida" (1 Juan 2:16). A Satanás y al mundo no les importa que vayas a la iglesia el domingo, siempre y cuando dejes a Dios en la iglesia y no le des mucha importancia el resto de la semana.

A veces, lo que el mundo nos ofrece parece muy divertido y nos puede hacer sentir como que nos estamos perdiendo algo bueno. Sin embargo, el mundo también está metido en la publicidad engañosa, que te ofrece un parque de atracciones lleno de diversión sin decirte que tienes que hacer fila tres horas para un emocionante paseo de noventa segundos. Juan señaló que "el mundo entero está bajo el maligno" (1 Juan 5:19).

La carne es nuestro enemigo interior

El tercer enemigo que tenemos que combatir es nuestra propia carne, nuestro egocentrismo innato que ofrece al mundo y al diablo un punto de entrada a nuestras vidas. En un capítulo anterior, hemos hablado de la carne y hemos visto que es la parte de nosotros en la que "no mora el bien" (Romanos 7:18). Pablo tenía en mente su carne cuando señaló: "Veo otra ley en mis miembros, que se rebela contra la ley de mi mente, y que me lleva cautivo a la ley del pecado que está en mis miembros"

(v. 23). La lucha de Pablo era la de un cristiano que busca vivir con rectitud en este mundo.

La frustración de Pablo por hacer lo malo, incluso cuando quería hacer lo bueno, es la batalla que todo creyente debe librar. Sabes qué es equivocarse tan pronto como te levantas de tus rodillas después de haberte consagrado a Dios. Es la carne que quiere entrar en acción, pero gracias a Dios no somos víctimas indefensas. Pablo nos dio la fórmula para la victoria sobre la carne: "Andad en el Espíritu, y no satisfagáis los deseos de la carne" (Gálatas 5:16).

Los deseos de la carne no desaparecerán. Cargaremos con ellos a lo largo de nuestra vida, pero no tenemos que continuar siendo esclavos de nuestra carne.

La carne trabaja con el diablo y el mundo para hacernos pecar. ¿No estás cansado de los vendedores telefónicos que te llaman día y noche? Les dices que no estás interesado, pero siguen hablando y te hacen sentir mal por colgar. Es así como funciona el sistema del mal que nos tienta a pecar. El diablo, el mundo y la carne nos llaman constantemente y tratan de alejarnos de Dios. Sin embargo, tenemos otro sistema que trabaja para nosotros y que puede bloquear esas llamadas antes que se conviertan en un problema.

Cómo vestirse para la victoria espiritual

Ahora llegamos a las buenas noticias, porque por muy poderosos que sean nuestros enemigos, no son rivales para nuestro Señor. El principio operativo para nosotros es: "Hijitos, vosotros sois de Dios, y los habéis vencido; porque mayor es el que está en vosotros, que el que está en el mundo" (1 Juan 4:4). Santiago lo expresó así: "Resistid al diablo, y huirá de vosotros" (Santiago 4:7).

A veces podemos sentirnos como el emperador que no tenía vestimenta a la hora de enfrentarse al enemigo y sus aliados, pero no es así. La Biblia nos informa cómo vestirnos para la victoria espiritual contra Satanás y sus fuerzas.

Nuestra fortaleza está en el Señor

El guardarropa espiritual que necesitamos se encuentra en Efesios 6, uno de mis pasajes favoritos de las Escrituras. Pablo escribió: "Fortaleceos en el Señor, y en el poder de su fuerza. Vestíos de toda la armadura de Dios, para que podáis estar firmes contra las asechanzas del diablo" (vv. 10-11). Olvídate de las resoluciones de Año Nuevo y las promesas a ti mismo y a Dios de que lo harás mejor la próxima vez. Tu fortaleza está en el Señor y su poder, no en el poder limitado de tu voluntad humana.

Tu fortaleza está en el Señor y su poder, no en el poder limitado de tu voluntad humana.

La razón por la que necesitamos la fortaleza de Dios es que nuestra batalla, según Pablo, no es "contra sangre y carne, sino contra principados, contra potestades, contra los gobernadores de las tinieblas de este siglo, contra huestes espirituales de maldad en las regiones celestes" (v. 12). Nuestra batalla es sobrenatural, no natural, de modo que necesitamos la armadura sobrenatural de Dios, que está disponible para nosotros en Cristo Jesús.

Y aquí hay más buenas noticias. Cuando nos vestimos con la armadura de Dios, todo lo que tenemos que hacer es "estar firmes" (vv. 11, 13-14). ¿Por qué la Biblia nos exhorta a estar firmes en lugar de "ir a pelear"? Porque en Cristo la batalla ya terminó

y ha sido ganada. No luchamos *por* la victoria, sino *desde* la victoria. Jesús ganó la batalla sobre el mundo, la carne y el diablo. Todo lo que nosotros hacemos es neutralizar al enemigo. Sin embargo, solo porque estemos luchando desde una posición de victoria, no implica que podamos relajarnos demasiado. La batalla es real, a pesar de que ya ha culminado desde la perspectiva celestial. Tenemos que ponernos la armadura de Dios para estar firmes y poder "resistir en el día malo" (v. 13), que es cualquier día que estamos bajo ataque.

Debemos ponernos la armadura de Dios

Quiero mostrarte las seis piezas de la armadura de Dios descritas en Efesios 6:14-17. Ten en cuenta algo interesante a modo de introducción. Las tres primeras piezas de la armadura se presentan con verbos que indican un estado del ser. En otras palabras, son cosas que usamos todo el tiempo. Son parte del uniforme diario. Sin embargo, las últimas tres piezas se presentan con el verbo *tomar*, lo que significa que son cosas que agarramos según sea necesario en determinado momento. Veremos de qué se trata esto a medida que analicemos cada pieza de la armadura.

La primera pieza es *el cinturón de la verdad.* "Estad, pues, firmes, ceñidos vuestros lomos con la verdad" (v. 14a). Hemos definido la verdad como un norma fija e innegociable, a la cual se debe ajustar todo lo demás. La Palabra de Dios es dicha norma.

Una vez estaba volando con un amigo que me explicó lo importante que es confiar en el tablero de mando del avión sin importar lo que te digan tus sentidos, porque puedes desorientarte fácilmente en el vuelo. Tus ojos pueden decirte que estás boca arriba cuando en realidad estás boca abajo y te diriges hacia una catástrofe.

Un avión se estrelló en el desierto de África durante la Segunda Guerra Mundial, muchas millas después de su destino, porque la tripulación no se dio cuenta de que tenían un fuerte viento de cola y se negó a creer lo que le informaban los indicadores de vuelo del avión. De hecho, años más tarde cuando encontraron el avión, el tablero de mando todavía estaba en perfecto estado de funcionamiento.

La Palabra de Dios es el tablero de mando, y tenemos que creerle sin importar lo que digan nuestros sentidos o el diablo. La Biblia declara: "Sea Dios veraz, y todo hombre mentiroso" (Romanos 3:4).

La segunda pieza de la armadura de Dios es *la coraza de justicia* (Efesios 6:14b). La coraza cubre tu corazón, que, en la Biblia, es el centro de tu conciencia. Cuando conoces la verdad de Dios, entonces tu corazón sabe cómo latir al ritmo correcto. Sin embargo, una vez que dejas de lado la verdad, Dios activa una alarma en tu interior que te advierte que algo anda mal, y no es sabio ignorar las señales de advertencia de tu corazón.

Recientemente, pasé por el detector de metales del aeropuerto y se activó la alarma, así que tuve que vaciar mis bolsillos y volver a pasar. Pero volvió a sonar la alarma, de modo que el guardia dijo: "Señor, debe tener metal en alguna parte. Vamos a tener que revisarlo". A estas alturas ya me estaba irritando evangélicamente porque tenía que tomar mi avión. Entonces le respondí: "No tengo nada más en mis bolsillos".

No me creyó, por supuesto, y ahora se había convertido en una competencia de apuesta. Me revisó con la vara detectora y no encontró nada, así que me sentí más tranquilo; pero luego llegó a mis zapatos, que sin que yo lo supiera, tenían una pieza de metal en la suela. El agente de seguridad me miró triunfalmente como si dijera: "Mi detector no miente".

Cuando Dios activa una alarma en tu corazón, cuando tu pulso espiritual se vuelve irregular, es porque ha encontrado algo que tal vez tú no veas o ni siquiera sepas que está ahí. La tarea del Espíritu Santo es conectar la verdad de Dios con tu corazón para que puedas tratar con el pecado y mantener tu comunión con Dios. La coraza de justicia impide que Satanás penetre en tu corazón con sus mentiras.

La tercera pieza de la armadura del creyente, *el calzado de la paz*, confirma el deseo de Dios de que tengamos comunión con Él (v. 15a). Esta paz es la tranquilidad interior que proviene del "evangelio de la paz", mediante el cual nos colocamos en la posición correcta con Dios.

El simbolismo del calzado sugiere la necesidad de mantenerse firme. El calzado de un soldado romano, cuya armadura era el modelo que Pablo siguió, le ofrecía una base segura mientras peleaba en terreno inestable. Nadie quiere tropezar y caer cuando se enfrenta al enemigo.

El calzado también significa que te diriges hacia alguna parte. Dios nos exhorta a estar firmes, no a mantenernos firmes en nuestras ideas. No hay nada estático en la vida cristiana. El crecimiento espiritual requiere movimiento y desarrollo. No esperes escuchar a Dios si permaneces estático en el mismo lugar todo el tiempo. Cuando avanzas en el Señor, Él confirma la rectitud de tu decisión por la paz que Él da. Estás parado sobre un fundamento firme.

El escudo de la fe es la cuarta pieza de la armadura y la primera que se nos ordena tomar cuando la necesitemos. El escudo nos permite "apagar todos los dardos de fuego del maligno" (v. 16b), esos proyectiles o "flechas encendidas" de Satanás (NTV). Las flechas de Satanás, cosas como la duda y el desánimo, están diseñadas para distraernos de la batalla real y hacer que luchemos

contra los incendios provocados por los dardos de fuego. Sin embargo, la fe, que actúa como si Dios estuviera diciendo la verdad, apaga esos dardos.

Cada vez que leo esto pienso en el viejo oeste y las batallas entre los indios americanos y los colonos en las carretas. Los colonos rodeaban las carretas para repeler el ataque de los indios, pero luego los indios comenzaban a disparar flechas encendidas a las carretas para prenderlas fuego. Hacían esto porque sabían que los colonos no podían combatir los incendios y a los indígenas al mismo tiempo. Las flechas encendidas eran una gran distracción, y Satanás usa la misma táctica contra nosotros.

Si estás bajo ataque y necesitas tu escudo, también necesitarás *el yelmo de la salvación* (v. 17a). Un yelmo protege el cerebro o la mente, lo cual para el cristiano tiene que ver con su nueva identidad o quién es en Cristo. Tu salvación no es solo tu boleto para salir del infierno, sino que es todo lo que eres en Jesucristo: un hijo de Dios comprado con sangre, totalmente perdonado, absolutamente redimido y destinado a ir al cielo. Cualquier otra cosa es una identificación falsa.

Mi papá me arruinó muchos sábados por la noche. Me preparaba para salir, con mi mejor apariencia, listo para comenzar la noche. Y luego mi papá me decía: "Antes de salir de casa, recuerda tu apellido". Me estaba diciendo: "Hijo, cuando sales por la puerta, el nombre y la identidad de nuestra familia van contigo. No arruines el nombre de la familia. No pierdas de vista tu identidad". El yelmo de la salvación protege tu identidad en Cristo.

La sexta y última pieza de la armadura es *la espada del Espíritu*, "que es la palabra de Dios" (v. 17b). Este es un concepto profundo, porque aquí no se refiere a la Palabra de Dios como *logos*, sino como *rhema*, que significa declaración. Se refiere a

nuestro uso de la Palabra de Dios para derrotar a Satanás en la batalla, con las Escrituras correctas en el momento correcto para tratar el problema en cuestión.

El mejor ejemplo del *rhema* de Dios en acción es la forma en que Jesús respondió a Satanás en el desierto. Tres veces Satanás se le acercó, y tres veces Jesús respondió: "Escrito está" (Mateo 4:4, 7, 10) y luego descuartizó a Satanás con la espada de la Palabra de Dios. El diablo puede superarte en argumentos y debates, pero no tiene respuesta para la Palabra de Dios.

Ahora déjame preguntarte algo. Si Jesús, la Palabra de Dios viva y encarnada, necesitó usar las Escrituras, la Palabra escrita de Dios, para enfrentar al enemigo, ¿cuánto más necesitamos nosotros usar la Palabra? Aprendemos la Biblia para usarla. Cuando Satanás nos ataca con una tentación, podemos responderle con la Palabra. La espada a la que Pablo se refirió aquí no es la gran espada ancha que ves a los antiguos soldados empuñar en las películas, sino una espada corta para el combate cuerpo a cuerpo. Cuando Satanás se acerque a ti, clávale la Palabra.

Nos vestimos por medio de la oración

Me alegro de que Pablo no se quedara solo con una descripción de nuestra armadura, porque una de las claves para la eficacia de la armadura de un soldado era ponérsela correctamente para que las piezas calzaran bien y proporcionaran la máxima protección. Efesios 6:18 se refiere a nuestro uso de la armadura de Dios: "Orando en todo tiempo con toda oración y súplica en el Espíritu, y velando en ello con toda perseverancia y súplica por todos los santos".

¿Cómo te pones la armadura de Dios? Por medio de la oración. Orar en el poder del Espíritu nos viste para la guerra espiritual, que es el tema en discusión. Te animo a orar específica-

mente al comenzar cada día, y pedir a Dios que te vista con cada pieza de su armadura que debes usar en todo momento y que te permita tomar las piezas de la armadura que necesites según lo exija la ocasión. No salgas a enfrentar el día espiritualmente mal vestido.

Orar en el poder del Espíritu nos viste para la guerra espiritual.

Nos vestimos de Jesús

Si quieres hacer un estudio interesante, compara cada pieza de la armadura de Dios con las provisiones que tienes en Cristo. Por ejemplo, está el cinturón de la verdad. Jesús declaró que Él es la verdad (Juan 14:6). Tenemos la coraza de justicia, y la Biblia dice que Jesús ha sido hecho nuestra justicia (1 Corintios 1:30). Debemos usar el calzado del evangelio de la paz, y leemos que "[Jesús] es nuestra paz" (Efesios 2:14).

La siguiente es el escudo de la fe. La Biblia declara que Jesús es "el autor y consumador de la fe" (Hebreos 12:2). ¿Qué pasa con el yelmo de la salvación? El título de Jesús es Salvador. Y se lo llama la Palabra en Juan 1:1.

En otras palabras, Jesús es nuestra armadura. Entonces, cuando hablamos de ponernos nuestra armadura, en realidad estamos hablando de vestirnos de Cristo. Por eso la Biblia nos manda: "Vestíos del Señor Jesucristo, y no proveáis para los deseos de la carne" (Romanos 13:14). Este es uno de los mejores versículos de la Biblia sobre cómo vencer la tentación. Pablo mencionó la carne, porque es el único de nuestros tres enemigos sobre la cual podemos hacer algo. No podemos evitar que el diablo sea él mismo y que el mundo nos lance sus tentaciones, pero no tenemos que responder a ellas en nuestra carne.

Déjame decirte lo que hará por ti vestirte de Jesús. Hebreos 2:18 señala que Jesús fue tentado al igual que nosotros para poder librarnos cuando seamos tentados. Cuando dices: "Jesús, estoy siendo tentado a hacer trampa en esta prueba", Jesús te responde: "Sé por lo que estás pasando. El diablo me tentó a hacer trampa en mi prueba y que evitara ir a la cruz". Y Él vendrá en tu ayuda. Lo que necesitas hacer es mantener tus ojos fijos en Jesús (Hebreos 12:2).

Los entrenadores caninos que quieren entrenar a los perros para que escuchen y obedezcan sus órdenes pase lo que pase, comienzan el entrenamiento lanzando un jugoso trozo de carne roja frente al animal. El perro no entrenado busca la carne de inmediato, pero con el tiempo el entrenador le enseña al perro a mantener su atención en él pase lo que pase. Si el proceso tiene éxito, el perro no apartará los ojos de su amo ni siquiera con la "tentación" de la carne frente a su propia nariz.

Si mantienes tus ojos en Jesucristo, no importa qué tipo de mentira sustanciosa te lance Satanás. De vez en cuando, querrás ir tras esa mentira, pero si mantienes tus ojos en Jesús y escuchas solo su voz, puedes tener la victoria sobre cualquier cosa.

Capítulo 14

El llamamiento: El ministerio de la vida en el reino

La serie televisiva de comedia *Seinfeld* fue uno de los programas más populares de la televisión durante varios años. Los actores que participaban de la serie eran buenos en lo que hacían, y los autores crearon algunos personajes descabellados, pero una de las características singulares de *Seinfeld,* que contribuyó a su popularidad, fue el hecho de que los episodios del programa no seguían una trama. Los personajes iban de una situación a otra sin un propósito u orden aparente en sus vidas. Se hizo un análisis de la audiencia de *Seinfeld* y se descubrió que la razón por la que a tanta gente le encantaba el programa era que sus vidas no tenían rumbo ni trama, igual que los personajes del programa.

Hoy día, demasiadas personas viven una vida estilo *"Seinfeld"* sin un propósito aparente, como un hámster en una rueda dentro de una jaula. Estas personas pueden estar corriendo rápido, pero no van a ninguna parte. Sus vidas titilan como la luz de una vela en lugar de resplandecer con el brillo del sol de mediodía. Y lo trágico es que esta descripción de la vida concuerda con la de muchos de los cristianos que afirman creer que Dios los creó y los salvó con un propósito.

Cuando era un niño y vivía en Baltimore, solíamos ir a pasear los domingos por la tarde en familia. Tal vez tú también recuerdes esos paseos. Nunca íbamos a ninguna parte, solo paseábamos sin rumbo ni destino. Ahora bien, esa puede ser una forma aceptable de pasar algunas horas el domingo por la tarde, pero no es como Dios diseñó que vivamos.

Muchas personas tienen una carrera, un hogar, una familia y todas las demás cosas que nuestra sociedad considera importantes, pero aun así sienten que su vida está incompleta. Si esto te sucede como cristiano, puede ser que no hayas tratado con tu llamamiento. Hasta que no descubras esa razón divinamente inspirada para estar vivo, te seguirás sintiendo como si estuvieras en medio de un episodio de *Seinfeld,* sin una trama ni un proyecto de vida.

Descubrir y vivir tu llamamiento como creyente es una importante faceta de la vida en el reino. La verdadera realización es descubrir, en primer lugar, la razón por la que Dios te puso aquí en la tierra.

El significado del llamamiento

Siempre es útil definir nuestros términos, así que déjame darte una definición de *llamamiento,* que será la base de nuestro estudio en este capítulo. Tu llamamiento es *el propósito de vida personalizado que Dios ha diseñado, establecido y preparado para ti, a fin de expandir su reino y traer más gloria a su nombre.*

Anteriormente, hemos visto que debemos vivir para la gloria de Dios como su pueblo. Una razón por la que Dios quiere que crezcas en la fe es para que puedas maximizar tu llamamiento para tu propio bien personal y el avance del proyecto del reino. Un llamamiento es uno de los dones de la gracia que Dios ha dado a cada creyente, sin excepción.

Ahora bien, antes de continuar, permíteme abordar la idea

que tienen muchas personas en la iglesia, que piensan que un llamamiento es una experiencia sobrenatural en la cual Dios habla de manera sensacional, como cuando Cristo se aparece a Saulo en el camino a Damasco. Tal vez algunos tengan un sentido sensacionalista del llamamiento de Dios, pero Él no habla ni aparece hoy como lo hizo en los tiempos bíblicos, porque tenemos su revelación completa. La mayoría de nosotros encontraremos nuestro llamamiento mientras escudriñamos la Palabra y el Espíritu Santo graba la voluntad de Dios en nuestro corazón, a menudo acompañada por la evidencia confirmatoria de las circunstancias.

Tu llamamiento viene de un Dios bueno

La Biblia aborda este importante tema en varios pasajes. En Jeremías 29:11, encontramos que el llamamiento o los pensamientos de Dios para nosotros son buenos: "Porque yo sé los pensamientos que tengo acerca de vosotros, dice Jehová, pensamientos de paz, y no de mal, para daros el fin que esperáis".

Efesios 2:10 es otro excelente versículo que trata sobre nuestro llamamiento. Muchas veces pasamos por alto este versículo después de la famosa enseñanza de Pablo en los versículos 8 y 9, en referencia a que somos salvos por gracia mediante la fe como un don de Dios. Sin embargo, el don de su gracia no termina con la salvación, como leemos en el versículo 10: "Porque somos hechura suya, creados en Cristo Jesús para buenas obras, las cuales Dios preparó de antemano para que anduviésemos en ellas". Esta es una declaración general de nuestro llamamiento, que es hacer "buenas obras" que bendigan y ayuden a otros y glorifiquen a Dios (Mateo 5:16). Entonces, tu llamamiento no es solo lo que haces para ganarte la vida, sino tu servicio para Dios divinamente predeterminado, que es tu respuesta a la maravillosa gracia que Él te ha mostrado en la salvación (Romanos 12:1-8).

Ahora bien, si nuestro llamamiento viene de la mano de nuestro Dios bueno, y su objetivo es producir buenas obras, entonces nuestro llamamiento en sí mismo es bueno, lo que lo convierte en otra provisión de la gracia de Dios.

Tu llamamiento tiene un propósito divino

Dios también es un Dios de propósitos, así como un Dador bueno. "El consejo de Jehová permanecerá para siempre; los pensamientos de su corazón por todas las generaciones" (Salmos 33:11). Todo en el universo que Él creó tiene un propósito, y Él nos hizo con ese mismo deseo e impulso de encontrar un propósito para nuestra existencia. No puedo contar las personas que me han dicho: "Sé que Dios me puso aquí por una razón". Este es el clamor por un llamamiento, un sentido de propósito divino.

> *El propósito de la humanidad es ejecutar el dominio del reino de Dios sobre la tierra.*

Este deseo en nosotros refleja la naturaleza sistemática de Dios, que se revela en Génesis 1 cuando Él asignó a cada parte de la creación su propósito determinado. La luz apareció para disipar las tinieblas y mantenerla en su sitio. Dios creó el sol para que "señorease" o diera luz durante el día, y la luna para que "señorease" durante la noche (Génesis 1:16).

Sin embargo, cuando llegamos a Adán y Eva, encontramos este propósito del reino: "Fructificad y multiplicaos; llenad la tierra, y sojuzgadla, y señoread en los peces del mar, en las aves de los cielos, y en todas las bestias que se mueven sobre la tierra" (Génesis 1:28). El propósito de la humanidad es ejecutar el dominio del reino de Dios sobre la tierra.

Si alguna vez has escuchado a una persona que se esfuerza por no desafinar mientras trata de cantar una canción que está fuera del rango natural de su voz, probablemente te alegraste cuando esa cantante volvió a su rango más natural. Incluso los cantantes que pueden cantar falsete finalmente tienen que volver a su rango normal.

Demasiados de nosotros somos como cantantes que intentan cantar fuera del rango de su voz, mientras nos esforzamos por no desafinar, porque no estamos cumpliendo con nuestro propósito divinamente inspirado. Hechos 13:36 hace una declaración muy significativa sobre el rey David de Israel: "Porque a la verdad David, habiendo servido a su propia generación según la voluntad de Dios, durmió, y fue reunido con sus padres, y vio corrupción". No hay mayor epitafio que se pueda declarar sobre tu vida, que decir que cumpliste el propósito de Dios en tu generación.

La peor vida que podemos vivir es la que carece de una trama, una vida sin propósito atrapada en el mismo ciclo repetitivo. La mayoría de nosotros sabemos lo que se siente. Todos los días te levantas de la cama de siempre y vas al baño de siempre a mirarte la misma cara en el espejo. Vas al mismo armario de siempre para elegir la misma ropa de siempre, luego te sientas en la misma mesa de la cocina para comer el mismo desayuno de siempre.

Luego vas a ese mismo garaje de siempre y te subes a ese mismo auto de siempre para dirigirte por el mismo camino de siempre al mismo trabajo de siempre. Allí trabajas todo el día por el mismo salario de siempre, con los mismos compañeros de siempre, supervisado por el mismo gerente de siempre. Luego vuelves a ese mismo auto de siempre para regresar por ese mismo camino de siempre a la misma casa de siempre.

Una vez que estás en casa, te sientas en esa misma silla de

siempre para ver la misma televisión de siempre. Luego vas a la misma mesa de siempre para comer la misma cena de siempre. Y al final del día, vas a la misma cama de siempre y duermes de la misma manera para levantarte a la mañana siguiente y comenzar el mismo ciclo otra vez. Un día alzas tu mirada y descubres que tu vida no tiene propósito. Te mueves, pero como un hámster en una rueda, no vas a ninguna parte.

El carácter de tu llamamiento

Sin embargo, Dios no nos creó, y ciertamente no nos redimió, para vivir una existencia sin propósito ni una trama. Estas deberían ser buenas noticias para ti, porque significa que incluso si, en este momento, estás buscando el llamamiento y el propósito de Dios para ti, es algo que vale la pena buscar.

Tu llamamiento está hecho a tu medida

Una de las razones por las que necesitas crecer y maximizar tu desarrollo espiritual como cristiano es cumplir el propósito del reino. No conozco a muchas personas que estén contentas con haber vivido y que, al morir, en su lápida se lea: "Juan estuvo aquí". Fuimos hechos para cosas más grandes que ocupar un espacio en este planeta.

Dios tiene un llamamiento del reino para ti, y lo hermoso de este llamamiento es que está hecho a tu medida. Por eso Pablo escribió: "Ocupaos en vuestra [propia] salvación" (Filipenses 2:12). Es tu salvación, no la de nadie más. Todos somos salvos por el mismo Señor y Salvador, pero nuestro Dios es infinitamente creativo.

De la misma manera que tienes huellas dactilares y ADN únicos, tienes un llamamiento único, y quiero retarte a que no te conformes con nada menos. No te conformes con un sueldo,

una casa y dos coches. Ese puede ser el sueño americano, pero Dios tiene un sueño mucho más grande para ti.

No me malinterpretes. No hay nada de malo en poseer estas cosas. El problema es cuando se convierten en todo lo que hay en la vida. Hace algunos años, una canción popular preguntaba: "¿Esto es todo lo que hay?". La canción no respondía la pregunta, pero Dios nos ha dado la respuesta. Las cosas que nos rodean no son todo lo que hay. Él tiene un plan personalizado para ti, y la persona sabia tiene la prioridad de descubrir ese plan (Proverbios 20:5).

Dios tiene un llamamiento del reino para ti, y lo hermoso de este llamamiento es que está hecho a tu medida

Dios te da un don especial

Dios es tan intencional al diseñar un propósito único para cada uno de sus hijos, que el Espíritu Santo ha dotado a cada creyente con lo que la Biblia llama un don espiritual o una capacidad divina para el servicio (1 Corintios 12:7, 11). Me gusta la forma en que Pedro lo expresa: "Cada uno según el don que ha recibido, minístrelo a los otros, como buenos administradores de la multiforme gracia de Dios" (1 Pedro 4:10).

A menudo escuchamos decir: "No tengo ningún talento", pero ningún cristiano puede decir: "No tengo ningún don". Cuando Dios te salvó, también te dotó para tu desarrollo y el bien de los demás, y parte de tu crecimiento espiritual es descubrir y emplear ese don. De hecho, la mayor prueba de que comprendes y usas la gracia liberadora de Dios es en tu servicio a los demás (Gálatas 5:13).

Ahora bien, para que quede claro, un don espiritual no es solo un talento o una capacidad humana. No tienes que ser cristiano para tener capacidad en ciertas áreas. Puedes usar un talento humano para ejercitar tu don espiritual, pero un don es más que un talento, porque el don es algo que el Espíritu de Dios usa para promover los propósitos del reino y la gloria de Dios por medio de tu vida.

Las personas pueden usar sus talentos para glorificarse a sí mismas y promover sus propios intereses. El problema es que es posible que usemos los dones de Dios para promovernos y beneficiarnos solo a nosotros mismos. He visto cristianos que han tomado los dones de Dios y se han conformado con usarlos como talentos humanos. Es decir, al usar tus dones solo para tu beneficio, y no para el reino y la gloria de Dios. Esta posición es peligrosa, porque Dios no permitirá que utilicemos mal sus dones. Los dones espirituales se llaman así porque el Espíritu Santo es quien los reparte (1 Corintios 12:11) para permitirte cumplir con el llamamiento de Dios y promover su plan en la tierra.

Una de las razones por las que muchos de nosotros pasamos por alto nuestro llamamiento es porque pasamos por alto nuestro don. Nos hemos conformado con una definición secular de por qué estamos aquí y hemos pasado por alto el propósito eterno de Dios, razón por la cual Él nos ha dado a cada uno capacidades, experiencias y deseos únicos.

Tu llamamiento y tu carrera pueden o no ser las mismas, depende de tus dones. Como persona que ha sido llamada a predicar la Palabra de Dios, estoy cumpliendo mi llamamiento en mi carrera. Proclamar la Palabra de Dios también es mi trabajo de tiempo completo. Las carreras de algunas personas respaldan su llamamiento, como en el caso del mismo Pablo. El llamamiento de Pablo era predicar el evangelio a los gentiles, pero pagaba sus

cuentas como fabricante de tiendas de campaña. Sus dones eran los de un pastor, maestro y evangelista, pero tenía la capacidad humana de cortar y coser tiendas de campaña.

¿Eres una pieza faltante del rompecabezas?

¿Sabes lo que Dios te ha llamado a hacer? ¿Sabes cómo te ha dotado? Si es así, ¿cómo estás usando tus dones para la gloria de Dios?

Si no puedes responder a estas preguntas, o si al menos no tratas de saber la respuesta, tu crecimiento espiritual se verá limitado, porque no estás cumpliendo con tu razón de ser.

El reino de Dios es como un rompecabezas gigante, que se compone de muchas piezas pequeñas. Estoy seguro de que has intentado armar un rompecabezas, pero luego descubriste que faltaban una o dos piezas. Es obvio que el creador del rompecabezas tenía un lugar para cada pieza, y el rompecabezas está incompleto sin una de ellas.

Ahora bien, no podemos hacer demasiado énfasis en insistir que Dios no va a permitir que el plan de su reino se frustre por la falta de cooperación de nadie. No obstante, si tú y yo no estamos cumpliendo con nuestro llamado, falta una pieza del rompecabezas. Además, muchos de nosotros tratamos de encajar en el lugar que Dios no ha diseñado para nosotros, así como algunos de nosotros tratamos de hacer encajar una pieza al armar un rompecabezas. No obstante, obligar a una pieza a encajar donde no corresponde solo desgasta sus bordes si la sigues presionando y apretando.

Cuando descubras el llamamiento de Dios, no tendrás que obligarte a encajar en ningún lado. La Biblia declara que Dios ha colocado cada parte del Cuerpo de Cristo exactamente donde Él quiere que esté (1 Corintios 12:18). Por lo tanto, tu iglesia local debe ser la principal beneficiaria de tus dones, aunque tam-

bién puedes servir en otros lugares, como ministerios de apoyo a la iglesia, programas vecinales y, por supuesto, en tu familia y tu trabajo. Hay una inmensa satisfacción en encontrar ese lugar y saber que es ahí donde Dios te ha llamado.

El momento adecuado para tu llamamiento

La Biblia está llena de personas que descubrieron su llamamiento y lo vincularon con el propósito eterno de Dios. La historia de Ester es un ejemplo clásico, en parte porque el libro de Ester contiene una de las declaraciones clásicas de la Biblia sobre nuestro llamamiento.

Tu llamamiento es más grande que tú

La vida de Ester nos recuerda un importante principio relacionado con nuestro llamamiento como creyentes, que ya he mencionado brevemente. Es decir, dado que el llamamiento de Dios está relacionado con su reino, Él tiene en mente algo mucho más grande para ti y para mí que nuestro propio propósito. Tal vez recuerdes que Ester era una de las exiliadas judías que vivían en Persia. Ester era tan hermosa que cuando el rey de Persia decidió deshacerse de su reina y buscar otra, Ester ganó el concurso de belleza real que se llevó a cabo para seleccionar una nueva reina. El rey no podía apartar los ojos de Ester, pero no sabía que ella era judía.

Entra en escena un hombre llamado Amán, uno de los principales consejeros del rey y un enemigo de los judíos después que el pariente judío de Ester, Mardoqueo, se negó a inclinarse ante él. Amán estaba determinado a exterminar a los judíos e incluso consiguió que el rey de Persia emitiera un decreto para la aniquilación del pueblo judío. Mardoqueo se enteró del edicto y fue a ver a Ester con un sencillo mensaje: "Ve a ver al rey, dile quién es tu pueblo y ruega por la vida de los judíos. De lo contrario, todos moriremos".

El único problema con este plan es que Ester no lo veía así. Entonces le dijo a Mardoqueo: "No puedo ayudarte. Si voy a ver al rey sin que me haya llamado, arriesgaré mi vida".

Ester sufría de la enfermedad estadounidense de "la afluenza y la paz personal". Tenía una buena vida. Antes había sido una donnadie, pero ahora era alguien. Era la primera dama de Persia. Y era cierto que, si se presentaba ante el rey por su propia cuenta, podía ser condenada a muerte si él no estaba complacido con ella.

Sin embargo, había demasiado en juego como para no arriesgarse. Mardoqueo se molestó un poco con Ester y le recordó: "Porque si callas absolutamente en este tiempo, respiro y liberación vendrá de alguna otra parte para los judíos; mas tú y la casa de tu padre pereceréis" (Ester 4:14a). Luego Mardoqueo formuló esta poderosa pregunta en la segunda mitad del versículo: "¿Y quién sabe si para esta hora has llegado al reino?". Ester entendió el mensaje, y apeló al rey por los judíos, que se salvaron de la aniquilación.

Ester no entendió al principio que Dios no la había hecho hermosa solo para que pudiera convertirse en reina y vivir en el lujo. Tomó tiempo y la reprensión de Mardoqueo para que Ester se diera cuenta de que Dios la había colocado en el trono de Persia para cumplir, en ese momento, con un llamamiento específico que implicaba la preservación del pueblo de Dios.

Tu llamamiento implica a toda la iglesia

Muchos cristianos preguntan: "¿Cómo descubro mi llamamiento?". La respuesta corta es que Dios te lo revelará porque Él conoce tu nombre y dónde estás, y porque Él no está jugando al escondite con su propósito para ti. Si quieres conocer tu propósito, no busques tu propósito. Busca a Dios, y tu propósito te encontrará a ti. Los primeros versículos de Hechos 13 nos dan

algunas ideas importantes sobre la forma en que Dios llama a su pueblo a cumplir su plan:

> Había entonces en la iglesia que estaba en Antioquía, profetas y maestros: Bernabé, Simón el que se llamaba Niger, Lucio de Cirene, Manaén el que se había criado junto con Herodes el tetrarca, y Saulo. Ministrando estos al Señor, y ayunando, dijo el Espíritu Santo: Apartadme a Bernabé y a Saulo para la obra a que los he llamado (Hechos 13:1-2).

Ten en cuenta que el Espíritu Santo llamó a Bernabé y a Saulo, o Pablo, por su nombre en el contexto de la adoración corporativa de la iglesia. Tendemos a pensar que este tipo de llamamiento solo sucedía en los días bíblicos cuando Dios asignaba tareas específicas a personas específicas. Sin embargo, el Espíritu Santo continúa hablando hoy a los creyentes cuando participamos en el Cuerpo de Cristo. Esto es importante porque el llamamiento de Dios a cada persona es para el beneficio del Cuerpo. La iglesia también actúa como el agente que confirma el llamamiento de cada creyente. El mejor lugar para descubrir tu llamamiento es en la iglesia.

El mejor lugar para descubrir tu llamamiento es en la iglesia.

No te equivoques. Dios no ha perdido en absoluto su capacidad para comunicarnos claramente su voluntad hoy. Una razón por la que tantos creyentes no conocen su llamamiento es que no están en el lugar donde Dios les puede hablar objetivamente por medio de su Palabra, y subjetivamente por su Espíritu, confirmado por su pueblo e incluso por las circunstancias. Se mantienen al margen esperando que algo suceda.

En otras palabras, no están activos en la comunión del Cuerpo de Cristo sirviendo hombro a hombro con otros creyentes. Muchos de nosotros estamos sentados de brazos cruzados y decimos: "Bueno, cuando Dios me revele su voluntad, pondré manos a la obra". No, Dios solo da en un blanco en movimiento. Aquí es donde tu crecimiento espiritual se vuelve tan importante. A medida que creces en la Palabra, la fe y el servicio, le das a Dios un blanco cada vez mayor para alcanzar. No dejes de servir al Señor hasta que encuentres tu llamamiento. Como veremos más adelante, no fue hasta que Moisés se apartó para ver la zarza ardiente que escuchó el propósito explícito de Dios para él.

Además de la falta de movimiento, otro problema que puede impedir el cumplimiento del llamado de Dios es que algunas personas están satisfechas con lo que suelo denominar un llamamiento general. Estas personas van a la iglesia y escuchan la Palabra, pero vuelven a su casa y se olvidan. No buscan a Dios diligentemente para saber su voluntad para sus vidas.

Es como un mariscal de campo en el fútbol profesional. Tiene auriculares en su casco para que el entrenador pueda indicar la jugada específica que quiere. Es posible que el mariscal de campo ya conozca el libro de jugadas, pero es diferente hacer una jugada particular para una situación particular.

Una cosa es ir a la iglesia el domingo y escuchar la Palabra de Dios, pero otra cosa es estar en el juego tú mismo para que el Espíritu Santo pueda mencionar tu nombre en tus "auriculares" y revelar la jugada específica que Él quiere que ejecutes.

Los elementos de tu llamamiento

Anteriormente, sugerí que Dios usa una variedad de medios para revelar su llamamiento. El consejo de su Palabra es indis-

pensable, y también necesitamos buscar la sabiduría de otros creyentes cuya madurez espiritual respetamos. Puesto que tenemos capítulos enteros sobre cómo Dios usa su Palabra y su Cuerpo en nuestro crecimiento espiritual, quiero concentrarme en la forma en que Dios usa las experiencias.

Dios usa todas tus experiencias

Dios también usa tus circunstancias para prepararte para tu llamado, aun cuando esas circunstancias a veces parezcan una pérdida de tiempo. Sin embargo, Dios no desperdicia nada. Él puede usar todas nuestras experiencias —buenas, malas y feas— para lograr sus propósitos.

Moisés creció en un "hogar adoptivo" en Egipto como nieto adoptivo de Faraón. Pasó cuarenta años en el palacio aprendiendo el idioma y las costumbres de los egipcios, porque Dios lo iba a usar para sacar a Israel de Egipto. ¡Qué mejor preparación para comprender a tus enemigos que criarte entre ellos!

Sin embargo, Moisés también necesitaba aprender algunas lecciones personales, de modo que Dios lo envió al desierto por otros cuarenta años a cuidar ovejas. El nieto de Faraón era ahora un humilde pastor. Nada es más humillante que tener que aceptar un trabajo para el que estás sobrecalificado, especialmente cuando es tu propio fracaso lo que te coloca allí. Esos años en el desierto le enseñaron a Moisés cómo era vivir del lado pobre de la ciudad.

Finalmente, a los ochenta años de edad, Moisés estuvo listo para cumplir su llamamiento. Dios llamó su atención por medio de una zarza que ardía, pero no se consumía. Moisés dijo: "Tengo que ver eso", y mientras observaba esa extraña escena, Dios le hizo un llamamiento personal: "¡Moisés, Moisés!" (Éxodo 3:4). En la zarza ardiente, Dios le reveló a Moisés su llamamiento como

libertador de Israel. Aunque Moisés tuvo algunas objeciones, obedeció a Dios y liberó a Israel.

El hecho es que ninguno de los ochenta años de preparación de Moisés fue en vano. Sus años en el palacio de Faraón lo prepararon para presentarse en la corte y anunciar que Dios lo había enviado para sacar a los israelitas. Y los cuarenta años de Moisés a solas con Dios como pastor lo prepararon espiritualmente para el enorme llamado de guiar al pueblo de Dios y recibir su ley.

El profeta Isaías recibió el llamamiento de Dios en medio de una mala situación. Era "el año que murió el rey Uzías" (Isaías 6:1). El rey estaba muerto, una circunstancia negativa que llevó a Isaías a la casa de Dios, donde vio al Señor, y Dios lo llamó para hablarle a su pueblo.

La infeliz realidad es que muchos no conocen la voz del Espíritu Santo. Nunca lo han escuchado pronunciar su nombre. No estoy hablando de una experiencia extraordinaria fuera del cuerpo, sino de la realidad de Dios el Espíritu Santo que habla a tu corazón y te comunica claramente lo que Él quiere que hagas.

Dios te da pasión por tu llamamiento

Otro elemento importante de tu llamado es la pasión: un deseo ardiente o fuego en tu corazón para hacer una obra particular para la gloria de Dios. Muchos cristianos tienen miedo de decirle a Dios: "Haré todo lo que quieras que haga", porque temen que Él los envíe a algún lugar al que no quieren ir o que los obligue a hacer algo que no quieren hacer.

Ahora bien, no me malinterpretes. No estoy diciendo que Dios nunca nos llama a hacer algunas cosas que son difíciles, pero las personas que tienen miedo de lo que creen que podría ser su llamamiento, no entienden que la voluntad de Dios es

"buena, agradable y perfecta" (Romanos 12:2). ¿Hay algo para temer de esa fórmula?

No obstante, eso no solo significa que la voluntad de Dios es buena en el sentido objetivo, aunque lo es. Dios también nos da pasión por su voluntad para que nos entusiasmemos tanto como Él. Con el llamamiento de Dios viene el fuego de Dios. Jeremías declaró que cuando trató de dejar de hablar de Dios, su palabra se volvió para el profeta "como un fuego ardiente metido en [sus] huesos" (Jeremías 20:9). El apóstol Pablo tenía pasión por su llamamiento a predicar el evangelio donde el nombre de Jesús no se había escuchado (Romanos 15:20). No puedes contener un fuego que Dios enciende.

Cuando Dios te da pasión por tu llamamiento, te motiva y te impulsa. Es el fuego que no se puede apagar. Cuando Él enciende tu corazón, comienzas a ver cosas que nunca antes habías visto y te emocionas por ellas.

Tuvimos nuestro primer retiro de liderazgo un año después del inicio de nuestra iglesia en Dallas. Teníamos unas treinta y cinco o cuarenta personas en la iglesia y un puñado de hombres en el retiro, y les conté la visión y el llamamiento que Dios me había dado, mucho de lo cual ahora es una realidad. Esto fue antes que tuviéramos terrenos, edificios o personal, pero hubo un llamamiento, y con el llamamiento viene el fuego. Y con el fuego viene la visión, para que Dios te pueda llevar a lugares que aún no existen. Como iglesia ahora estamos viendo el cumplimiento de ese fuego divino.

Lo hermoso de un llamamiento es que Dios puede incluso obrar muy a tu pesar para cumplirlo. Las personas de mi generación recuerdan a Chuck Colson como una figura del escándalo de Watergate durante la presidencia de Richard Nixon. Colson era el consejero del presidente, el "hombre encargado de hacer los trabajos sucios", y lo sentenciaron a ir a la cárcel. Sin embargo, Dios

usó los problemas legales de Colson para atraerlo a Él, y cuando Colson fue a la cárcel, ya era un creyente en Cristo. Mientras estuvo en prisión, vio la tremenda necesidad espiritual de los presos. Después de la liberación de Colson, Dios puso esa necesidad espiritual en su corazón hasta que no pudo hacer otra cosa que regresar a la cárcel y testificar de Cristo. Hoy, la obra fundada por Chuck Colson, *Prison Fellowship*, es uno de los ministerios carcelarios más grandes del mundo. Dios usó la caída del poder terrenal y su encarcelamiento para encender dentro de Chuck Colson la pasión por ver una transformación en la vida de los prisioneros.

El Espíritu Santo está listo para encender tu corazón por un llamamiento que viene de Él. A veces, la pasión puede seguir a tu obediencia al hacer lo que sabes que Dios quiere que hagas. No es probable que encuentres mucha pasión por algo si solo te mantienes al margen esperando que suceda algo. Jesús dijo: "El que quiera hacer la voluntad de Dios, conocerá si la doctrina es de Dios" (Juan 7:17).

Muchas personas han descubierto que tienen pasión por algún área de servicio después que comenzaron a servir. Tuvieron ese sentimiento interior que proclama: "Fui creado para esto". Cuando tienes una ardiente razón interna para hacer algo, y sabes que Dios te está mirando y te sonríe, eso hace toda la diferencia.

Eso me recuerda al muchacho que estaba en el equipo de fútbol de su escuela secundaria. A lo largo de su carrera, no se esforzaba mucho en la práctica y nunca tuvo un alto rendimiento en el juego, por lo que terminó como un corredor de cuarta línea. Sin embargo, en el último partido de su último año, todos los demás corredores se lesionaron y el entrenador tuvo que poner a este muchacho en el partido.

Pues bien, para asombro de todos, este exjugador de bajo rendimiento se desenfrenó y empezó a jugar con todas sus fuer-

zas y a mostrar un alto rendimiento en sus carreras. El entrenador no podía creer lo que veía, y después del partido le preguntó:

—¿Qué rayos pasó para que juegues así?

—Puedo explicarlo —respondió—. Mi padre era ciego, y murió la semana pasada, así que hoy es la primera oportunidad que ha tenido de verme jugar.

Cuando sabes que tu Padre te está mirando, se enciende una pasión dentro de ti.

Una definición del verdadero éxito

Otro beneficio de conocer y cumplir con tu llamamiento es que responde la pregunta sobre qué es el verdadero éxito, lo que constituye un gran problema para la mayoría de nosotros. Nadie me ha dicho jamás que se propuso fracasar.

Una visión distorsionada del éxito

Sin embargo, demasiados cristianos tenemos una definición distorsionada del éxito. Hemos aceptado la idea del mundo de que el éxito se mide por lo bien que nos va comparado con cómo les va a los demás. Ahora bien, si deseas una fórmula segura para el estrés, la ansiedad y la infelicidad, comienza a jugar el juego de la comparación. El problema es que no importa cómo te vaya, a alguien siempre le irá mejor.

No obstante, cuando defines el éxito en términos del llamamiento de Dios, la norma cambia. El verdadero éxito no es lo que has hecho en comparación con lo que otros han hecho, sino lo que has hecho en comparación con lo que debías hacer, que es otra forma de preguntar cuán bien estás cumpliendo el propósito del reino de Dios para tu vida. Jesús tuvo éxito porque completó la obra que su Padre le envió a hacer (Juan 17:4). Pablo tuvo éxito porque terminó su carrera (2 Timoteo 4:5-8).

Según esta norma, el éxito puede significar dejar un trabajo lucrativo para seguir el llamamiento de Dios al ministerio. Puede significar usar un don especial para la gloria de Dios en lugar de perseguir la fama y la fortuna. No obstante, sea lo que sea, una vez que estés cumpliendo tu llamado, puedes dejar de compararte con los demás o desear ser otra persona.

> *No seremos verdaderamente exitosos hasta que estemos usando nuestros dones para cumplir con nuestro llamamiento.*

No te guardes tus dones para ti

Lo contrario de esta definición de éxito también es cierto. No seremos verdaderamente exitosos hasta que estemos usando nuestros dones para cumplir con nuestro llamamiento. Una cosa que me preocupa como pastor es ver a los cristianos usar sus habilidades en su profesión, pero no en el reino. Pablo señaló que el Espíritu Santo nos da dones para "provecho" del Cuerpo de Cristo (1 Corintios 12:7).

Todos debemos entender que a menos que y hasta que estemos usando nuestros dones para hacer avanzar el proyecto del reino de Dios, no disfrutaremos de su sentido divino de llamamiento y satisfacción. Un sueldo nunca puede tomar el lugar de un llamamiento. Tu llamamiento es el lugar donde experimentarás la vida abundante que Jesús prometió (Juan 10:10).

Por lo tanto, déjame hacerte algunas preguntas más. Así como los jugadores de bolos se miden por su impacto en la cantidad de bolos que derriban, ¿qué impacto estás teniendo para el reino de Dios? ¿Cuánto tiempo, talento y energía estás dedicando a tu propósito? ¿Cómo estás usando los dones que

Dios te otorgó para llevar a cabo su plan en el reino? ¿Cómo se beneficia el Cuerpo de Cristo del hecho de que tú estés aquí en la tierra?

Dios te ha salvado con un propósito. Y no te llevó al cielo cuando te salvó, porque tiene algo para ti aquí en la tierra. Permíteme sugerirte algunas maneras de encontrar la voluntad y el llamamiento de Dios para tu vida.

Una manera es decidir crecer en Cristo. Tú sabes lo que necesitas para crecer, así que determina que nada te alejará de la Palabra de Dios ni te levantará de tus rodillas en oración. Pide al Espíritu Santo que se manifieste a ti y te muestre los dones que Dios te ha dado y de qué forma quiere que los uses. Conságrate totalmente a Dios, y podrás comprobar cuál es su propósito para tu vida (Romanos 12:1-2).

Además, haz lo que esté delante de ti hasta que Dios te muestre el próximo paso. Ponte a trabajar para Dios, y no tendrás que encontrar tu llamamiento. Tu llamamiento te encontrará a ti, porque el Espíritu Santo sabe dónde vives y sabe hablar sin tartamudear.

Una de las razones importantes por las que necesitas crecer en la gracia es para poder declarar al final de tu vida, como Pablo: "He peleado la buena batalla, he acabado la carrera, he guardado la fe" (2 Timoteo 4:7). La corona es para aquellos que terminan su carrera.

Es hora de que entres a la pista y empieces a correr. El futuro puede no estar completamente claro en este momento, pero sigue adelante. Cuando descubras tu llamamiento, lo sabrás, porque estarás más vivo que nunca. La gracia de Dios te habrá liberado para convertirte en todo aquello para lo que fuiste creado.

Capítulo 15

La obediencia: La respuesta de la vida en el reino

Escuché de una mujer que se había casado con un hombre muy exigente, severo y nada cariñoso. Su vida con él era muy infeliz, pues debía cumplir con una lista de demandas y expectativas que él le había dado, tales como "lavar y planchar mi ropa" y "tener mis comidas listas a la hora establecida todos los días". El esposo insistía en que su mujer cumpliera la lista al pie de la letra, y nunca le agradecía por nada. La mujer cumplía con sus exigencias, pero detestaba su vida con este hombre.

La mujer soportó su matrimonio infeliz durante veinticinco años hasta que su esposo murió. Ella juró que nunca se volvería a casar, pero dos años después conoció a un hombre muy amable, y se casó. En lugar de exigirle, su segundo esposo simplemente la amaba. La mujer experimentó la felicidad por primera vez y se dio cuenta de que disfrutaba, incluso, de sus actividades rutinarias.

Un día, mientras limpiaba, encontró la vieja lista de exigencias que le había dado su difunto esposo. Volvió a leer la lista por primera vez en años y se echó a reír. Descubrió que estaba haciendo las mismas cosas por su segundo marido, y aún más. La diferencia era que ahora disfrutaba de hacer esas cosas, mientras

que antes las detestaba y solo las hacía como un deber. El amor de su nuevo esposo había transformado radicalmente su actitud.

Nuestra forma de responder a las expectativas que Dios tiene de nosotros como sus hijos es otro componente vital en la vida del reino. No te equivoques, Dios tiene expectativas de nosotros. No son solo sugerencias las que Él nos hace. La norma es la obediencia a la voluntad de Dios como se revela en las Escrituras, y todo cristiano que quiera agradar a Dios y crecer procurará ser obediente. Sin embargo, Dios no nos entrega una "lista de tareas a realizar" y luego se prepara a aporrearnos si fallamos.

Todo cristiano que quiera agradar a Dios y crecer procurará ser obediente.

Sé que, por varias razones, la sola palabra *obediencia* hace que algunas personas se exasperen. Por ejemplo, hay quienes no quieren obedecer a nadie porque les parece una opresión. Estas son personas que podrían haber tenido experiencias como la de la mujer de la historia que acabamos de ver. Otros dicen que han tratado de obedecer, pero no pueden perseverar. A menudo estas son personas que afirman salir del servicio dominical emocionadas por lo que han escuchado y listas para responder, pero algo sucede a medida que transcurre la semana y no pueden obedecer.

No quiero excusar la desobediencia a Dios por ningún motivo, pero al estudiar nuevamente este tema, descubrí que a menudo tenemos una visión distorsionada de lo que constituye la verdadera obediencia bíblica. Y debido a que tenemos una visión distorsionada de la obediencia, no podemos aplicarla a nuestra vida diaria.

Estoy emocionado de revelarte lo que descubrí, porque el

tema de la obediencia está muy relacionado con el nuevo pacto y la nueva obra que Dios ha hecho en nuestros corazones por medio de la muerte de Cristo en la cruz. Quiero reformular el concepto de la obediencia para que puedas interpretarla de una manera que quizás difiera de lo que has escuchado antes.

Una nueva definición de obediencia

La relación entre la nueva naturaleza que Dios puso dentro de nosotros en el momento de la salvación y nuestra obediencia a Él es tan vital que quiero establecerla primero. En Jeremías 31:31-34, Dios anunció que algún día Él se relacionaría con los seres humanos de una nueva forma llamada el nuevo pacto. Este pacto no está basado en la ley y el sacrificio de animales, sino en el sacrificio que Jesucristo hizo una vez y para siempre. La característica principal del nuevo pacto es: "Daré mi ley en su mente, y la escribiré en su corazón" (v. 33).

> *Cuando Dios nos hizo nuevas criaturas en Cristo, también nos dio el deseo interno de obedecer su ley y andar en sus caminos.*

Esta es una promesa de la nueva naturaleza y la nueva relación que tenemos con Dios como creyentes hoy. También podríamos denominar a esta naturaleza como una nueva disposición o un corazón compuesto de un conjunto totalmente nuevo de inclinaciones, que son *deseos incorporados* que tenemos para acercarnos a Dios y obedecer su Palabra.

El hecho de que estos deseos sean incorporados o internos es crucial, porque revoluciona nuestra comprensión de la obediencia. Dios no solo nos ha dado su ley, sino que cuando nos

hizo nuevas criaturas en Cristo, también nos dio el deseo interno de obedecer su ley y andar en sus caminos. Por eso Pablo pudo escribir: "Queridos amigos, siempre siguieron mis instrucciones cuando estaba con ustedes; y ahora que estoy lejos, es aún más importante que lo hagan. Esfuércense por demostrar los resultados de su salvación obedeciendo a Dios con profunda reverencia y temor. Pues Dios trabaja en ustedes y les da el deseo y el poder para que hagan lo que a él le agrada" (Filipenses 2:12-13, NTV).

Hechos para obedecer

Muchos cristianos crecieron memorizando estos versículos sin entender realmente lo que significan. Sabemos que tienen que ver con la obediencia, y que la obediencia de alguna manera está ligada a "lo que a [Dios] le agrada", pero la mayoría de las personas no relacionan la obediencia con ningún nivel de agrado.

Eso se debe a que estamos muy acostumbrados a obedecer por necesidad o por miedo. El peor ejemplo de eso es un esclavo que está obligado a obedecer a un amo que lo amenaza con látigo en mano. Sin embargo, no solo eso, sino que tenemos padres que nos obligaron a obedecer porque era lo correcto o, a veces, "porque lo digo yo". Muchas personas solo obedecen a sus jefes porque necesitan mantener su empleo.

En otras palabras, la mayoría de nosotros equiparamos la obediencia con el modus operandi "hazlo o de lo contrario...". Ahora bien, por favor, no me malinterpretes. No está mal que los padres esperen obediencia de sus hijos y los disciplinen por su desobediencia. Un supervisor tiene derecho a tomar medidas contra los empleados que no cooperan. Lo que digo es que hacer lo que te dicen porque estás hecho para eso o porque lo necesitas no es la mejor definición de obediencia ni la mayor motivación para obedecer.

En cambio, la Biblia nos da una mejor definición de obediencia, que es hacer lo que realmente quieres hacer en el fondo de tu corazón. El elemento que falta en la definición de obediencia de tantas personas es el factor "querer", es decir, la idea de que el deseo de obedecer a Dios ya está integrado en nosotros. Esto aleja nuestra obediencia del modo "debería hacerlo, tengo que hacerlo, mejor lo hago o de lo contrario Dios me castigará" y la eleva al nivel de una respuesta alegre a todo lo que Dios ha hecho por nosotros.

Por lo tanto, Pablo puede exhortarnos a obedecer y ocuparnos de nuestra salvación, porque Dios ya ha obrado en nuestra nueva naturaleza. Otra forma de definir la obediencia bíblica es la simple demostración de lo que Dios ha hecho en nuestro interior. Sostengo que la mayoría de nosotros, como cristianos, no consideramos la obediencia como el hecho de activar y cultivar algo que ya está presente dentro de nosotros. Consideramos la obediencia como una responsabilidad que tenemos que fabricar, no como "el deseo" que ya tenemos de ejercerla.

De hecho, estoy convencido de que lo que muchos de nosotros llamamos obediencia no es más que un acatamiento externo. Con esto quiero decir que lo hacemos, pero en el fondo no queremos hacerlo. Somos como el niño que se portó mal y su madre le ordenó que se sentara en el rincón. Después de unos minutos, le preguntó desde la otra habitación: "¿Sigues allí sentado?". El niño respondió: "Por fuera estoy sentado, pero por dentro estoy de pie".

Podrías decir que eso es obediencia, pero en realidad no es más que un acatamiento externo sin la respuesta interna de una obediencia deseosa y alegre. La obediencia bíblica es hacer externamente con gozo lo que quieres hacer en tu interior.

Hacer lo que quieres hacer

Esta definición de obediencia está basada en varios princi-

pios bíblicos que hemos visto, el primero de los cuales se encuentra en Filipenses 2:13. Pablo asevera que podemos obedecer porque Dios trabaja en nosotros y nos "da el deseo y el poder para que [hagamos] lo que a él le agrada" (NTV). Esto significa que tenemos tanto el *deseo* como el *poder* de hacer lo que Dios nos pide que hagamos. Estos son los dos componentes necesarios para la auténtica obediencia.

Un deseo es algo que uno quiere hacer, de modo que Pablo utiliza la expresión "lo que a él *le agrada*" en relación con nuestra responsabilidad de obedecer a Dios. Obedecer debe causarnos agrado, tanto porque a Dios le agrada nuestra obediencia como porque nos agrada saber que lo hemos complacido. Si tratamos la obediencia como nada más que un acatamiento externo ajeno a todo lo que sucede en nuestro interior, entonces no estamos experimentando ningún gozo en lo que hacemos.

Nunca olvidaré al Dr. Howard Hendricks, uno de mis profesores favoritos en el Seminario de Dallas, cuando nos contó que su maestro de quinto grado lo tuvo que atar a su asiento para que se comportara bien. Cuando pasó a sexto grado, su maestra lo miró y le dijo: "Así que eres Howard Hendricks. Escuché que eres un chico malo, pero quiero que sepas que no creo una sola palabra de eso".

El profesor Hendricks dijo que habría hecho cualquier cosa por esa maestra. No solo no le dio problemas, sino que se convirtió en un alumno ejemplar que se esforzaba y hacía todo lo que ella le pedía. Comentó que un día su antiguo maestro pasó por su salón de clases y miró hacia dentro para ver ese milagro que había sucedido.

La mejor clase de obediencia es la que está ligada a una relación fuerte y positiva. Muchos padres dirían: "¡Increíble! Desearía poder obtener ese tipo de obediencia de mis hijos". Yo también soy padre y sé que todos luchamos, o hemos luchado en algún

momento, con el desafío de encontrar la mejor manera de enseñar a nuestros hijos a obedecer.

Nadie tiene todas las respuestas, pero aquí hay un principio en el que puedes confiar como padre (o como maestro, empleador o cualquier otra persona que tenga a otros a cargo). El principio es este: las reglas sin una relación conducen a la rebelión.

Las reglas sin una relación conducen a la rebelión.

Sé que muchos padres declaran que sus hijos deben obedecerlos por el solo hecho de que están a su cargo. Y es cierto que hay momentos cuando debemos hacer que nuestros hijos obedezcan, les guste o no.

Sin embargo, si todo lo que tenemos a nuestro favor en la disciplina infantil es "hazlo o de lo contrario..." o "hazlo porque lo digo yo", podemos lograr que nuestros hijos obedezcan hasta que tengan la edad suficiente para dejar de tenernos miedo, y entonces obtendremos una franca rebeldía. No tiene nada de malo establecer reglas, pero asegúrate de cultivar también una relación cercana con tus hijos para que respondan a tu amor con su propio amor, que haga de la obediencia un deleite y no un deber.

El puro gozo de obedecer a Dios

Cuando eras joven, ¿sentiste alguna vez que obedecer a tus padres era una carga pesada y horrible que tenías que llevar? Desdichadamente, muchas personas nunca se libran de ese sentimiento cuando llegan a la edad adulta. Hablar de obediencia, alegría, agrado y "querer" al mismo tiempo es una contradicción para ellos.

Me temo que muchos cristianos sienten lo mismo acerca de

su llamado a obedecer a Dios. Déjame decirte algo. Si sientes que los mandamientos de Dios son una pila de cosas agobiantes que debes y no debe hacer, y si sientes que obedecerlo es como llevar una carga pesada, entonces lo que estás haciendo y lo que Dios pide no es lo mismo.

Aquí hay otra visión de la obediencia. Jesús dijo: "Venid a mí todos los que estáis trabajados y cargados, y yo os haré descansar. Llevad mi yugo sobre vosotros, y aprended de mí, que soy manso y humilde de corazón; y hallaréis descanso para vuestras almas; porque mi yugo es fácil, y ligera mi carga" (Mateo 11:28-30).

¿Hay algún yugo que Jesús quiere que llevemos que incluya la obediencia? Definitivamente. ¿Pretende Él que sea la carga de una responsabilidad agotadora, que sea tan pesada que apenas podamos llevarla? No, en absoluto. De hecho, si tu carga es demasiado pesada para ti, entrégasela a Jesús y deja que Él te muestre la alegría de seguirlo y obedecerlo.

Tal vez digas: "Si en lo más profundo tenemos este intenso deseo de obedecer a Dios, ¿por qué no puedo experimentarlo?". Una razón puede ser que todavía tenemos que luchar con nuestra carne, que es tan pertinaz en su resistencia a obedecer a Dios como lo es la nueva naturaleza en obedecerlo. No podemos olvidar que hay una batalla dentro de nosotros cuando tratamos de obedecer a Dios.

Una segunda razón por la que muchos de nosotros no sentimos este deseo es que está cubierto por callos formados durante años de hacer las cosas solo porque las teníamos que hacer. Es muy parecido a la piel dura y seca que se forma en nuestros pies. Hay que eliminar esa capa dura para llegar a la piel suave que se encuentra debajo. Por lo general, eso es lo primero que debe hacer un pedicurista cuando realiza un tratamiento en tus pies. De la misma manera, Dios Espíritu Santo a menudo tiene que quitar

los callos de nuestro corazón como parte de su proceso de ablandamiento, para que seamos receptivos a la voluntad de Dios.

La obediencia, el desbordamiento del amor

El Espíritu Santo tiene una herramienta favorita para eliminar esos callos espirituales. Se llama amor, específicamente nuestro amor por Cristo en respuesta a lo que Él ha hecho por nosotros.

El apóstol Juan sabía de qué se trata amar a Cristo. Juan fue el discípulo que se definió como aquel "al cual Jesús amaba" (Juan 13:23), y que se recostó al lado de Jesús en la Última Cena. Es de esperar que Juan se pusiera bastante efusivo y retórico cuando escribió sobre el amor a Dios. Sin embargo, en 1 Juan 5:3 el apóstol escribió: "Pues este es el amor a [o por] Dios, que guardemos sus mandamientos; y sus mandamientos no son gravosos". Demostramos nuestro amor por Dios con nuestra obediencia. La obediencia es el desbordamiento natural del amor. Y fíjate que cuando amas a alguien, la obediencia no es una carga. La declaración de Juan refleja perfectamente lo que sin duda escuchó decir a Jesús cuando enseñó que su carga es ligera.

Jesús también señaló que la obediencia es la prueba del amor. En ese mismo aposento alto donde Juan se recostó al lado de Jesús, el Señor dijo: "El que me ama, mi palabra guardará; y mi Padre le amará, y vendremos a él, y haremos morada con él. El que no me ama, no guarda mis palabras" (Juan 14:23-24a).

El amor hace del hacer un deleite

Observa que Jesús no declaró: "Si me aman, es mejor que guarden mi Palabra". Él no hizo ninguna amenaza. La fórmula es sencilla. Si amamos a Jesús, tendremos el deseo de obedecer. Si no tienes deseos de obedecer, no tienes amor. La razón por

la que no obedecemos lo suficiente es que todavía no estamos suficientemente enamorados de Jesús.

Ahora permíteme enfatizar nuevamente que debemos hacer lo correcto porque es correcto. Sin embargo, todos sabemos lo que es cansarse de hacer lo correcto solo porque debemos hacerlo. Cuando llegamos a esa etapa, el deber ha reemplazado al amor. Lo comparo con la forma en que muchos hombres casados se comportan con sus esposas hoy día, a diferencia de cuando eran novios.

Un hombre que está tratando de cortejar y conquistar a una mujer hará cualquier cosa por ella, aunque esté cansado y lo que ella le pida sea inconveniente, doloroso o costoso, ¡o las tres cosas! Ella podría llamarlo y decirle: "Cariño, yo sé que es tarde, estás cansado y está lloviendo a cántaros; pero ¿podrías venir y cambiar el neumático pinchado de mi auto?".

¿Qué diría él? "Claro, cariño, voy enseguida". Y él va y cambia el neumático bajo la lluvia torrencial con una sonrisa en su rostro, porque lo motiva el amor.

Ha pasado el tiempo. Este hombre ya hace diez años que está casado, lo que significa que vive en la misma casa con la mujer a la que cortejó y conquistó. Sin embargo, ahora, cuando ella le pide que se levante del sofá y le haga un pequeño favor, tiene que pedírselo tres veces, y uno pensaría que le ha pedido que se corte la pierna por la forma en que se queja y refunfuña. Entonces ella se enoja y empieza a fastidiarlo, porque recuerda la época cuando no tenía que pedírselo dos veces. Lo que era un deleite se ha convertido en un deber, porque la motivación amorosa se ha enfriado.

Como verás, nuestro problema fundamental como cristianos en realidad no es la obediencia. Nuestro problema es mantener ferviente nuestro amor por Cristo, porque el amor hace que la

obediencia sea un deleite. Una disminución en la obediencia es la consecuencia de una disminución en el amor. Lo que hacemos a menudo es reemplazar la gracia por la ley y el amor por las reglas, pero no disfrutamos las reglas porque no vemos el amor. La nueva naturaleza funciona mejor cuando está motivada por la relación, no por las reglas. Dijimos anteriormente que las reglas sin relación conducen a la rebelión. Podríamos agregar a esto que las reglas sin amor conducen a la frialdad. Cuando el Señor Jesús resucitado se dirigió a las siete iglesias, elogió a la iglesia de Éfeso por su arduo trabajo y obediencia, pero también señaló: "Pero tengo contra ti, que has dejado tu primer amor" (Apocalipsis 2:4). En otras palabras: "No me amas como solías amarme". Cristo exhortó a esta iglesia a recordar de dónde había caído y a volver a ese momento cuando empezaron a perder su amor por Él.

> *Un esposo sabio colmará a su esposa de amor, atención y valoración. Ella, a su vez, responderá con amor.*

La relación lo cambia todo

Mantener el amor vivo y fuerte requiere una intimidad en la relación que también afecte la forma en que vivimos. Juan hizo esta importante asociación cuando escribió: "El que dice que permanece en él [Cristo], debe andar como él anduvo" (1 Juan 2:6). Permanecer en Él es mantener una relación íntima con el Señor, de la cual brota la obediencia.

Este vínculo entre nuestra relación de amor con Cristo y nuestra obediencia es importante porque, si recuerdas, la obediencia bíblica no es comportarse bajo obligación o amenaza. En cambio, es responder al deseo que ya tenemos en nuestro interior de obedecer y agradar a Dios. Déjame repetirlo. La ver-

dadera obediencia para el cristiano es hacer lo que queremos hacer en nuestra nueva naturaleza, donde Dios ha escrito su ley y nos ha dado el Espíritu Santo para que tengamos poder.

Demasiados hombres son severos y exigentes con sus esposas, quienes a menudo cumplen con las demandas de sus esposos solo para evitar que se enojen. Sin embargo, cuando una esposa se siente amada, cuando esa intimidad está presente en la relación matrimonial, eso lo cambia todo. Una mujer florece en este tipo de atmósfera, porque las mujeres están diseñadas para responder.

Un esposo sabio colmará a su esposa de amor, atención y valoración. Ella, a su vez, responderá con amor. Entonces todos los argumentos sobre quién debe hacer qué y quién se olvidó de hacer qué comenzarán a disiparse, porque el amor motiva la acción adecuada. Si nos deleitamos en el amor perfecto de Dios, no tendremos ningún problema en hacer lo que Él nos pide que hagamos.

Un modelo bíblico para la obediencia

No quiero que termines este capítulo y digas: "Tony, todo esto parece genial, pero no me has mostrado cómo poner mi obediencia en marcha". Bueno, espera porque aquí vamos.

Cuando buscamos una aplicación práctica de la verdad bíblica, a menudo terminamos en el libro de Santiago. Me gusta Santiago porque es un hombre directo, que nos mira a la cara y nos dice: "Esta es la verdad. ¿Qué vas a hacer al respecto?". Estas son algunas maneras de responder a la Palabra de Dios.

Procura conocer los pensamientos de Dios en todo momento

En el primer capítulo de su carta, Santiago hace esta declaración: "Por esto, mis amados hermanos, todo hombre sea

pronto para oír, tardo para hablar, tardo para airarse; porque la ira del hombre no obra la justicia de Dios" (Santiago 1:19-20). Más adelante en el capítulo, aclara que está hablando de ser pronto para escuchar la Palabra de Dios. En otras palabras, la primera pregunta que debemos hacernos en cualquier situación es: ¿Qué dice Dios acerca de esto en su Palabra? ¿Qué piensa Él de esto?

Además de conocer los pensamientos y la voluntad de Dios, Santiago señala que debemos ser lentos en nuestra respuesta. Con esto quiere decir que no seas demasiado rápido para saltar y reaccionar. Es probable que conozcas a personas que apenas te dejan abrir la boca y ya comienzan a refutarte. Cuando sepas lo que Dios dice, no reacciones en la carne, porque tu carne no quiere obedecer a Dios. Enojarse tampoco sirve de nada, porque no vas a cambiar la mente de Dios, y al final, deberás obedecer igual.

Elimina los obstáculos que te impiden obedecer

Una vez que hayas escuchado la Palabra y estés listo para responder, Santiago 1 señala que el primer paso es eliminar las cosas que te impiden obedecer. "Por lo cual, desechando toda inmundicia y abundancia de malicia, recibid con mansedumbre la palabra implantada, la cual puede salvar vuestras almas" (v. 21).

Los obstáculos que menciona Santiago son categorías generales del pecado, las obras de la carne que actúan como callos en nuestro corazón y nos impiden obedecer al Señor. Necesitamos quitarlos para que se manifieste la carne blanda de la nueva naturaleza, que es donde se encuentra el "querer" obedecer a Dios. La confesión sincera, como se describe en 1 Juan 1:9, elimina estos obstáculos y prepara el camino para que la Palabra nos

"salve". No en el sentido de la salvación, sino de la transformación que viene cuando el Espíritu Santo es libre de aplicar la Palabra de Dios a nuestras vidas.

Mírate a ti mismo en la Palabra

Me encantan los siguientes versículos de Santiago 1, donde compara nuestra respuesta a la Palabra con un hombre que se mira en un espejo. El objetivo de mirarnos en la Palabra de Dios es que lleguemos a ser "hacedores de la palabra, y no tan solamente oidores, [engañándonos a nosotros] mismos" (v. 22). En otras palabras, debemos hacer algo con lo que vemos, porque la Biblia es como un espejo que nos muestra cómo somos en verdad.

> *La Biblia es como un espejo que nos muestra cómo somos en verdad.*

Lo contrario de alguien que obedece la Palabra es la persona descrita en los versículos 23-24: "Porque si alguno es oidor de la palabra pero no hacedor de ella, este es semejante al hombre que considera en un espejo su rostro natural. Porque él se considera a sí mismo, y se va, y luego olvida cómo era".

La palabra traducida "hombre" en este pasaje es la palabra griega para "varón", por lo que sabemos que Santiago está hablando de la forma en que los hombres usan un espejo a diferencia de las mujeres. Las cosas no han cambiado mucho en los últimos dos mil años, porque incluso entonces los hombres usaban un espejo más o menos como lo usamos hoy. La mayoría de los hombres se miran al espejo el tiempo suficiente para hacer lo básico (afeitarse, cepillarse los dientes, peinarse) y luego desaparecen, pero algunas mujeres están tan concentradas en

mirarse a sí mismas que llevan consigo un espejo en el bolso para saber en cualquier momento del día cómo se ven.

Lo que importa aquí no es la diferencia en la forma en que los hombres y las mujeres usan un espejo, sino la diferencia entre echarte un vistazo rápido y pasar un tiempo frente al espejo hasta que hayas visto realmente quién eres. Cuando leemos la Palabra de Dios o escuchamos sus enseñanzas o sermones, el Espíritu Santo la usa para sostener un espejo frente a nosotros. Un hacedor de la Palabra, o un cristiano que quiere crecer, no solo desea leer la Biblia o escuchar predicaciones de la Palabra. Quiere verse a sí mismo en la Biblia para poder hacer las correcciones necesarias.

Esta es la persona a la que Santiago se refiere en el versículo 25: "Mas el que mira atentamente en la perfecta ley, la de la libertad, y persevera en ella, no siendo oidor olvidadizo, sino hacedor de la obra, este será bienaventurado en lo que hace". Cuando miras atentamente la Palabra para descubrir lo que Dios quiere de ti, estás en camino a una emocionante aventura con Cristo.

Como pastor, algunas personas suelen decirme que mi sermón estuvo bueno. Agradezco esas palabras amables, pero en verdad me emociono cuando alguien me dice: "Pastor, hoy me habló". Lo que la persona quiere decir es que se miró a sí misma en la Palabra cuando el Espíritu Santo asoció lo que leyó o escuchó con su nueva naturaleza, es decir, la parte de un creyente que desea profundamente obedecer y agradar a Dios. Santiago declara que la Palabra de Dios ya está implantada dentro de nosotros, escrita en nuestros corazones. El verdadero crecimiento espiritual ocurre cuando el Espíritu nos muestra a nosotros mismos y nos impulsa a actuar conforme a la Palabra.

Persevera en la Palabra

Lo que estamos viendo aquí requiere una respuesta a la Palabra de Dios, que puede ser diferente a lo que estás acostumbrado. La persona que Dios bendice es la que "persevera" en su Palabra. ¿Notaste esta palabra en Santiago 1:25? *Perseverar* significa "persistir, permanecer". El salmista señaló que aquel que medita en la Palabra de Dios "de día y de noche" es bienaventurado (Salmos 1:2). Cuando te miras en el espejo de las Escrituras, no solo te ves a ti mismo, sino que ves lo que Dios quiere que llegues a ser.

Pablo usó una idea similar cuando escribió: "Por tanto, nosotros todos, mirando a cara descubierta como en un espejo la gloria del Señor, somos transformados de gloria en gloria en la misma imagen, como por el Espíritu del Señor" (2 Corintios 3:18). Cuando miramos la Palabra, contemplamos la gloria de Dios. Y dado que darle gloria a Dios es nuestro principal propósito en esta tierra, Él quiere transformarnos para que reflejemos su gloria cada vez más.

Sin embargo, esto no puede suceder si tenemos el hábito de leer versículos esporádicos de la Biblia o leer un pasaje a la ligera. Si tu oración al leer la Palabra es: "Dios, muéstrame cómo puedo glorificarte hoy con mi obediencia a ti", entonces vas a perseverar en la Palabra hasta que el Espíritu Santo se una con tu espíritu y produzca una transformación dentro de ti. Ahí es cuando se produce el crecimiento espiritual.

Si alguna vez dejaste los platos en el fregadero hasta que la comida se secó, sabes que esos platos deben "permanecer" en agua caliente y jabón durante un tiempo antes de poder quitar toda la suciedad. El agua y el jabón ablandan los restos de comida secos para que los platos queden limpios. Necesitamos empapar nuestra mente en la Palabra hasta que esa suciedad

que Santiago llama "toda inmundicia y abundancia de malicia" (Santiago 1:21) comience a ablandarse. No se trata solo de graves pecados externos, sino de actitudes internas y otras conductas que nos impiden crecer en la gracia y el conocimiento de Jesucristo.

Santiago declara que, si persistimos en la Palabra y miramos atentamente la ley que nos hace libres y actuamos de acuerdo con lo que vemos, seremos bendecidos. Nuestra nueva naturaleza ha sido "programada" para querer obedecer a Dios, de la misma manera que una calculadora ha sido programada para calcular números. Todo lo que tienes que hacer es alimentar una calculadora con la información correcta para obtener la respuesta correcta. Tu nueva naturaleza ha sido configurada para darte la respuesta correcta cuando la alimentas con la Palabra de Dios.

Los cristianos que crecen son como los girasoles, que se llaman así porque siguen al sol. Cuando el sol sale por el este, el girasol apunta hacia el este. Cuando el sol se pone al oeste, el girasol apunta hacia el oeste. Los girasoles arrojan muchas semillas y producen nuevas flores porque siempre están buscando el sol.

Cuando tú y yo busquemos al Hijo como el girasol busca al sol, sus rayos ablandarán nuestro corazón para que podamos arrojar nuevas semillas y producir nueva vida. Continúa obedeciendo a Dios de acuerdo con tu nueva naturaleza y en respuesta a su amor, y verás la transformación que has estado buscando.

Capítulo 16

La madurez: La meta de la vida en el reino

Durante las últimas décadas, varios expertos en desarrollo familiar e infantil, tanto cristianos como seculares, se animaron a identificar un problema, que parece ser exclusivo de la cultura occidental moderna en general y de los Estados Unidos en particular. Este problema se ha dado a conocer como el "síndrome del niño apresurado" y se refiere a la tendencia de los padres, en nuestra sociedad acelerada, de apurar a sus hijos durante la infancia hasta que lleguen a ser adultos.

Hay varias razones por las que ocurre este problema, una de las cuales es la determinación por parte de muchos padres modernos de presionar a sus hijos a sobresalir en todas las áreas, a menudo hasta el punto de que el niño nunca tiene la oportunidad de disfrutar de su infancia. Incluso las actividades que deberían ser divertidas, como los deportes comunitarios y las actividades extracurriculares de la escuela, se convierten en focos de competencia con niños que sienten una gran presión por ganar o ser los primeros.

Los horarios repletos que permiten poco o ningún tiempo de relajación familiar en el hogar también contribuyen al "sín-

drome del niño apresurado". Lo mismo ocurre con muchos padres que quieren que sus hijos se apuren y crezcan, porque no quieren lidiar con las inconveniencias de la infancia. Sin embargo, lo que estamos descubriendo es que no se pueden saltar las etapas del desarrollo infantil y esperar que sean adultos maduros y saludables.

Ahora bien, no me malinterpretes. Los buenos padres se preocupan por el crecimiento y desarrollo de sus hijos. Quieren verlos alcanzar su máximo potencial físico, emocional e intelectual. La idea del síndrome del niño apresurado nos recuerda que cada etapa del proceso es importante y tiene sus propios retos de desarrollo que no se pueden pasar por alto.

Lo mismo ocurre con el proceso de nuestro crecimiento espiritual hacia la madurez. El nacimiento, la niñez y la adolescencia espiritual son etapas en el camino hacia nuestra madurez en Cristo, no el destino final. No creo haber conocido nunca a un cristiano que esté genuinamente contento de permanecer en el jardín de infantes espiritual usando vasitos con tapa para beber y participando de juegos infantiles.

Mi suposición, como mencioné al principio de este libro, es que quieres crecer espiritualmente y alcanzar "la medida de la estatura de la plenitud de Cristo" (Efesios 4:13). Hemos abarcado diversos temas en el camino hacia dicha meta, y en este capítulo final, quiero detenerme en este concepto y ayudarte a alcanzar la meta de la vida en el reino, que es la madurez.

Quiero ayudarte a ser un cristiano maduro, porque eso es lo que Dios quiere para ti también. Pablo presentó este reto a los Corintios, que muchas veces eran infantiles: "Hermanos, no seáis niños en el modo de pensar, sino sed niños en la malicia, pero maduros en el modo de pensar" (1 Corintios 14:20). Podemos definir la madurez espiritual como *la capacidad de ver y*

vivir la vida constantemente desde la perspectiva del Espíritu y no en la carne, con el resultado de una mayor capacidad divina de glorificar a Dios.

Ahora bien, esto es algo que perseguiremos por el resto de nuestra vida, porque nunca lo lograremos a la perfección en este cuerpo. Por lo tanto, siempre habrá capacidad para un mayor crecimiento, pero el crecimiento espiritual tiene una meta delimitada llamada madurez, hacia la cual debemos avanzar. Y hay etapas delimitadas a lo largo del camino, aunque la buena noticia es que, a diferencia del desarrollo físico, puedes crecer espiritualmente tan rápido como quieras.

> *La comunión con Dios es por medio del Espíritu y no de la carne.*

Nuestro énfasis en esta búsqueda de la madurez espiritual es un maravilloso pasaje de las Escrituras en la epístola de 1 Juan, una carta escrita para ayudar a los cristianos a desarrollar una verdadera comunión o intimidad con Dios que nos transforme la vida; otros dos términos para referirnos a la madurez espiritual. Juan declaró su objetivo en los primeros versículos de su carta:

> Lo que era desde el principio, lo que hemos oído, lo que hemos visto con nuestros ojos, lo que hemos contemplado, y palparon nuestras manos tocante al Verbo de vida (porque la vida fue manifestada, y la hemos visto, y testificamos, y os anunciamos la vida eterna, la cual estaba con el Padre, y se nos manifestó); lo que hemos visto y oído, eso os anunciamos, para que también vosotros tengáis comunión con nosotros; y nuestra comunión verdaderamente es con el Padre, y con su Hijo Jesucristo (1 Juan 1:1-3).

He incluido la introducción de Juan por una razón: porque les estaba recordando a sus lectores que había oído, visto y tocado a Jesús. La mayoría de ellos probablemente no lo habían hecho, ya que en ese momento habían pasado unos sesenta años de la crucifixión de Jesús. El mensaje de Juan era que les estaba transmitiendo la verdad que había aprendido de Jesús. Por lo tanto, aunque sus lectores no habían conocido a Jesús en carne y hueso, aun así, podían disfrutar de la misma intimidad con Dios que experimentó Juan, porque la comunión con Dios es por medio del Espíritu y no de la carne.

Juan estaba respondiendo a alguien que podría preguntar: "Puesto que Jesús ya no está aquí físicamente como lo estuvo contigo, ¿cómo podemos llegar a conocerlo tan íntimamente como tú lo conoces?". Podríamos hacer la misma pregunta hoy, y la respuesta sería la misma. No nos falta nada, aunque Jesús no esté aquí. De hecho, nuestra comunión en realidad es más íntima, porque cuando Jesús se fue, nos envió el Espíritu Santo para que viviera dentro de nosotros y estuviera siempre presente con nosotros (Juan 14:17).

Tres niveles de crecimiento espiritual

Con este trasfondo establecido, Juan pasó a dirigirse a tres grupos de cristianos que representan tres niveles o etapas de crecimiento espiritual en el proceso de llegar a ser más semejantes a Cristo y glorificar más a Dios. Estas etapas corresponden a la niñez, la adolescencia y la adultez de la vida física, por lo que utilizaremos estos términos conocidos. Juan no mantiene las tres etapas en perfecto orden cronológico en el texto, pero las veremos en ese orden.

Cada una de estas etapas es importante, como hemos indicado. Nadie nace maduro, y los niños no pueden saltarse la ado-

lescencia, ¡por mucho que los padres a veces deseen hacerlo! Las primeras etapas del crecimiento espiritual no necesitan tantos años como el crecimiento físico y emocional, pero el problema es que los creyentes pueden quedarse estancados en el camino.

Es así como se obtiene el fenómeno de una persona que ha sido salva durante cuarenta años y todavía está en primer grado en términos de madurez espiritual. Mi objetivo en esta exposición no es hacerte sentir mal por tu nivel de crecimiento espiritual, sino ayudarte a determinar dónde estás para que puedas seguir adelante. Una vez más, supongo que deseas seguir "adelante a la perfección [madurez]" (Hebreos 6:1).

La etapa de la infancia espiritual

La primera etapa del desarrollo espiritual a la que se refiere Juan es la del cristiano que está en la niñez. "Os escribo a vosotros, hijitos, porque vuestros pecados os han sido perdonados por su nombre" (1 Juan 2:12). Al final del versículo 13, leemos: "Os escribo a vosotros, hijitos, porque habéis conocido al Padre". Los nuevos cristianos conocen a Dios como su Padre, pero no de la manera íntima que caracteriza a los cristianos maduros, como veremos más adelante.

No vamos a tratar de descifrar las edades exactas de cada etapa, porque no es posible y, de todos modos, no es lo que nos compete. El término griego para "hijitos" básicamente se refiere a un niño pequeño, así que diremos que se trata de un bebé cristiano, cuyo nuevo nacimiento fue bastante reciente. Las personas en esta etapa de crecimiento espiritual aún se están enfrentando al apasionante hecho de que Jesucristo ha perdonado todos sus pecados y los ha rescatado del juicio y la muerte eterna.

¿Por qué mencionó Juan el perdón de los pecados como una característica de los hijitos? Porque es una verdad espiritual

básica, el ABC, que es todo lo que los nuevos cristianos pueden entender en esta etapa inicial. Tienen un entendimiento limitado, y no hay nada de malo en eso si son verdaderamente nuevos en la fe. Hay un motivo por el cual la mayoría de los planes de estudio de la escuela dominical para niños no incluyen el sacerdocio de Cristo en la figura de Melquisedec.

Un amigo mío, que también se graduó del Seminario Teológico de Dallas, comentó que al principio se sorprendió cuando él y su esposa comenzaron a enseñar en una clase de escuela dominical para niños de dos años en su iglesia. Este hombre nunca había enseñado a niños tan pequeños, y estaba acostumbrado al material de nivel del seminario.

Por lo tanto, al ver una lección completa cuyo único objetivo era enseñar "Jesús me ama", pensó que era demasiado simple; pero luego se dio cuenta de que es una verdad fundamental que los niños de dos años necesitan comprender. Me dijo que una cosa que lo ayudó a ser más sabio fue que uno de los niños de la clase era su propio hijo, y comenzó a ver de manera directa cómo aprenden los niños de dos años.

Los cristianos bebés dependen de los demás. Necesitan de alguien que los alimente y les ayude a abrirse camino en la vida espiritual. Un bebé o un niño pequeño no puede funcionar solo. Los cristianos bebés aún no saben cómo vivir la vida cristiana, porque no han estado vivos en Cristo el tiempo suficiente para saber cómo hacerlo.

La infancia espiritual también está marcada por la inestabilidad. Para los cristianos bebés, la estabilidad o la falta de ésta está dictada por sus circunstancias. Si las cosas van bien, ellos también, pero cuando los tiempos se ponen difíciles, están lejos de estar bien. Todavía no han hecho la importante asociación entre las pruebas y el crecimiento espiritual.

Otra característica típica de los nuevos cristianos es que se mueven en función de lo externo en lugar de lo interno. Con eso quiero decir que pueden escuchar un sermón y escuchar la voz del predicador, pero no están sintonizados para escuchar la voz de Dios a partir de la instrucción general de la Palabra a otros cristianos.

Ahora bien, no digo que los que son niños en la fe no puedan hacer nada. Si estás diciendo: "Bueno, todavía no puedo testificar a nadie, porque solo he sido cristiano durante un año", tienes una idea equivocada. Los cristianos niños suelen ser buenos testigos de Cristo y pueden contarle a otra persona lo que Dios les ha estado enseñando. Los cristianos bebés pueden ser espirituales y no carnales, y precisamente eso es lo que buscamos. Sin embargo, los niños espirituales dependen más del ministerio y la alimentación de otros que los cristianos más maduros.

No hay nada de malo en eso si eres nuevo en la fe, pero si has sido cristiano durante años y aún dependes por completo de que otra persona te alimente, tu crecimiento se verá severamente limitado a menos que efectúes algunos cambios.

La diferencia entre los nuevos cristianos y los creyentes cuya vida espiritual está atrofiada se ve en 1 Corintios 3, donde Pablo reprendió a los corintios por ser "niños" en Cristo que aún eran "carnales" (vv. 1, 3). Dijo que debido a que estas personas habían sido salvas durante al menos cinco años en ese momento, todavía se alimentaban con biberón y usaban pañales. Al menos deberían haber podido tomar una cuchara, en términos espirituales, para alimentarse en ese momento.

Si te das cuenta de que eres un cristiano bebé, asegúrate de alimentarte regularmente de "la leche espiritual no adulterada, para que por ella [crezcas] para salvación" (1 Pedro 2:2).

La etapa de la adolescencia y la juventud espiritual

El apóstol Juan se dirigió a los cristianos en una segunda etapa de crecimiento espiritual cuando escribió: "Os escribo a vosotros, jóvenes, porque habéis vencido al maligno" (1 Juan 2:13b). Y otra vez: "Os he escrito a vosotros, jóvenes, porque sois fuertes, y la palabra de Dios permanece en vosotros, y habéis vencido al maligno" (v. 14b).

Denomino adolescencia o juventud espiritual a la etapa que puede abarcar desde los años de la adolescencia hasta los primeros años de lo que el mundo considera la edad adulta joven. Este período de la vida está marcado por el conflicto y la necesidad de fortalecerse espiritualmente y aprender a vencer al diablo. En esta etapa, el joven se enfrenta a las realidades de la vida cristiana y, a menudo, se encuentra en una batalla real contra el diablo. Estos son los años de la vida cristiana cuando aprendemos por primera vez a usar la espada del Espíritu, la Palabra de Dios, para contrarrestar los ataques del enemigo.

Ahora bien, hay un factor que complica el trabajo en esta etapa de nuestro desarrollo espiritual. Si alguna vez has tenido hijos adolescentes, sabes que el ser humano en esta etapa de la vida está haciendo una transición de crecimiento de la niñez a la edad adulta, y puede ser un proceso bastante dificultoso. Muchos adolescentes y jóvenes a menudo chocan con sus padres y otras figuras de autoridad, porque están pasando de la dependencia a la independencia. Luchan con sentimientos contradictorios de querer su libertad y, sin embargo, a veces no la quieren en verdad, especialmente si papá y mamá todavía están pagando las cuentas en casa o en la universidad.

Cuando tenía unos catorce años, comencé a usar una frase particular con mi papá cuando percibía que estaba interfiriendo con mi libertad y tratándome como a un niño. Cuando

quería hacer algo para lo que él no creía que estaba preparado, yo argumentaba: "Pero soy casi un hombre". Ahora bien, no tenía trabajo ni nada, y papá me estaba manteniendo. Sin embargo, sentía que estaba listo para tener los privilegios de un hombre. Digamos que mi padre no estaba impresionado con mis argumentos.

Experimenté algo parecido hace años cuando mi hijo Jonathan, que estudiaba en la universidad, se quejó de volver a casa, porque argumentaba que le daba vergüenza tener que llamar a medianoche a los veintiún años para avisar dónde estaba. Verás, si estás viviendo en mi casa y eres un joven con el mismo apellido a quien mantengo para que estudie en la universidad, tienes que llamar a la medianoche, porque no me voy a quedar despierto mirando el techo toda la noche preguntándome dónde estás. Al menos quiero saber dónde estás.

Jonathan argumentó que estaba saliendo con una muchacha y que le avergonzaba tener que decirle: "Tengo que llamar a mi papá". Ahora bien, no pasaríamos por todo esto si no fuera que Jonathan todavía me llamaba para pedirme dinero. Mientras necesitara mi dinero, también necesitaría mi supervisión.

Te cuento esta historia para ilustrar que lo que sucede en el mundo físico también sucede en el espiritual. Es decir, mientras los cristianos jóvenes están aprendiendo a ser fuertes y vencer al diablo con la Palabra de Dios, todavía necesitan el apoyo y la guía de cristianos maduros que los ayude a manejar los conflictos, lo crean necesario o no. Los adolescentes cristianos quieren avanzar en estas experiencias, y a menudo sienten que pueden enfrentarse al mundo, a la carne y al diablo por sí mismos, pero necesitan ayuda y dirección para llegar a ser cristianos fuertes.

Si te encuentras en esta etapa de tu desarrollo espiritual, habrá momentos en que fallarás y sufrirás una derrota en lu-

gar de ser un vencedor. En esos momentos de derrota, necesitas especialmente el apoyo y la guía de cristianos más maduros para que, la próxima vez, puedas evitar la trampa del enemigo. También necesitas instrucción y preparación en la Palabra para afilar tu espada y mantenerla lista para la batalla en todo momento. Y como cristiano adolescente en desarrollo, necesitas cristianos maduros que te brinden oportunidades para servir y asumir roles de liderazgo, para que puedas ganar experiencia en la batalla.

Por lo tanto, un adolescente espiritual es una persona que está aprendiendo a depender de la Palabra de Dios para vencer al maligno. Un cristiano bebé no tiene práctica en el manejo de la Palabra de Dios (Hebreos 5:11-14). Si eres capaz de usar la Palabra en conflicto para vencer al diablo, has superado tu niñez espiritual.

La etapa de la edad adulta y la madurez

Ningún adolescente quiere ser adolescente para siempre, y lo mismo sucede en la vida cristiana. El objetivo del crecimiento espiritual es alcanzar el nivel de madurez como padres, que Juan describió en el texto que estamos estudiando. "Os escribo a vosotros, padres, porque conocéis al que es desde el principio" (1 Juan 2:13). Luego Juan repitió su mensaje a estas personas: "Os he escrito a vosotros, padres, porque habéis conocido al que es desde el principio" (v. 14).

¿Qué te hace un adulto espiritual o un cristiano maduro? Es muy simple, pero profundo. El creyente maduro conoce a Dios, y no solo que Él perdona el pecado o da poder para la batalla espiritual. El creyente maduro conoce a Dios en una profunda intimidad que se ha ido desarrollando con el tiempo. Por eso Juan añadió la interesante frase "al que es desde el principio". La

idea es que el creyente maduro experimenta una comprensión más profunda de Dios y su naturaleza eterna, un proceso que ciertamente sugiere el paso del tiempo.

En otras palabras, Juan no solo estaba haciendo una declaración teológica aquí. Dios es definitivamente el que es desde el principio, o eterno. Sin embargo, el contexto de 1 Juan 2 no es un argumento teológico, sino una experiencia y un crecimiento espiritual personal. Un cristiano maduro ha llegado a conocer a Dios con el tiempo, a través del proceso de crecimiento y las cicatrices obtenidas en la batalla espiritual.

Un creyente maduro todavía necesita crecer en semejanza a Cristo, porque ese es un trabajo de toda la vida. Y todavía hay batallas que pelear contra el enemigo y ganar. Sin embargo, la vida de un cristiano maduro tiene una profundidad tal, que solo se puede obtener al pasar por el proceso de crecimiento y batalla.

Podríamos aseverar que el cristiano maduro tiene un testimonio personal de la fidelidad y la bondad de Dios. Si eres maduro en tu fe, no tienes que escuchar a otras personas declarar cuán bueno y fiel es Dios para que lo entiendas. Un cristiano adolescente todavía no está en condiciones de decir: "Sé que Dios es real, porque he caminado con Él todos estos años y he experimentado su fidelidad".

Esta descripción de un cristiano maduro plantea una pregunta. ¿Cómo sabes cuando conoces a Dios de una manera tan íntima? La respuesta corta es que tu espíritu es capaz de comunicarse con Dios a un nivel tan profundo, que recibes señales que otras personas pasan por alto.

Ahora bien, déjame explicarte esa respuesta y mostrarte con las Escrituras cómo funciona. Tu espíritu es la parte más profunda de tu ser, que te da la capacidad de establecer una relación

con Dios. Te relacionas con el mundo mediante tu cuerpo y contigo mismo por medio de tu alma, pero te relacionas con Dios y con otras personas mediante tu espíritu.

Cuando aceptaste a Cristo, se produjo una unión entre tu espíritu humano y el Espíritu Santo, quien te dio vida en Cristo. Esta unión se puede comparar con un matrimonio entre dos personas que, a partir de dos vidas, dan origen a una nueva vida. En la salvación, tu espíritu se hizo uno con Dios y recibiste una nueva naturaleza que viene de Él y es perfecta.

Ahora bien, lo ideal en un matrimonio es que las dos personas implicadas se enamoren tanto y se vuelvan tan cercanas a lo largo de los años, que sepan lo que la otra persona está pensando y sintiendo sin tener que pronunciar una palabra. Si alguna vez has estado cerca de una pareja casada como la que acabo de describir, o si tu propio matrimonio disfruta de este tipo de comunicación íntima de espíritu a espíritu, sabes lo maravilloso que es, y también sabes que no se desarrolla de la noche a la mañana. Es el producto del tiempo y el compromiso que produce una verdadera madurez.

Si transfieres este concepto a la vida cristiana, encontrarás que un cristiano en crecimiento y desarrollo, que ha estado en comunión con el Señor durante muchos años, entra en un nivel más alto de conciencia espiritual. Pablo describió este hecho en 1 Corintios 2: "Cosas que ojo no vio, ni oído oyó, ni han subido en corazón de hombre, son las que Dios ha preparado para los que le aman. Pero Dios nos las reveló a nosotros por el Espíritu; porque el Espíritu todo lo escudriña, aun lo profundo de Dios" (vv. 9-10).

Pablo no estaba escribiendo sobre el cielo aquí, sino sobre las cosas que Dios nos revela aquí en la tierra. Observa que estas no son cosas que podríamos conocer por nuestra cuenta,

porque vienen por revelación del Espíritu Santo, el único que conoce los pensamientos de Dios (v. 11).

Ahora vayamos a los versículos 15-16, donde leemos: "el espiritual juzga todas las cosas" porque tiene "la mente de Cristo". Esto significa que el creyente maduro, otro término para alguien que es "espiritual", puede percibir "todas las cosas" que el Espíritu Santo escudriña y revela.

En otras palabras, los cristianos maduros ven cosas que el ojo humano no puede ver. Oyen cosas que el oído más agudo del mundo no puede oír. Y tienen pensamientos que no se originan por sí mismos, porque el Espíritu Santo les ayuda a pensar con la mente de Dios. Sabes que eres espiritualmente maduro cuando Dios te permite aprender verdades espirituales y recibir profundas revelaciones de su Palabra, que van mucho más allá de lo que alguien te enseñó o escuchaste en un sermón. El Espíritu Santo es libre de transmitirte su mensaje de manera clara y directa.

La promesa para una persona que escucha al Espíritu es que conocerá "lo que Dios nos ha concedido" (1 Corintios 2:12). Estas son las cosas que recibimos de Dios por medio de su gracia, pero tenemos que estar lo suficientemente cerca para escucharlo hablar. Tiene que ver con la intimidad de tu relación con Dios. Si vas a la iglesia, oras y lees la Biblia, pero no te acercas a Dios, no verás ni escucharás las cosas que los ojos y los oídos humanos no pueden recibir. Las actividades y los programas espirituales nunca pueden reemplazar la intimidad espiritual.

Me refiero al tipo de intimidad y madurez espiritual que te permite escuchar a Dios hablarte directamente por medio de su Palabra. Como verás, muchos vienen a la iglesia con la intención incorrecta. Quieren saber de qué tema va a predicar el

pastor o de cuál no. Tu objetivo debería ser: "Señor, sea lo que sea que el pastor predique hoy, necesito que tu Espíritu Santo hable a mi espíritu con tu Palabra para que pueda saber cuál es tu voluntad para mi situación".

Cuando escuchar a Dios es tu objetivo, entonces Dios puede tomar incluso un comentario secundario en un sermón y revelarte su voluntad. Si alguna vez has tenido un pensamiento relacionado con el Señor y pensaste: *¿De dónde vino eso?,* ya sabes lo que es escuchar al cielo. Cuando la Palabra de Dios cobra vida para ti de tal manera que transforma tu vida y te lleva en una dirección que nunca hubieras descubierto por ti mismo, sabes lo que es estar en la misma sintonía que el Espíritu Santo, cuya tarea es darnos a conocer al Padre y al Hijo, que viven en nosotros (Juan 16:13-15).

Ahora bien, esto te coloca en otro mundo, distinto al de las personas comunes e, incluso, al de muchos cristianos. Pablo dijo en 1 Corintios 2:14 que el "hombre natural", o incrédulo, no puede comprender nada de Dios, porque su espíritu está muerto. De hecho, las cosas de Dios son una "locura" para tal persona. Así que un creyente maduro está a mundos de distancia del entendimiento de la persona no salva.

Sin embargo, ni siquiera otros cristianos entienden siempre al creyente maduro. Pablo señaló que este creyente "no es juzgado de nadie" (v. 15). Las personas no pueden descifrar a los creyentes maduros, porque tienen la mente de Cristo y, por lo tanto, intimidad con Dios. Esto es poco común en el Cuerpo de Cristo, a pesar de que la mente de Cristo es la voluntad de Dios y está disponible para cada creyente. Los cristianos espiritualmente maduros tienen pasión por buscar y conocer a Dios, y no están satisfechos hasta que están en íntima comunión con Él.

La evidencia de tu intimidad con Dios

Ahora bien, que yo sepa, no puedes ser padre sin tener intimidad con alguien. No te abstienes de tener relaciones íntimas, o simplemente deseas ser padre, y recibes el privilegio de tener un hijo. Además, cuando tiene lugar una relación íntima, se engendra una nueva vida y pronto se hará evidente a medida que crece dentro de la madre, que luego da a luz a un niño que lleva la imagen y el ADN de los padres. La evidencia de que eres maduro será la descendencia que produzcas. Un padre es una persona con hijos. Si eres espiritualmente maduro, tendrás hijos espirituales.

Es imposible mantener oculta una vida en crecimiento durante mucho tiempo, porque la vida, por su propia naturaleza, quiere expresarse. Así sucede con nuestra vida y nuestro crecimiento espiritual. A medida que creces en la gracia y el conocimiento de Cristo, como lo indica el versículo principal de este libro (2 Pedro 3:18), tu crecimiento se manifestará primero a ti y luego a los demás. Dios se hará cada vez más real para ti, y tu gozo será pleno a medida que llegues a conocer a Dios en la intimidad de una comunión madura.

Me encanta la respuesta de Jesús a Felipe en la Última Cena, cuando Felipe le dijo: "Señor, muéstranos al Padre, y nos basta" (Juan 14:8). Y Jesús le respondió: "¿Tanto tiempo hace que estoy con vosotros, y no me has conocido, Felipe? El que me ha visto a mí, ha visto al Padre" (v. 9).

Ese diálogo me muestra que es posible ser creyente y, sin embargo, no conocer a Dios como hemos estado viendo. Mi oración por ti es que crezcas en una comunión tan estrecha de corazón y mente con Dios, que cada vez que escuches o leas su Palabra, sientas que te está hablando. Y cuando ores, tu espíritu discernirá el Espíritu de Dios que te revela la mente y el corazón

de Dios. La intimidad genera comunicación. El Espíritu Santo habla otro lenguaje interior, aunque puede usar cosas externas para hablarnos internamente.

Si quieres conocer a Dios, entonces todo lo que hagas debe tener eso como meta principal. Mientras tanto, tienes que pasar por las etapas de la niñez y la adolescencia, y es posible que a veces te sientas un poco inestable e inseguro. Sin embargo, ahí es cuando tienes que ir a la Palabra y decir: "Señor, esto es lo que tú declaras y lo que quiero hacer, pero necesito que lo hagas real en mi vida, porque lo necesito en lo más profundo de mi ser".

La rapidez y firmeza con la que crezcas dependerá de lo hambriento que estés de crecer. Por lo tanto, tu pasión debe ser aumentar tu hambre de Dios. La fórmula para el crecimiento espiritual es simple: la tasa multiplicada por el tiempo es igual a la distancia. La diligencia con la que uses tu tiempo para buscar a Dios determinará la velocidad con la que llegues a tu destino de madurez. Por eso es posible que las personas que han sido cristianas durante cinco años sean más maduras espiritualmente que las personas que han sido salvas durante veinticinco años. El primer grupo avanzó a través de las etapas del crecimiento espiritual mucho más rápido.

Dondequiera que te encuentres en tu proceso de crecimiento con Cristo, un buen punto de partida es comenzar a crecer hoy mismo tal como te encuentres. No puedes volver al ayer, pero hoy es un nuevo día para acercarte al Señor y escucharlo hablar para que pueda guiarte en el camino pleno de la vida en el reino.

en el cielo no habrá nada que interfiera con nuestra comprensión de lo que significa ser hijos e hijas de Dios. El apóstol Juan lo expresó mejor:

> Mirad cuál amor nos ha dado el Padre, para que seamos llamados hijos de Dios; por esto el mundo no nos conoce, porque no le conoció a él. Amados, ahora somos hijos de Dios, y aún no se ha manifestado lo que hemos de ser; pero sabemos que cuando él se manifieste, seremos semejantes a él, porque le veremos tal como él es. Y todo aquel que tiene esta esperanza en él, se purifica a sí mismo, así como él es puro (1 Juan 3:1-3).

A medida que busquemos y vivamos bajo el señorío del Cristo resucitado, como un discípulo del reino, creceremos continua y progresivamente en nuestra fe. Nos convertiremos en imágenes espirituales de nuestro Salvador. Qué mejor esperanza podríamos tener mientras buscamos hacer avanzar el reino de Dios en nuestro tiempo aquí en la tierra.

Conclusión

Crecer progresivamente en la fe

Antes de la llegada de la fotografía digital, todos teníamos que llevar nuestras películas fotográficas para que las revelaran, de modo que los negativos pudieran convertirse en fotografías que documentaran los cambios en nuestras familias. Nuestra casa está llena de álbumes de fotos que muestran los cambios y el crecimiento de nuestra familia a lo largo de los años.

Tal es el proceso del crecimiento espiritual. Cuando vamos a Cristo, entregamos los aspectos negativos de nuestras vidas a Dios. Él, el Revelador supremo, llevó esos negativos a su especial laboratorio de la gracia para transformarlos en bellas imágenes de su maravillosa gracia, a medida que somos transformados "de gloria en gloria" a la imagen de Cristo.

A medida que continuamos nuestro proceso de crecimiento espiritual con Cristo, tendremos un álbum de la gracia, que muestra cómo Dios nos transformó en algo hermoso. Entonces, un día entraremos a su presencia y ya no seremos imágenes capturadas en negativos que esperan ser reveladas. En cambio, como una fotografía digital, el proceso será instantáneo, porque